인간행동과 사회환경

이영실·나임순·유해종·이재용·정창훈·이은경·이형진·조명희·홍성희

창지사

국립중앙도서관 출판시도서목록(CIP)

인간행동과 사회환경 = Human behavior and the social e-
nvironment / 이영실, 나임순, 유해종, 이재용, 정창훈,
이은경, 이형진, 조명희, 홍성희. -- 서울 : 창지사, 2013
p. ; cm

ISBN 978-89-426-2562-8 93330 : ₩20000

인간 행동[人間行動]
사회 환경[社會環境]

331.1-KDC5
302-DDC21 CIP2013015914

머리말

대표 저자가 20년 이상 대학 및 대학원에서 학생들에게 사회복지실천론, 사회복지실천기술론, 가족복지론, 가족치료, 정신보건사회복지론, 정신건강론, 인간행동과 사회환경 등을 가르치면서 사회복지실천이 '상황 안에서 인간(person in situation)'을 강조하는 과학성과 예술성을 통합하는 것임을 더욱 더 깨닫게 되었다.

『인간행동과 사회환경』 교과목에서 나오는 인간행동 및 발달, 사회환경과 사회복지, 인간행동 이해를 위한 주요 이론, 사회체계 수준에 따른 사회환경, 생애주기에 따른 인간의 성장과 발달 등의 내용은 클라이언트와 그의 상황을 이해하는데 필수적인 내용이라고 할 수 있다.

따라서 『인간행동과 사회환경』 교과목은 사회복지실천에서 가장 필수적 교과목이며 이 교과목을 습득하고 이해해야 만이 사회복지실천론, 사회복지실천기술론, 그리고 아동복지, 청소년복지, 장애인복지, 노인복지 등 사회복지의 각 분야의 이론들을 이해할 수 있다고 본다.

본 책은 대표저자가 집필한 『사회복지실천론』, 『사회복지실천기술론』 교과목과의 연계선상에서 인간행동 이해를 위한 주요 이론들을 강화했고 생애주기에 따른 인간의 성장과 발달의 개념, 이론, 사회복지실천과의 연관성 등을 더욱 더 구체적인 내용으로 집필하게 되었다. 특히, 본 책은 한국사회복지교육협의회에서 제시한 2012년 사회복지학 교과목 지침서 중 『인간행동과 사회환경 지침서』를 근거로 하여 집필하였고 총 4부, 16장으로 구성되어 있다. 따라서 본 책의 구성과 내용은 『인간행동과 사회환경』 교과목을 가르치는 대학 및 대학원의 수업에 충실히 반영되도록 집필하였다. 본 책의 구성내용은 다음과 같다.

제1부 인간행동, 발달, 사회환경과 사회복지에서는 제1장 인간행동, 발달, 사회환경과 사회복지를 다루었는데, 주된 주제는 인간행동, 발달, 사회환경의 개념 및 인간행동, 발달, 사회환경과 사회복지실천과의 연관성 등이다.

제2부 인간행동 이해를 위한 주요 이론에서는 제2장 인간행동에 관한 주요 이론: 정신역동이론, 제3장 인간행동에 관한 주요 이론: 인지이론, 제4장 인간행동에 관한 주요

이론: 행동이론, 제5장 인간행동에 관한 주요 이론: 인본주의이론 제6장 사회체계이론과 생태학이론, 제7장 다문화이론를 다루었는데, 주된 주제는 프로이드(Freud)의 정신역동이론, 에릭슨(Erikson)의 심리사회이론, 아들러(Adler)의 개인심리이론, 융(Jung)의 분석심리이론, 피아제(Piaget)의 인지발달이론, 콜버그(Kohlberg)의 도덕발달이론, 켈리(Kelly)의 구성개념이론, 스키너(Skinner)의 행동주의이론, 반두라(Bandura)의 사회학습이론, 매슬로우 (Maslow)의 욕구이론, 로저스(Rogers)의 현상학적이론, 사회체계·생태학이론, 다문화 관련 이론 등이다.

제3부 사회체계 수준에 따른 사회환경에서는 제8장 사회환경의 수준: 미시체계, 제9장 사회환경의 수준: 중간체계, 제10장 사회환경의 수준: 거시체계를 다루었는데, 주된 주제는 가족·집단체계, 조직·지역사회체계, 문화체계 등이다.

제4부 생애주기에 따른 인간의 성장과 발달에서는 제11장 인간의 성장과 발달: 태아기, 영유아기, 학령전기, 제12장 인간의 성장과 발달: 아동기, 제13장 인간의 성장과 발달: 청소년기, 제14장 인간의 성장과 발달: 청년기, 제15장 인간의 성장과 발달: 장년기, 제16장 인간의 성장과 발달: 노년기를 다루었고 주된 주제는 인간의 성장과 발달에 있어서 태아기, 영유아기, 학령전기, 아동기, 청소년기, 청년기, 장년기, 노년기의 발달적 특징 및 발달과제, 그리고 사회복지실천과의 연관성 등이다.

본 책은 앞으로 사회복지실천에서 새롭게 대두되는 인간행동과 사회환경 관련 이론들과 관련 자료들을 체계적으로 계속 보완해 나갈 것이다.

본 책의 집필을 위해 함께 힘든 작업을 하면서 소중한 시간을 할애해 준 공동저자 나임순, 유해종, 이재용, 정창훈, 이은경, 이형진, 조명희, 홍성희 선생, 그리고 참고문헌 등 자료 정리를 해 준 성결대 복지발전연구소 임지연 간사에게 진심으로 고마움을 전하고자 한다. 끝으로 본 책을 집필하도록 기회를 주신 창지사 김기섭 사장님과 이상대 부장님을 비롯한 직원 여러분께 심심한 감사의 뜻을 표하며 나아가 사회복지를 필요로 하는 개인, 집단, 지역사회의 복지적 삶의 질 향상을 위해 열정과 도전으로 본 책을 집필할 기회를 주신 하나님께 모든 영광을 돌리고자 한다.

2013년 8월

대표저자 이 영실

차 례

PART 01

인간행동의 이해와 사회복지실천

CHAPTER 01 인간행동, 발달, 사회환경과 사회복지

Human Behavior and Social Environment

C·H·A·P·T·E·R 01

인간행동, 발달, 사회환경과 사회복지

1 인간행동, 발달, 사회환경의 개념

1) 인간행동의 개념

인간행동의 개념을 이해하기 위해서는 발달단계에서의 인간행동, 성격에 의한 인간행동, 부적응 행동에 의한 인간행동, 환경 속의 인간행동 등 개념을 파악해야 하는데, 그 주된 개념의 내용은 다음과 같다(Allport, 1961; Ewalt, 1980; 노안영·강영신, 2011; 최옥채 외, 2012; 사회복지교육연구센터, 2013).

(1) 발달단계에 의한 인간행동 개념

발달단계(Stages of development)에 따라 인간은 수정에서부터 사망에 이르기까지 전 생애에 걸쳐 성장·성숙·노화의 과정을 거치면서 인간의 행동을 역동적으로 변화시킨다. 발달단계에 따른 인간행동은 생활주기를 순서대로 정리할 수 있는 준거 틀을 제공해주며 임신에서부터 사망에 이르기까지의 각 단계에서 수행해야 할 발달행동이 무엇인지를 제시해 준다.

또한 발달단계에 따라 전 생애에 걸쳐 일어나는 인간의 행동에 대한 안정성과 변화의 과정을 이해할 수 있게 된다. 즉, 생활전이(life transition)에 따른 안정성과 변화를 파악할 수 있고, 특정 발달단계에서 특징적으로 나타나는 발달적 요인을 이해함으로써 더욱 더 인간행동을 알 수 있게 된다.

따라서 발달단계에 의한 인간행동이란 전 생애에 걸친 인간의 신체적·심리적·사회적 측면에서 전개되는 발달단계를 이해하는 것을 의미한다.

(2) 성격에 의한 인간행동 개념

성격(personality)은 개인과 타인을 구분해 주는 개인적 속성이며 상황이 바뀌고 시간이 지나도 비교적 일관되고 안정되어 있다. 성격은 구성요소로 나뉘어서 기능하는 것이 아니라 전체적이고 통합적이며 조직적으로 기능한다. 인간행동 이해를 위해서는 인간의 성격을 이해하여야 한다.

또한 성격은 개인의 행동과 사고를 결정하는 심리·신체적 체계 안에서 개인의 역동적 조직이다. 이러한 성격을 통해 인간의 사고·감정 행위를 포함한 인간행동을 이해하고 상황에 따라 일관성 있게 행동하는 이유를 알 수 있게 된다.

따라서 성격에 의한 인간행동개념이란 현재의 인간을 이해하고 미래의 행동을 예측하며, 바람직한 방향으로 행동을 수정하기 위해 성격을 이해하는 것을 의미한다.

(3) 부적응 행동에 의한 인간행동의 개념

정상적인 발달 단계는 개인의 생애에 정상적으로 일어나는 생리·심리·정서·인지·사회적 발달을 포함한다. 정상적이지 못함으로 인해 생기는 부적응은 특정 발달단계에서 나타나는 심리사회적 장애 및 사회적 일탈 행위이다. 인간행동을 이해하기 위해서는 인간의 부적응(maladjustment) 행동을 이해하는 것도 포함된다.

따라서 부적응 행동에 의한 인간행동의 개념이란 특정 발달단계에서 나타나는 심리사회적 장애 및 사회적 일탈행위 등 부적응 행동을 이해하는 것을 의미한다.

(4) 환경 속에서의 인간행동 개념

환경(environment)이라 함은 인간을 둘러싸고 있는 내부 환경인 사회환경과 외부 환경인 물리적 환경으로 나누어진다. 먼저 외부 환경은 물리적 환경으로 자연적 환경과 인위적 환경으로 구분된다. 그 다음 내부 사회환경은 물리적 환경의 기초위에 형성된 것으로, 타인, 가족, 집단, 조직, 이웃, 국가, 문화 등이며, 미시체계에서 거시체계까지의 사회환경을 의미한다.

이러한 물리적 환경과 사회환경은 상호 분리된 체계가 아니라 상호작용을 미치는 하나의 통합된 체계로서의 속성을 지니고 있다. 인간행동은 사회환경과 개인이 내적·외적으로 다양하게 상호작용한 결과이다. 즉, 사회복지실천에서는 인간행동을 '환경 속의 인간' 관점에서 이해해야 한다. 그리고 인간을 적극적이고 능동적인 주체로서, 인간과 환경의 관계를 하나의 통합된 주제로 이해할 필요가 있다.

2) 인간발달의 개념

사회복지실천과정에서 클라이언트의 욕구나 문제를 정확하게 사정하기 위해서는 인간발달에 대한 지식을 가져야 한다. 인간발달(human development)이란 생명의 시작에서 죽음에 이르기까지 개인에게 일어나는 신체구조, 사고, 행동의 변화를 의미하는데, 이러한 변화는 점진적으로 진행되고 축적되며, 그 결과로 신체의 확장, 복잡한 활동수행능력 등이 증가하게 된다.

따라서 인간발달의 개념을 이해하기 위해서는 인간발달의 기초적 개념, 발달단계별 인간발달 개념, 발달과업에 의한 인간발달 개념 등을 숙지해야 하는데, 이에 대한 내용은 다음과 같다(Newman & Newman, 1991, 2006; Zastrow & Kirst-Ashman, 2009; 이영실 외, 2011).

(1) 인간발달의 기초적 개념

인간발달이란 출생에서부터 사망에 이르기까지 신체적·인지적·정서적·사회적 측면 등 전인적인 측면에서 전 생애에 걸쳐 연속적으로 일어나는 변화 양상과 과정을 말한다. 즉 인간발달은 유전과 환경사이의 상호작용에 의해 시간에 따라 이루어지는 변화로서 크기의 변화, 구조의 변화, 비율의 변화, 기능의 변화가 모두 포함되는 광의의 개념이라 볼 수 있다.

또한 인간발달은 발달, 성장, 성숙, 학습과 사회화를 통한 개인의 상승적 변화를 의미하며, 시간의 경과에 따라 발생하는 규칙적이고 연속적인 변화이다. 인간은 생물학적, 환경적 영향으로 인하여 인간의 구조, 사고 또는 행동이 전 생애를 통하여 상승과 쇠퇴를 통해 지속적으로 변화한다.

이러한 인간발달의 개념에 기초가 되는 발달(development), 성숙(maturation), 성장(growth), 학습(learning)과 사회화(socialization)가 있다.

① 발달

발달(development)이란 출생에서부터 사망에 이르기까지 전 생애에 걸쳐 연속적으로 일어나는 변화 양상과 과정이며 지적·정서적·사회적· 신체적 측면 등 전인적 측면에서 일어나는 모든 변화를 의미한다. 또한 발달은 시간에 따라 일어나는 신체구조, 사고, 행동 등의 변화이며 상승적 발달과 하강적 발달을 모두 포함하고 있다.

그리고 발달은 유전과 환경의 상호작용으로 이루어지는 인간의 총체적 변화이며 발달의 유사개념으로는 유전적 요인으로 진행되는 성장과 성숙이고 환경적 요인으로 진행되는 학습과 사회화의 개념이 있다.

② 성장

사람은 태어날 때 이미 성장(growth)의 방향이나 내용이 어느 정도 정해진 설계도를 가지고 태어난다. 이렇게 유전인자에 설계된 대로 성장을 하다가 일정한 시기가 되면 성장을 멈추게 된다. 신체의 증가, 근력증가, 인지의 확장 등과 같은 환경적 영향에 따라 설계의 내용은 조금씩 달라질 수 있다.

또한 성장은 신체의 크기가 커지거나 근육의 힘이 더 세지는 것과 같은 양적 증가이며 신체적·생리적 발달의 양적 증가에 국한된다.

③ 성숙

성숙(maturation)은 유전적 요인에 의해 발달적 변화들이 통제되는 생물학적 과정으로 내적·유전적 요인에 의해 출현되는 신체적·심리적 변화이다.

성숙은 부모로부터 받은 유전인자가 지니고 있는 정보에 따라 일어나는 변화이므로 경험이나 훈련과 같은 외적 환경과는 관계없다. 예를 들면 사춘기에 나타나는 2차 성징, 태아가 모체 내에서 발달해 가는 것 등이다.

④ 학습

학습(learning)은 직접적 또는 간접적 경험의 산물로 나타나는 후천적 변화로서 특수한 경험, 훈련, 연습 등과 같은 외부 자극이나 조건이다. 즉, 환경에 의해 개인이 내적으로 변하는 것이다.

⑤ 사회화

사회화(socialization)는 개인이 자기가 속한 사회구성원으로서 자연스럽게 동화되어 가는 과정이다. 즉 가족, 지역사회 등을 포함한 사회구성원과의 상호작용을 통해 그 안에서 통용되는 사회적 기대, 관습, 가치, 신념, 역할, 태도 등을 전 생애를 통해 익혀가는 과정이라 할 수 있다.

이와 같이 성장, 성숙, 학습과 사회화는 상호 분리되어 있는 것이 아니라 서로 연결되어 있으며, 이러한 과정들이 공존할 때 비로소 인간발달이 이루어진다. 즉, 발달은 일생 동안 성장, 성숙, 학습과 사회화로 진행되는 복합적 과정인 것이다.

(2) 발달단계별 인간발달 개념

인간발달은 지속적이고 역동적인 변화의 과정이지만 전 생애를 놓고 볼 때 기간에 따라서 서로 다른 생리·심리·사회적 발달특성이 나타난다. 인간의 특정적인 발달을 근거로 하여 그 과정을 세분화한 것을 인간발달단계라 하는데, 이러한 인간 발달단계는 학자의 견해에 따라 차이가 있다(〈표 1-1〉).

〈표 1-1〉 다양한 인간발달단계

<table>
<tr><th colspan="2">Newman & Newman, 2006</th><th colspan="2">Zastrow & Kirst-Ashman, 2009</th><th colspan="3">한국사회복지교육협의회 교과목 지침서, 2012</th></tr>
<tr><td>명칭</td><td>연령</td><td>명칭</td><td>연령</td><td colspan="2">명칭</td><td>연령</td></tr>
<tr><td>태아기</td><td>임신~출산</td><td>태아기</td><td>임신~출산</td><td colspan="2">태아기</td><td>임신~출산</td></tr>
<tr><td>유아기</td><td>출산~2세</td><td>유아기</td><td>출생~1.5세</td><td rowspan="3">영유아기</td><td rowspan="2">영아기</td><td rowspan="2">출생~1.5/2세</td></tr>
<tr><td>걸음마기</td><td>2~3세</td><td rowspan="2">걸음마기</td><td rowspan="2">1.5~3세</td></tr>
<tr><td>초기 학령기</td><td>4~6세</td><td>유아기</td><td>1.5/2~4세</td></tr>
<tr><td>아동기</td><td>6~12세</td><td>초기 학령기</td><td>3~6세</td><td colspan="2">학령전기</td><td>4~6세</td></tr>
<tr><td>청소년기</td><td>12~18세</td><td>후기 아동기</td><td>6~12세</td><td colspan="2">아동기</td><td>6/7~12세</td></tr>
<tr><td>청년기 /청소년 후기</td><td>18~24세</td><td>청소년기</td><td>12~19세</td><td colspan="2">청소년기</td><td>12/13~18/19세</td></tr>
<tr><td>성인초기</td><td>24~34세</td><td>청년기</td><td>19~29세</td><td colspan="2">청년기</td><td>19~29세</td></tr>
<tr><td>성인중기</td><td>34~60세</td><td>중년기</td><td>30~65세</td><td colspan="2">장년기</td><td>30~65세</td></tr>
<tr><td>노년기</td><td>60~75세</td><td rowspan="2">노년기</td><td rowspan="2">65세 이상</td><td colspan="2" rowspan="2">노년기</td><td rowspan="2">65세 이상</td></tr>
<tr><td>노년후기</td><td>75세이상</td></tr>
</table>

*주: 출생~2세가량을 가리킬 때 사용하는 유아기(乳兒期)는 'infancy'로 젖먹이 시기를 의미한다. 일반적으로 흔히 걸음마기부터 학령전기의 어린아이(3~6세)까지를 일컬어 유아(幼兒)라고 지칭하는 것과는 구분해서 이해하여야 한다.

출처: 사회복지교육연구센터, 2013, 재구성.

인간발달단계에는 양적인 면과 질적인 면으로 나누어 볼 수 있는데, 먼저 양적 발달은 특별한 외부환경의 자극 없이도 연령이 증가함에 따라 나타나는 신체적 성장을 말하는 반면 질적 발달은 지능이나 정서 및 사회성 등의 외부환경에 대한 자극이나 학습 환경을 통해 성숙하는 것을 의미한다.

이러한 인간발달단계는 규칙성과 보편성이 나타나는데, 여기에는 일정한 순서와 방향성, 연속적 과정, 속도의 불규칙성, 유전과 환경의 상호작용, 분화와 통합의 과정, 점성원리, 불가역성, 누적성 등의 개념들이 내포되고 있다.

① 일정한 순서와 방향성

인간발달은 개인마다 그 정도가 다르지만, 발달의 변화는 체계적이고 규칙적이며 일관성 있는 원리에 따라 진행된다. 또한 특정한 나이가 되면 대략 몇 센티미터까지 키가 자라고 몸무게는 어느 정도 되고, 어느 정도의 사고까지 가능하다는 것을 일반적으로 예측하고 기대하게 된다. 이것은 발달이 일정한 순서로 진행되며 방향성이 존재한다는 것을 의미한다.

예를 들면, 신체나 운동의 발달을 살펴보면 인간발달은 상부에서 하부로, 중심부위에서 말초부위로, 전체운동에서 특수운동으로 진행된다.

② 연속적 과정

인간발달은 정체됨이 없이 전 생애를 통해 이전의 발달에 이어 연속적으로 계속 일어난다.

③ 속도의 불규칙성

발달의 속도는 항상 일정한 것이 아니다. 발달의 속도가 빠르게 진행되는 시기가 있고, 더디게 진행되는 시기가 있다.

예를 들면 성장은 출생 시에 급격한 성장을 보이지만, 아동기에 들어가서는 다소 그 속도가 저하되고, 청소년기에 들어가서는 다시 급속한 성장을 보인다.

④ 유전과 환경의 상호작용

유전적 요인과 환경적 요인의 영향에 대한 비중은 다르지만 양쪽의 상호작용으로 진행되고, 성숙과 학습에 의존한다.

⑤ 개인차

발달은 보편적인 성장의 과정을 거치지만 개인차도 존재한다. 연령이 증가할수록, 환경 등 외적인 변수들의 영향이 많을수록 개인차의 폭은 커지고 발달을 예측하기도 어려워진다.

⑥ 분화와 통합의 과정

발달은 큰 전체적 행동에서 보다 작은 특수한 행동으로 변화해 가는 것이 일반적 과정이기 때문에, 성장은 분화와 통합의 연속적 과정이라고 할 수 있다. 신체, 인지, 성격 등 발달의 각 측면은 밀접한 상호작용을 통해 발달하며 통합된다. 또한 일반적인 것에서 특수한 것으로 발달해 가며, 동시에 보다 작고 특수한 행동은 보다 새롭고 복잡한 체제로 통합되어 간다.

⑦ 점성원리

점성원리[1)]는 유전적인 요인에 의존한 일련의 단계에 의해 인간발달이 지배되며, 이전 단계의 발달을 토대로 다음 단계의 발달이 이루어진다는 원리이다.

성장하는 모든 것은 기초 안에 따라 부분적으로 발달한다. 먼저 발달한 부분을 기초로 다음 발달이 이루어진다. 특정 단계의 발달은 이전 단계에서 성취한 발달과업에 기초하여 이루어진다.

1) 점성원리: 에릭슨은 점성원리에 따라 인간발달이 단계적으로 진행된다고 보았다. 점성(epigenesis)이라는 말은 '~위에(upon)'를 의미하는 'epi'와 '출현하다(emergence)'를 의미하는 'genesis'가 결합된 말로서, 기존 발달의 기초 위에 다음 단계의 발달이 출현함을 의미한다. 이를 달리 표현하면 특정 단계의 발달은 이전 단계 발달과업에 영향을 받는다는 것이다. 에릭슨이 구분한 8단계에서 예를 들자면, 1단계에 기본적 신뢰감이 잘 발달해야 2단계의 자율성이나 3단계의 주도성이 잘 발달되는 것이다.

⑧ 결정적 시기

인간의 발달에는 결정적 시기가 있기 때문에 그 시기에 이루어져야 할 발달과업은 제때에 이루어져야 한다. 만약 그 시기에 이루어져야 할 발달과업이 이루어지지 못할 경우에는 성격형성이나 인간행동에 있어서 결함이 나타나게 된다(예를 들면, 정글북의 모글리로 언어 습득 시기를 놓쳐 이후 언어 습득에 어려움을 겪음).

⑨ 기초성

기초성[2)]이란 어릴 때의 발달이 이후 모든 발달의 기초가 된다는 원리이다. 인간발달단계에서 인생초기의 신체적·정신적·지적·사회적·성격적 발달은 그의 일생을 결정하는 기초가 된다. 즉 인간발달에서 청소년기는 성인기의 기초가 되는 시기이다. 청소년기와 같은 특정시기의 경험으로 이루어진 발달의 결과가 대개 일생 동안 지속된다는 것이다. 예를 들면, 세 살 버릇 여든까지 간다.

⑩ 불가역성

불가역성이란 특성 시기의 발달이 잘못되면 그 이후에 충분히 보상적 자극이나 경험을 제공받는다고 하더라도 원래의 발달상태로 회복되지 않는다는 원리이다. 인간발달단계에서 최적기에 발달을 이루지 못하면 일생동안 그러한 발달과업을 성취하기가 거의 불가능하게 되고, 회복하기 어렵게 된다는 것이다. 즉 인간의 신체적·정신적·지적·사회적·성격적 발달은 최적기를 놓치면 그 이후에 교정하거나 보충하기가 매우 힘들게 되며 회복할 수 없게 된다. 예를 들면, 어릴 때

2) 기초성: 기초성이란 '인생 초기 발달이 일생을 결정하는 기초가 된다'는 원리로 그만큼 인생 초기 발달이 중요하다는 의미다. 그렇다면 기초성과 점성원리는 어떤 차이가 있을까? 에릭슨의 심리사회이론 발달단계에서, 6단계의 과업성취는 5단계의 발달과업 성취를 토대로 진행되고, 다시 6단계의 심리사회적 위기를 잘 극복했을 때 그것을 토대로 7단계의 발달이 잘 진행된다는 것이 점성원리라면, 기초성은 인생 전체를 볼 때 어린 시절의 발달이 그 나머지 일생에 지대한 영향을 미친다는 원리다. 예를 들어, 만 8세까지 지능의 80%정도가 발달하며, 만 6세까지 성격의 기본 틀이 거의 형성되기 때문에 어린 시절의 교육환경과 인성교육이 평생을 좌우한다는 말은 바로 이 기초성에 해당되는 예라고 할 수 있다.

잘못 형성된 것은 나이 들어 고치기 어렵다.

⑪ 누적성

누적성이란 어떤 시기의 결손은 계속 누적되어 다음 단계에 영향을 미친다는 원리이다. 인간발달에서 적절한 시기에 특정한 발달과업을 성취하지 못하면 다음 시기에 계속적으로 누적되며 인생후기에 보충하기 어렵다. 인간발달에서 초기의 발달이 더욱 중요하며, 결손이 누적되면 즉시 교정하거나 보충하는 것이 필요하다. 예를 들면, 미숙아로 태어난 경우, 이후 영양분을 충분히 섭취하여도 발달차이가 존재한다.

(3) 발달과업에 의한 인간발달 개념

발달과업이란 인간발달의 각 단계마다 성취해야 할 과업으로, 특정 연령이나 발달단계에 이르면서 수행해야 할 역할이나 해결해야 할 중요한 과업이다. 즉 발달과업은 개인이 환경에 적응하기 위해 요구되는 기술이나 능력을 의미한다. 한 단계에서 발달과업의 성취가 만족스럽지 못하면 다음 단계의 발달은 지장을 받게 된다.

특히 발달단계에 따른 주요 발달과업은 신체적 성숙이나 사회적 기대로 개인적인 노력으로 얻을 수 있으며 성장단계에서 반드시 획득해야 하는 신체적·인지적·사회적·정서적 기술, 지식, 기능, 태도 등을 포함하며 개인이 환경에 적응하기 위해 필요한 것이다(〈표 1-2〉).

〈표 1-2〉 발달단계에 따른 주요 발달과업

단계		주요 발달과업
영유아기	영아기 (출생~1.5/2세)	신체적 성장, 감각 및 운동기능이 성숙되며 즐거움, 분노 등 감정이 분화된다. 그리고 사회적 애착이 확립된다.
영유아기	유아기 (1.5/2~4세)	자아를 의식하면서 자율적이고 독립적인 존재로 발달한다. 운동능력이 정교화하며 언어가 발달하고, 자기통제능력을 습득하며 상상놀이 등을 한다.
학령전기(4~6세)		초기적 수준의 도덕이 발달하며, 성역할개념이 습득되며 집단놀이 등을 한다.
아동기(6/7~12세)		왕성한 신체적 활동이 있고, 구체적 조작사고, 학습능력과 기술습득, 사회적 규범의 학습, 팀놀이 등을 하며 도덕성이 발달된다.
청소년기(12/13~18/19세)		신체적으로 성숙하며, 성(性)적 성숙이 있고, 형식적 조작사고를 하며, 또래집단의 경험을 한다. 그리고 자아정체감이 확립된다.
청년기(18/19~29세)		친밀감이 형성되며, 부모로부터 독립하며, 직업에 대한 준비와 선택 및 배우자 선택과 결혼을 하며, 출산 및 가정을 형성하고 직업경력이 시작된다.
장년기(30~65세)		신체적 및 인지적 변화에 대한 대응을 하며, 부부관계의 유지 및 자녀양육과 가정을 운영하며 직업을 관리하고 사회적 책임을 수행한다.
노년기(65세 이후)		노화로 인한 신체적·인지적 변화에 대한 적응을 하며, 조부모·미망인 등 역할을 한다. 변화에 대한 적응을 하고 은퇴에 대한 대응도 한다. 감각과 행동의 둔화에 따른 적응을 하며 죽음에 대한 두려움을 극복한다. 그리고 자녀의 존재나 종교 등을 통해 불멸의 느낌을 확립한다.

출처: 이영실 외, 2011; 사회복지교육연구센터, 2013, 재구성.

3) 사회환경의 개념

사회환경은 개인에게 가장 가까운 가족에서부터 동료집단, 조직, 기관, 지역사회, 국가로까지 확대할 수 있다. 개인은 이들 사회환경과 교류하기 때문에 서로 영향을 주고받는다. 특히, 개인은 상위체계인 가족, 집단, 조직, 기관, 지역사회, 국가 등에 영향을 미치는 것보다 오히려 이들 체계로부터 영향을 받는 것이 더 크다. 이는 하위체계보다는 상위체계의 힘이 크기 때문이다.

사회환경에 대한 개념은 초기 사회학, 체계이론, 생태학에 기반을 둔 생태체계이론에 의해 살펴볼 수 있다. 이 세 가지 관점에 따른 사회환경의 개념을 살펴보면 다음과 같다(Jordan & Franklin, 1995; Andreae, 1996; Norlin & Chess, 1997; Schriver, 2001; 이영실 외, 2011).

(1) 사회학에서의 사회환경

사회학에서 강조하는 사회환경의 개념은 인간에 의해 구성된 집합체에 중점을 두었다. 이 관점은 이들 집합체가 독립적으로 존재하는 것으로 보았다. 19세기 초 사회학에서의 주요 사회환경은 가족, 집단, 조직, 지역사회 등으로 보았고, 이들 환경은 체계수준을 형성하지 않고 각 환경 속에서 구성원 간 교류를 강조하였다. 따라서 오늘날 사회학에서의 사회환경은 인간의 행동에 영향을 미치는 체계 간 상호작용을 이해하는 데는 한계가 있다.

(2) 체계이론에서의 사회환경

1970년대 까지는 사회복지환경에 개입하기 위한 행동원칙의 기반이 될 지식이 존재하지 않았다. 1970년대 체계이론의 영향으로 인간과 환경의 상호작용을 동시에 고려할 수 있게 되었다. 체계이론은 사회체계이론(social system theory)과 일반체계이론(general system theory)이 있다.

일반체계이론은 인간세계는 물론 전체적인 물리적 세계까지도 적용가능하다. 유기체와 환경 간의 체계적 상호작용 또는 상호관련성에 대해 전체성(wholeness), 상호성(reciprocity), 그리고 개방성(openness)으로 설명한다.

사회체계이론은 복잡하고 폭넓은 사회체계에 관심을 두고 개인, 가족, 소집단, 조직, 지역사회 사이에서의 관계와 연결을 원조하며 각기 다른 사회체계 내에서 유사점과 차이점을 발견하도록 원조한다. 그러나 사회체계 관점은 환경에서 물리적 요소의 역할과 장소에 관해서는 덜 명확하다.

(3) 생태체계에서의 사회환경

생태학에서의 사회환경의 개념은 인간이 접하고 있는 자연환경에 중점을 두었다. 인간 중심의 생태학 이론(ecology theory)은 인간이 살고 있는 거주지와 연결하고 있다. 이 개념은 개인을 포함한 사회조직들이 환경으로부터 받는 영향을 검증할 수 있는 틀을 제공하였다는 데 의의가 있다. 한편 생태학이론은 체계이론과 결합하여 생태체계적 관점으로 발전하였다.

이는 생태학이론에서 강조하는 자연환경의 영향과 체계이론에서 중점을 두고 있는 환경의 체계 수준이 함께 고려된 통합된 개념이라고 할 수 있다. 특히, 사회환경을 생태체계이론에 근거하고 있다고 주장하는 대부분의 학자들은 체계의 모든 부분이 서로 관계·연계·의존하고 있다고 강조하고 있다. 이는 생태학이론을 부가함으로써 개인의 기능과 관련하고 있는 상·하위체계는 물론 여타 체계들의 영향을 중시한 것이다.

따라서 사회환경은 인간행동에 영향을 미친다는 맥락에서 중요한 개념이며, 사회복지사가 사회환경을 완전하게 이해하기 위해서는 생태학과 체계의 연결인 생태체계적 관점을 바탕으로 한 통합적 시각으로 접근할 필요가 있다.

2 인간행동, 발달, 사회환경과 사회복지실천과의 연관성

1) 인간행동과 사회복지실천

성격이론에 기초하여 인간의 성격을 이해하는 것은 사회복지실천에 중요한 지식 기반이 된다. 「인간행동과 사회환경」 과목에서 다루고 있는 정신역동이론, 행동주의이론, 인지이론, 인본주의이론 등은 모두 인간의 행동과 성격을 이해하는 데 필요한 기초 이론들이다. 성격이란 생리적 욕구나 환경적 자극만으로 설명할 수 없는 개인의 사고, 감정 행동의 결정요인으로 간주되는 지속적이고 역동적인 통합적 정신기제이다. 즉 성격은 개인의 독특한 성질을 뜻하고 개인마다 고유한 성격을 가지는 것을 의미한다.

성격의 특성을 구체적으로 살펴보면 다음과 같다.

첫째, 개인과 타인을 구분지어 주는 개인적 속성이며 통합적이고 조직적으로 기능할 수 있게 해준다.

둘째, 동일한 상황에 처해도 성격 차이에 따라 사람들은 서로 다른 방식으로 반응할 수 있다.

셋째, 인간관계를 형성·유지하거나 사회생활을 도모하고 환경적 요구에 적응할 수 있는 기반을 제공해준다.

넷째, 상황이 바뀌고 시간이 지나도 성격은 비교적 일관되고 안정된 특성을 보이며 구성요소별로 기능하는 것이 아니라 전체적이고 통합적이며 조직적으로 기능한다.

다섯째, 인간의 내적 속성이며 역동적이며 정신·신체적 체계들의 통합과정으로, 각 개인을 독특한 존재로 규정해 줌으로써 다른 사람과 구별지어준다.

여섯째, 실제로 그 사람이 어떤 사람인가 하는 인간 본성을 이해할 수 있는 기반을 제공해 준다.

일곱째, 개인의 행동, 사고, 감정의 독특한 양상을 창조하는 개인내부의 심리·신체적 체계의 역동적 조직이라고 볼 수 있다.

성격이론에 기초하여 인간의 성격을 이해하는 것은 사회복지실천에 중요한 지식 기반이 될 뿐만 아니라 클라이언트의 문제를 체계적이며 과학적으로 원조하고 그의 과거 성격패턴을 통하여 현재와 미래의 행동을 예측하기 위해서이다.

성격을 규명하는 정신역동이론, 행동주의이론, 인지이론, 인본주의이론 등 이론들과 사회복지실천의 연관성은 각 이론의 장에서 자세히 설명하도록 하고 여기서는 다양한 성격이론의 관점들을 사회복지실천과 연계하면 다음과 같다.

첫째, 사회복지사는 사회복지실천에서 정신역동이론을 적용함으로써 클라이언트 행동의 과거와 현재 경험과의 관계, 방어기제, 발달과업, 생활양식, 가족관계, 무의식 등에 초점을 두고 클라이언트의 문제사정 및 문제해결을 위한 개입과정을 통해 정신역동적 기법을 제공한다.

둘째, 사회복지사는 사회복지실천에서 인지이론을 적용함으로써 클라이언트의 사고기능과 학습기능을 강화하며 클라이언트의 환경에 대한 적응과 잠재력을 키워 준다.

셋째, 사회복지사는 사회복지실천에서 행동주의이론을 적용함으로써 클라이언트의 무의식보다는 수정 가능한 행동에 주요 초점을 둔다. 여기에는 고전적 조건화, 조작적 조건화, 관찰학습 등 행동주의 기법을 통해 클라이언트의 행동을 수정한다.

넷째, 사회복지사는 사회복지실천에 인본주의이론을 적용함으로써 클라이언트의 존엄성, 자기결정권 등을 제공하며 비심판적 태도로 클라이언트를 이해하고 그의 행동을 이해한다.

2) 인간발달과 사회복지실천

인간의 행동문제의 원인을 분석하기 위해 발달적 변화, 발달단계, 발달과업의 부적응 등에 의해 생기는 개인의 성격이나 역기능적인 행동의 변화를 목표로 하는 것이 인간발달에 대한 사회복지실천이라고 볼 수 있다.

이러한 인간발달을 사회복지실천과 연계하면 다음과 같다.

첫째, 사회복지사는 사회복지실천에서 발달단계의 올바른 이해를 통해 클라이언트의 발달에 대한 기대를 조절하고 지나친 염려나 불안 등을 줄일 수 있도록 도움을 줄 수 있다.

둘째, 사회복지사는 사회복지실천에서 클라이언트에게 특정 발달단계에서 특징적으로 나타나는 발달요인을 설명해준다.

셋째, 사회복지사는 사회복지실천에서 클라이언트의 현재 발달단계를 사정함으로써 각 단계에서 수행해야 할 발달과업을 클라이언트에게 제시한다.

넷째, 사회복지사는 사회복지실천에서 잠재적 발달장애를 조기에 사정함으로써 미래의 어려운 상황을 최소화하거나 예방할 수 있는 것이 무엇인지를 클라이언트에게 설명해준다.

다섯째, 사회복지사는 사회복지실천에서 개인발달을 이해함으로써 클라이언트가 지금까지 경험해 온 생활전이(life transition)에 따른 안정성과 변화과정을 파악하여 클라이언트에게 설명할 수 있다.

여섯째, 사회복지사는 사회복지실천에서 클라이언트 발달을 구성하는 다양한 신체·심리·사회적 요인을 사정하여 현재의 문제에 어떤 영향을 미쳤는지 클라이언트에게 설명할 수 있다.

일곱째, 사회복지사는 사회복지실천에서 클라이언트의 이전 발달단계의 결과가 다음 단계에 미치는 영향을 파악하여 각 단계의 성공과 실패가 무엇인지를 클라이언트에게 설명 할 수 있다.

여덟째, 사회복지사는 사회복지실천에서 현재 클라이언트의 발달과업 문제를 규명하여 발달과업의 결정적 시기나 불가역성을 사정하여 클라이언트에게 설명해주고 사회에서 요구하는 클라이언트의 사회·정서 발달과업이 무엇인지를 제시해준다.

3) 사회환경과 사회복지실천

사회복지실천은 환경속의 개인이라는 관점을 유지하면서 인간과 환경과의 상호작용을 강조하고 있다. 인간과 사회환경과의 상호작용은 그들의 정서적 건강, 개인의 대처, 적응, 심리사회적 조정을 위한 필수적인 것이다.

또한 사회복지실천은 개입하는 체계의 수준에 따라 개인, 가족, 집단을 주요 대상으로 하는 미시적 접근방법과 전체 사회를 대상으로 하는 거시적 접근방법으로 구분된다. 사회환경을 강조하는 생태체계이론에서도 환경과 상호작용하는 개인을 개입의 기본단위로 보고 있지만 가족, 지역사회 또는 전체 사회에도 개입할 필요성이 있다는 것을 인정하고 있다.

가족, 지역사회, 조직 등과 사회복지실천과의 연관성은 다음에 나오는 각 장에서 자세히 설명하고자 하며 여기에서는 간단히 가족, 지역사회, 조직 등 사회환경을 사회복지실천과 연계하여 설명하면 다음과 같다.

첫째, 사회복지사는 사회복지실천에서 가족문제의 원인을 가족구조, 가족기능, 가족관계 및 가족생활주기라는 가족의 내적요인에서 찾을 뿐만 아니라 이러한 원인에 의해 발생하는 부부문제, 자녀문제, 가족폭력 문제 등 가족이 겪는 다양한 문제를 다루며 가족의 변화와 가족성원의 성장을 도모하고자 하는 가족치료, 가족교육, 가족보존 및 지원서비스, 가족계획 등의 이론을 개입과정에 적용한다.

둘째, 사회복지사는 사회복지지실천에서 집단성원, 전체로서의 집단, 그 집단을 둘러싼 환경영역에 초점을 두고, 집단 내의 개별성원, 전체로서의 집단, 집단이 속한 환경의 변화와 사회적 기능의 증진을 도모한다.

셋째, 사회복지사는 사회복지실천에서 조직의 속성을 지니고 있는 외부의 기관이나 단체로부터 재정 및 인적자원을 동원하거나 지원 받아 클라이언트에게 서비스를 제공한다.

넷째, 사회복지사는 사회복지실천에서 지역사회 내에 존재하는 클라이언트의 문제해결에 필요한 중요한 자원과 지지를 제공하는 기능을 수행할 뿐만 아니라 사회적 관계망을 연계하고 조직화하며, 입법활동이나 옹호활동 등을 통하여 정책형성에 영향을 미친다.

PART 02

인간행동 이해를 위한 주요 이론

Human Behavior and Social Environment

C·H·A·P·T·E·R 02

인간행동에 관한 주요 이론: 정신역동이론

1 프로이드(Freud)의 정신역동이론

1) 생애

프로이드는(Sigmund Freud, 1856-1939) 1856년 모라비아(현재 체코슬로바키아의 일부)의 프레이베르그(Freilberg)에서 태어났다. 프로이드가 네 살 때인 1860년에, 그의 가족은 모라비아에서 비엔나로 이주하였으며 그곳에서 삶의 대부분을 보냈고 어려서부터 재능이 뛰어났으며 어머니의 지지와 많은 격려를 받고 자랐다.

1873년 비엔나대학의 의학부에 입학한 후 1881년에 박사학위를 받았고 신경과 의사로 활동하였다. 1835년에는 신경의학자인 체코트(Charcot)와 함께 최면을 연구하면서 최면적 암시에 의해 히스테리신경증의 증상을 유발하거나 제거할 수 있다는 것을 알게 되었다. 이것이 계기가 되어 1890년대 중반부터 신경증은 부적절한 성적 발달의 문제라고 생각하게 된다.

프로이드는 1897년 자기분석을 착수하였으며 자신의 신경증 문제를 불안 신경증으로 진단하였다. 이러한 문제가 성적 긴장의 누적에 의해 기인한다고 주장하였다. 프로이드가 사용한 자기분석의 방법은 '꿈 분석(dream analysis)'이었다.

초기에 프로이드의 영향을 받은 아들러나 융, 랭크 등은 프로이드에게서 독립하여 자신의 이론을 각각 발전시키게 된다. 프로이드는 1919년부터 1939년까지 최고의 명성을 누렸는데 생의 마지막은 암과 사투를 벌이는 힘겨운 시기를 맞았으며 1939년 영국런던에서 사망했다.

2) 주요 개념

(1) 지형학적 모델

프로이드 초기이론의 중심개념 및 이론은 지형학적 모델(topographical model)을 통해 지각(perception) 수준이라는 개념으로 구별하였다. 그가 제안한 지각의 세 수준은 의식(conscious), 전의식(preconscious), 무의식(unconscious)으로 1900년에 출판한 꿈의 해석에서 처음으로 제시하였다.

인간의 마음은 사고, 감정, 본능, 충동, 갈등, 동기로 채워져 있는데, 대부분은 무의식 혹은 전의식에 위치한다. 전의식은 의식의 영역으로 쉽게 바뀔 수 있지만 무의식은 의식의 영역으로 쉽게 바뀌지 않는다고 강조하였다.

이러한 의식, 전의식, 무의식의 내용은 다음과 같다(Davison & Neale, 1990; Payne, 2001; Maguire, 2002; Sadock & Sadok, 2003; 노안영 외, 2011; 이영실 외, 2011).

① 의식

의식은 보고, 듣고, 만지고, 냄새 맡고, 맛보는 것과 같은 여러 가지 감각을 인식하고, 슬픔과 고통 같은 것을 쉽게 알아차릴 수 있는 정신생활의 영역으로, 깨어있을 때 작용하는 영역이다. 프로이드는 우리가 지각하고 있는 의식은 빙산의 일각에 불과하다고 하여 우리가 지각하지 못한 부분이 많다는 것을 강조하였다.

② 전의식

전의식은 의식과 무의식의 중간에 있는 지각으로서 쉽게 의식으로 가져올 수 있는 정신의 부분이다. 전의식에 저장된 기억이나, 지각, 생각 등은 의식으로 변화시킬 수 있는 의식의 아래 부분이다.

③ 무의식

무의식이란 정신내용의 대부분에 해당되며 인간 행동의 동기가 된다. 무의식은 정신의 가장 깊은 곳에 위치해 있으며, 정신분석의 초점이 되는 부분이다. 무의식이 정신내용의 대부분을 형성하며 인간행동을 결정하는 주된 원인이라고 보았다.

(2) 본능이론

프로이드는 본능을 두 가지 범주, 즉 삶 본능(life instincts)과 죽음 본능(death instincts)으로 나누었는데, 그 내용은 다음과 같다(Sadock & Sadok, 2003; 임상곤, 2006; 노안영 외, 2003; 이영실 외, 2010, 2011).

① 삶 본능

삶 본능(life instincts)은 인간의 생존을 위해 식욕, 성욕 등과 같은 생물학적인 욕구를 충족시키는데 기여하며 성장과 발달 지향적이다. 프로이드는 삶 본능에 의해 나타난 정신에너지를 리비도(libido)라고 하였다. 프로이드가 성격에 있어 가장 중요한 것으로 여겼던 삶 본능은 성(sex)과 관련되며, 그것은 단순히 남녀간의 성욕을 의미하는 것이 아니라 인간에게 쾌락을 주는 모든 행동이나 생각을 포함한다.

② 죽음 본능

프로이드는 삶 본능과 상반된 개념으로서 죽음 본능(death instincts)이 있다고 가정하였다. 즉, 개인의 죽음 본능은 공격성으로 표출되어 자신이 아닌 타인이나 대상을 죽이고자 하는 소망으로, 파괴하고 정복하고 죽이도록 하는 추동이다.

(3) 구조적 모델

프로이드는 지형적 모델 후에 1923년에 발표한 '원초아와 자아'에서 정신장치는 원초아(id), 자아(ego), 초자아(superego)라는 세 가지 요소로 구성되어 있다는 구조적 모델을 완성시켰다. 이 세 가지 구성요소는 서로 견제하고 경쟁하고 충동을 일으킨다. 이러한 갈등들이 불안을 일으키고 이것이 신경증의 원인이 된다는 이론을 개발하였다.

성격의 세 가지 구조적 구성요소인 원초아, 자아, 초자아에 대한 내용은 다음과 같다(Brenner, 1975; Sadock & Sadok, 2003; 노안영 외, 2003; 이영실 외, 2010, 2011).

① 원초아

원초아(id)는 무의식 안에 감추어진 일차적인 정신의 힘으로 성격의 기초가 되는 기본 욕구와 충동을 대표한다. 즉, 원초아는 직접적인 신체적 욕구만족과 관련되며, 작동하는 주요 원리는 쾌락원칙(pleasure principle)이다.

원초아는 쾌락원리에 의해 작동하기 때문에 현실이나 도덕성에 대한 고려 없이 쾌락을 추구한다. 범죄자, 변태성욕자들이 이러한 성향이 많이 나타나는데 범죄자들은 원초자아가 강하기 때문에 자아 규제가 잘 안되고 폭력적이며 감정 조절이 잘 안 된다. 이들은 양심이 부패되고 충동적이고 욕구조절이 안되며 말로써 표현하지 않고 행동으로 표현하는 사람들이다.

② 자아

자아(ego)는 실제적인 면에서 개인이 접하는 현실을 인지하고 조정하면서 현실원칙(reality principle)에 따른다. 자아는 사회적으로 수용될 수 있는 방법을 발견할 때까지 쾌락을 지연시키거나 보류 할 수 있다. 즉, 자아는 원초아의 요구를 고려하면서 현실요구에 맞춰 쾌락을 지연시키거나 충족시키는 적절한 방법을 찾는다.

자아는 주로 현실적 원칙에서 기능하고 사고를 사용하는 자아는 지적인 과정과 문제해결의 원칙으로 기능하는데, 이를 현실검증(reality testing)이라고 한다.

현실검증은 외적 환경의 제약들을 고려하여 지금 충족되기를 바라는 욕구를 지연시킨다.

③ 초자아

초자아(superego)는 인간 성격의 사회적 구성요소로서 주로 개인의 내적 도덕성인 양심(conscience)과 개인이 추구하고자 하는 자아이상(ego-ideal)에 의해 작동한다. 초자아가 작동하는 주요한 원리는 도덕원칙(morality principle)이다.

초자아는 자아이상과 양심이라는 두 개의 하위체계로 구성되는데, 자아이상은 부모가 도덕적으로 바람직한 것이라고 간주하는 것으로서, 부모의 칭찬에 의해 형성된다. 이에 반해 양심은 부모가 도덕적으로 나쁘다고 간주하는 것으로서, 부모의 처벌에 의해 형성된다.

프로이드는 남근기(phallic stage)에 남자아이는 오이디푸스 콤플렉스(Oedipus complex)를 그리고 여자아이는 엘렉트라 콤플렉스(Electra complex)를 겪는다고 보았다. 초자아는 아이들이 자신과 같은 성의 부모와 동일시, 즉 사회적 실체를 받아들임으로써 사회화를 통해 이러한 콤플렉스를 해결하면서 발달한다고 보았다.

(4) 불안 유형

프로이드는 원인에 대한 명확한 대상이 없이 두려움을 느끼는 것을 불안으로 보았으며 모든 불안의 원형이 출생외상(birth trauma)이라고 생각하였다. 그가 제안했던 현실불안(reality anxiety), 신경증불안(neurotic anxiety), 도덕불안(moral anxiety)은 현실과 자아 간의 갈등에 의해 불안이 야기된다고 보았다.

① 현실불안

현실불안은 자아가 현실을 지각하여 두려움을 느끼는 불안으로 실제적 위험에서 우리를 보호하는데 기여한다.

② 신경증불안

신경증불안은 현실을 고려하여 자아와 본능에 의해 작동되는 원초아 간의 갈등에서 비롯된 불안이다. 이러한 불안은 강한 힘을 가진 원초아에 의해 충동적으로 표출된 행동이 처벌되지 않을까 하는 무의식적 두려움이다.

③ 도덕불안

도덕불안은 원초아와 초자아 간의 갈등에서 비롯된 불안으로 본질적으로 자신의 양심에 대한 두려움이다.

4) 심리성적 발달단계

프로이드는 성격이 심리성적 발달(psychosexual development)단계에 따라 형성된다고 보았다. 심리성적 단계의 주요한 특징은 정신 에너지인 리비도가 신체부위의 어디에 집중되느냐에 따라 다섯 단계로 구분된다.

이러한 다섯 단계는 구강기, 항문기, 남근기, 잠복기, 생식기이다. 프로이드는 인간이 유아기부터 청소년기까지 5단계에 걸쳐 성격이 발달한다고 보았으며, 청소년기 이후의 단계에 대해서는 그다지 중요하게 생각하지 않았다.

프로이드가 제안한 심리성적 발달단계의 주요한 특징에 대해 살펴보면 다음과 같다(Frued, 1949; Brenner, 1972; 임상곤, 2006; 노안영·강영신, 2011; 이영실, 2010, 2011).

(1) 구강기

유아가 출생하여 1세까지에 해당하는 심리성적 발달의 첫 단계가 구강기(oral stage)인데, 구강기를 구순기 또는 구강성욕기라고도 부른다. 이 시기는 성적 에너지인 리비도[3)]가 입에 집중되어 있어서 모든 생물학적 충동과 쾌락을 구강을 통해서만 충족시킨다.

생후 6개월까지는 주로 빠는 행위에서 쾌감을 느끼고, 이후에는 깨무는 것으로 쾌감을 느낀다. 유아는 리비도의 일차적 대상인 어머니의 젖을 빨면서 어머니에게 전적으로 의존한 상태에서 이 세상에 대한 지각을 배우게 된다. 구강기 동안에 나타나는 두 가지 행동방식은 구강수용적 행동(oral receptive behavior)과 구강공격적 행동(oral aggressive behavior)이다.

구강수동적 성격은 아이에게 먹는 것이 너무 과도하거나 혹은 불충분한 경우 발달하는 성격으로 낙천적이고 타인에게 의존적이며, 희생을 감수하면서도 인정받고 싶어 한다. 구강 공격적 혹은 구강 가학적 성격은 이가 나면서 깨물고 물어뜯음으로써 불쾌 또는 불만족을 표현한다. 논쟁적이고 비판적이며 비꼬기를 잘하며 적의성, 공격성을 보이는 경향이 있고 타인을 이용하거나 지배하려 한다.

(2) 항문기

심리성적 발달 단계의 두 번째는 보통 1세부터 3세까지로 진행되는 것으로 리

---

3) 리비도는 심리적인 생리적 의미에서 성적 에너지를 지칭한다. 프로이드 말년에 가서는 새의 본능인 에로스뿐만 아니라 죽음의 본능인 타나토스까지 포함하는 것으로 설명하였다.

비도가 항문에 집중되는 항문기(anal stage)이다. 구강기가 지나면 리비도가 퍼져 있는 지역이 항문 주위로 퍼져 나가게 되며 아이는 대소변의 배출과 보유에서 상당한 쾌감을 얻게 된다. 이 시기의 성격형성은 본능적 충동인 배설과 외부적 현실인 배변훈련과 관련되어 결정된다. 배변훈련은 자아통제 훈련의 원형이며 예의범절의 기본이 된다. 배설물을 방출하는 것은 아이에게 쾌락이지만, 배변훈련의 시작과 함께 아이는 이 쾌락을 지연시키는 방법을 배우게 된다.

만약 배변훈련이 순조롭게 진행되지 않으면, 아이는 두 가지 방식으로 반응할 수 있다. 한 가지 방식은 부모가 하지 말라고 한 시간과 장소에 배변을 함으로써 부모의 요구를 거절하는 행동을 한다. 이러한 행동이 아이에게 좌절에 반응하는 만족스런 행동으로 여겨져 자주하게 되면, 항문공격적 성격(anal aggressive personality)을 갖게 된다. 즉, 배변훈련이 너무 엄격하면 유아는 일부러 지저분한 행동을 하기도 하고 성인이 되면 권위에 대한 불만을 불결, 무책임, 무질서, 고집, 인색함, 난폭, 분노, 적개심 등을 보이는 행동으로 표출한다.

아이가 배변훈련의 좌절에 반응할 수 있는 두 번째 방식은 배설해야할 변을 보유하는 것이다. 변을 보유하면서 만족을 느끼고 부모를 기다리게 하고 애태우는 아이는 고집이 세고 구두쇠로 특정되는 항문보유적 성격(anal retentive personality)을 갖게 된다.

(3) 남근기

프로이드의 심리성적 발달단계 중 성격형성에 가장 중요한 시기는 3세부터 6세 로 전(前)성기기라고 한다. 이 시기는 리비도의 관심이 성기로 집중되는데, 이를 남근기(phallic stage)라고도 한다.

아이의 리비도의 초점, 즉 쾌락의 초점이 항문에서 성기로 옮겨진다. 이 단계에서 아이는 성기를 만지거나 환상을 통해서 쾌락을 느낀다. 남근기의 갈등은 아이의 반대 성인부모와 관련한 근친상간 욕망에 대한 환상과 관련되어 있다.

남자아이가 반대 성인어머니에 대한 무의식적 욕망에서 비롯된 갈등이 오이디푸스 콤플렉스(oedipus complex)이다. 프로이드는 아들과 어머니의 성관계를 비극적으로 묘사한 이 용어를 그리스 신화로부터 따왔다. 이 단계에서 어머니는 남자아이의 사랑의 대상이 된다. 남자아이는 환상과 행동을 통해 어머니에 대한 성적 소망을 나타낸다. 남자아이는 아버지를 어머니에 대한 경쟁자이며 위협적 존재로 여긴다. 또한 남자아이는 아버지와 어머니가 특별한 관계에 있음을 지각하고, 아버지에 대해 질투심과 적대심을 가지게 된다. 연약한 아이가 힘 있는 적대자인 아버지로부터 자신의 성기가 잘려지지 않을까 하는 두려움을 갖게 되는데 이를 거세불안(castration anxiety)이라고 한다.

그러나 남자아이는 자신을 아버지와 동일시(identification)함으로써 이러한 오이디푸스 콤플렉스를 극복한다. 더불어 사회적 규범, 도덕적 실체라고 할 수 있는 아버지에 대한 동일시를 통해 초자아를 형성하게 된다.

여자아이가 남근기에 겪는 갈등을 프로이드는 엘렉트라 콤플렉스(electra complex)라고 하였다. 그리스 신화에서 엘렉트라는 오빠를 설득해서 아버지를 살해했던 어머니와 어머니의 정부를 살해케 했다. 남근기 중에 아버지는 여자아이의 애정의 대상이 된다. 프로이드는 남자아이의 거세불안과 상반되게 여자아이는 남근선망(penis envy)을 갖는다고 보았다. 즉 여자아이는 자신의 성기를 잃었다고 믿고, 남자아이는 자신의 성기를 잃을까 두려워한다. 여자아이는 어머니와 동일시를 통해 엘렉트라 콤플렉스를 해결하고 초자아를 형성하게 된다.

(4) 잠복기

잠복기(latency stage)는 6세부터 사춘기까지이며, 잠재기라고도 한다. 이 시기는 실제로는 심리성적 단계가 아니다. 이 시기에 성적 본능은 휴면을 취한다. 아이들은 이 기간 동안 이성과는 성적관계를 회피하거나 정서적 감정 없이 공격적 방식으로 성적행동을 한다. 성적 관심은 수면상태로 들어가 활동하지 않는다고 보았고, 리비도는 승화되어 학교 활동, 지적 관심, 취미, 스포츠, 우정관계 등을 통해 성적충동을 승화시킨다.

이 시기는 지금까지 발달한 초자아가 더욱 강화되면서 오이디푸스적 욕망을 억제한다. 부모와의 삼각관계나 동성부모에 대한 동일시가 중단되는 시기로 볼 수 있으며, 동성인 또래와 어울림으로써 동성 간의 동일화와 자기성 확립 등 지속적인 사회화시기로 볼 수 있다.

(5) 생식기

심리성적 발달의 마지막 단계인 생식기(genital stage)는 사춘기부터 성인기까지로, 성기기라고도 한다. 이 시기는 잠복되었던 성적 에너지가 무의식에서 의식의 세계로 나오는 시기이다.

생식기 기간 동안에 성적인 충동이 다시 발현되지만, 이전의 단계들을 성공적으로 거쳐 온 사람들은 잘 사회화된 성인으로 성장하여 건전한 이성관계를 거쳐 결혼에 이른다. 그렇지 못할 경우, 그동안 해결되지 못한 갈등이 성인기 전반에 걸쳐 드러난다.

이와 같이 심리성적 발달단계의 특징을 살펴보았다(〈표 2-1〉). 특히, 프로이드는 구강기, 항문기, 남근기의 성격특성이나 주요 과업이 성인이 된 후 행동이나 성격을 결정하는 데 중추적 요인이 된다고 강조하고 있다.

〈표 2-1〉 심리성적 발달단계와 특징

단계	성감대	주요 활동	갈등의 장	방어 기제	성격특징	주요과업
구강기 (0~1세)	입, 혀, 입술	받기, 먹기	음식 섭취	투사, 거부, 내면화	리비도가 입에 집중되어 있으며, 주로 빨기를 통해 쾌락을 얻음, 원초아가 지배적임	분리·개별화, 대상관계의 형성

〈표 2-1〉 계속

단계	성감대	주요 활동	갈등의 장	방어 기제	성격특징	주요과업
항문기 (1세~3세)	항문	주기, 보유	배변 훈련	지성화, 반동형성, 격리, 무위	배변훈련(외부 현실)이 배변으로 인해 얻어지는 만족을 방해함	책임성과 통제의 수용, 권위적 인물과의 협상
남근기 (3세~6세)	성기	이성 교제	오이디푸스, 엘렉트라	억압	근친상간에 관한 환상; 오이디푸스 콤플렉스, 불안, 초아자가 발달됨	가족 내에서 자신의 지위와 일치하는 성적 오리엔테이션 설정, 한 사회의 가치와 윤리적 지향을 다룰 수 있는 능력의 표현
잠복기 (6세~사춘기)	성(性) 본능 잠재, 성적본능의 승화 단계, 성 본능과 관련 없는 기술습득					보다 높은 수준의 자아방어기제 활용
생식기 (사춘기~성인기)	전신	성교	오르가즘	승화	성역할 정체감과 성인으로서의 사회적 관계가 발달됨	일과 성공적인 사랑

출처: Kail & Cavanaugh, 2000; 최덕경 외, 2013, 재구성.

5) 방어기제

방어기제(defense mechanism)는 사회적·도덕적으로 용납되지 못하는 성적 충동, 공격적 욕구, 미움, 원한 등이 어떤 위험으로 간주되어 갈등이나 불안을 느끼게 하는데, 이러한 갈등이나 불안을 처리하려는 자아의 무의식적인 노력을 말한다.

대표적 방어기제의 유형과 특성은 다음과 같다(이영실 외, 2010, 2011).

(1) 억압

억압(repression)이란 현실세계에서 충족되기가 어렵거나 힘든 내용을 무의식 속에 머물도록 눌러 놓은 것을 말한다. 억압을 통해서 자아는 위협적인 충동, 감정, 소원, 환상, 기억 등의 위험요소들이 의식화되는 것을 막아 준다. 특히 죄책감, 수치심 또는 자존심을 상하게 하는 경험일수록 억압의 대상이 된다.

예를 들면, 어려운 과제가 있을 때, 그 과제를 아예 잊어버리는 경우, 자신을 학대하는 부모에 대한 뿌리 깊은 적대감을 알아차리지 못하는 경우이다.

(2) 부정

부정(denial)이란 현실에서 일어났던 위협적이거나 외상적인 사건을 받아들이지 않고 거절하는 것이다. 의식화하기에는 불쾌한 생각, 욕구, 충동, 현실 등을 무의식적으로 부정함으로써 불안으로부터 자신을 방어한다.

예를 들면, 평소에 건강하였는데 갑자기 배가 아파 병원에 갔더니 말기 암 판정을 받게 되면 모두가 아니라고 부정하는 경우, 어머니가 사망했음에도 불구하고 돌아가신 것이 아니라 며칠 딴 곳으로 여행을 간 것이라 하는 경우를 들 수 있다.

(3) 반동형성

반동형성(reaction formation)이란 무의식 속의 받아들여질 수 없는 생각, 소원, 충동 등을 정반대의 것으로 표현하는 경우인데 원래의 생각, 소원, 충동 등을 의식화하지 못하게 하는 기제이다.

예를 들면, 자기가 좋아하는 여학생을 애먹이거나 괴롭히는 경우, 자기를 학대하는 남편 앞에서 그를 매우 사랑하는 것처럼 행동하는 경우, 어떤 사람에 대한 증오심이 있음에도 걱정해주고 관심을 보이는 경우를 들 수 있다.

(4) 동일시

동일시(identification)는 동일화라고도 하며 주로 부모, 형, 윗사람, 주위의 중요한 인물들의 태도와 행동을 닮는 것으로, 불안을 없애기 위해서 오히려 불안의 원인이 되는 그 사람과 똑같이 되려는 것을 말한다.

예를 들면, 아버지를 무서워하는 아들이 그 아버지를 닮아가는 경우이다.

(5) 투사

투사(projection)는 자신이 가졌다고 인정하기에는 너무나 불안하기 때문에 상대방이 가졌다고 생각해 버리는 것을 의미한다. 다시 말하면 사람들이 스스로 받아들일 수 없는 충동, 태도, 행동을 무의식 적으로 타인이나 환경 탓으로 돌리는 과정으로, 투사는 관계망상이나 피해망상 등을 불러일으키는 등 환각이나 착각, 망상형성의 중요한 기제이다.

예를 들면, 시험을 잘 치지 못하는 학생이 “시험공부를 할 여유가 없었다.”, “다른 학생들이 컨닝을 했다.”, “내가 그를 미워하는 것이 하니라, 그가 나를 미워한다.” 등 자기실패의 원인을 다른 대상에게 전가하는 경우를 들 수 있다.

(6) 합리화

합리화(rationalization)는 아주 빈번히 사용되는 방어기제로서 우리가 인식·의식하지 못하는 동기에서 나온 용납할 수 없는 충동이나 행동에 대해 지적으로 그럴듯한 설명이나 이유를 대는 것이다. 즉, 합리화는 자신의 행동을 그럴듯한 그러나 부정확한 핑계를 사용하여 받아들여질 수 있게끔 행동을 재해석하는 것이다.

합리화의 고전적 예를 들면, 이솝우화에서 포도를 딸 수 없었던 여우가 포도가 실 것이라고 결론 내렸던 경우이고, 다른 예로는 친구의 잘못을 선생님께 보고한 것은 내가 그렇게 해야 할 의무 때문이었다고 이유를 대지만 친구와의 경쟁에서 이기려고 하는 욕망이 실제적인 욕망이었던 경우다.

(7) 퇴행

퇴행(regression)은 위협적인 현실에 직면하여 덜 불안을 느꼈던 그리고 책임감이 적었던 이전의 발달단계의 행동을 하는 것이다. 퇴행은 심한 스트레스나 좌절을 당했을 때, 또한 실패가능성이 있거나 불안한 상황에 대한 해결책으로 현재의 발달단계보다 초기나 더 이전의 발달단계의 행동양식으로 후퇴하는 것을 말한다. 좌절을 경험하게 되면 발달초기의 보다 만족스러웠던 시절의 행동양식을 한다.

예를 들면, 사랑을 독차지하던 아이가 동생이 태어나 부모의 관심이 동생에게 집중되자 갑자기 말을 하지 못하고 대소변을 못 가리며, 더욱 심한 어리광을 부리게 된다든지, 아이가 학교에 가야 한다는 위험에 직면하여 잠자리에 오줌을 싸는 행동 등을 들 수 있다.

(8) 전치

전치(displacement)는 전체가 부분에 의해 표현되거나 부분이 전체로 표현되는 경우, 또는 어떤 생각이나 감정 등을 표현해도 덜 위험한 대상에게 옮기는 것이다. 또한 본능적 충동의 표현을 재조정해서 그것이 위협을 많이 주는 사람이나 대상에서 덜 위협을 주는 것으로 방향을 전환하게 만드는 것이다.

예를 들면, 아빠나 교사에게 혼이 나거나 꾸지람을 들은 아이는 적대감을 아빠나 교사에게 표현하지 못하고 동생을 때리거나 개를 발로 차고 장난감을 부수는 행동을 하는 경우를 들 수 있다.

(9) 승화

승화(sublimation)는 전치의 한 형태로 볼 수 있으며, 억압되어 있던 본능이 고도의 사회성, 예술성을 지니고 표출되어 충족된다면 승화라고 한다. 그리고 승화는 수용될 수 없는 충동이 사회적으로 받아들여질 수 있는 충동으로 대체되는 것이다.

예를 들면, 심한 열등감을 가진 사람이 열심히 공부해서 학자로 성공하는 경우, 타인에 대한 강한 공격적 욕구를 가진 사람이 격투기이나 권투선수가 되어 훌륭한 시합을 하는 것으로 대체되는 경우를 들 수 있다.

(10) 주지화

주지화(intellectualization)는 인지적 과정을 통하여 자기의 불안이나 스트레스를 해소시키려는 노력으로 이를 통해 인간은 너무 위협적이거나 고통스러운 정서적인 문제를 피하거나 둔화시키기 위하여 사고와 추론, 분석 등과 같은 지적 능력들을 사용한다. 즉, 느낌보다는 사고로 정서적 불편을 제거하려고 하는 것이다.

예를 들면, 어떤 사람이 자기 자신을 괴롭힐 때, 그로 인한 속상함을 인정하지 않으려고 그 상대가 자신을 괴롭히는 원인이 무엇인가를 분석하여 불편한 감정을 제거하려고 노력한다.

6) 사회복지실천과의 연관성

정신역동이론은 사회복지실천에서 생애초기의 경험 중 감추어진 정신적 외상을 밝혀내는 과정은 클라이언트 문제를 사정하는데 기여를 했으나 지나치게 인간의 정신내적현상을 강조함에 따라 기계론적이고 결정적인 인간관을 강조하게 되어 부정적인 영향을 미치기도 하였다.

그럼에도 불구하고 정신역동이론은 사회복지실천에 학문적 이론을 제공하였으며 특히 진단주의 학파는 정신분석학에 의존하여 오늘날까지 개별사회사업의 주류를 이루고 있다. 또한 심리사회적 모델, 문제해결 모델, 위기개입 모델도 프로이드의 성격이론과 정신역동적 개념을 주요 근거이론으로 삼고 있다.

프로이드의 정신역동이론과 사회복지실천과의 연관성을 살펴보면 다음과 같다.

첫째, 사회복지실천에서 사회복지사는 클라이언트의 전이현상이나 생활상의 문제 나 대인 간 갈등 등이 과거와 어떤 연관이 있는지 해석해 줌으로써 자신의 전이반응과 저항을 해결하고 자신의 문제에 대한 통찰력을 키워 주도록 한다.

둘째, 사회복지실천에서 사회복지사는 클라이언트가 무의식적 자료를 회상하여 스스로 재해석하도록 하며 그의 현재생활에서 겪고 있는 대인관계의 갈등 등을 훈습이나 전이분석을 통해서 해결할 수 있도록 도와준다.

셋째, 사회복지실천에서 사회복지사는 클라이언트가 자신의 문제성격이 변화할 때까지 그의 무의식적 자료를 재해석 해주고 분석과정에서 해석된 것을 통합하도록 해주며 변화과정에서 유발되는 저항을 극복하도록 도와준다.

넷째, 사회복지실천에서 사회복지사는 클라이언트가 자신의 문제가 무엇인지 잘 알지 못할 경우, 정신분석학적 이론을 근거로 하여 그에게 무의식에 억압되었던 구강기, 항문기, 남근기의 대상갈등 등이 현재 그의 문제와 관련이 있다는 것을 해석하여 그의 통찰이 발달하도록 해주며 자아통합이 확대되도록 도와준다.

2 에릭슨(Erikson)의 심리사회이론

1) 생애

에릭슨(Erik Homburger Erikson, 1902~1994)은 1902년 독일의 프랑크푸르트 근교에서 출생하였다. 그의 부모는 덴마크인으로 코펜하겐에서 자랐고 에릭슨이 태어나기 전 그의 부모는 이혼을 했고 어머니는 덴마크를 떠났다.

1927년부터 1933년까지 에릭슨은 안나 프로이드에게서 가르침을 받았다. 이것이 그가 비엔나의 마리아 몬테소리 교사자격증 외의 유일한 그의 공식적 교육훈련이었다. 그 이후 1933년 미국으로 이주하여 정신분석가로 개업했고 1936년부터 1939년까지 인간관계연구소와 예일대학 의대 정신과에서 아동분석가로서 일을 하였다.

1939년 미국시민으로 귀화했을 때는 그의 원래 이름을 택했지만, 정신분석에 관한 그의 첫 논문에 서명을 할 때는 양부의 성을 썼다. 1942년 캘리포니아대학교 교수로 임용되었다가 1960년 교수직을 사임했다. 1950년 그의 첫 저서 『아동기와 사회(Child and Society)』가 출판되었으며 이 책은 에릭슨을 자아심리학의 대변자로서 인정하게 만들었다. 에릭슨은 1960년에서 1970년까지 하버드대학에서 인생주기(life cycle)를 가르치다가 은퇴하였으며, 1994년 92세의 나이로 생을 마감하였다. 에릭슨은 인간발달의 사회적 맥락을 강조함으로써 프로이드의 심리성적 발달의 5단계를 확장하여 8단계 이론을 정립했다. 에릭슨은 인간발달의 전 생애적 접근을 시도한 최초의 인물이다.

2) 주요개념

에릭슨의 주요개념은 자아심리학, 점성원리, 위기, 심리사회이론 등이 있는데, 그 내용은 다음과 같다(Erikson, 1968, 1975, 1980; Hjelle & Ziegler, 1992; Maguire. 2002; 노안영 외, 2003; 김동배·권중돈, 2008; 노안영·강영신, 2011; 최옥채 외, 2011).

(1) 자아심리학

에릭슨의 이론은 자아발달과 관련이 깊다. 에릭슨은 자신의 이론을 프로이드의 심리성적 발달단계를 체계적으로 확장한 것에 불과하다고 주장 하였지만 정신분석의 현대적 추세는 대상관계이론에서처럼 자아의 중요성을 강조한다. 에릭슨은 원초아에 대한 전통적인 강조에서 자아로의 관심을 도모하였으며, 이러한 견해를 자아심리학이라고 불렀다.

(2) 점성원리

에릭슨(Erikson, 1980)의 인간 발달 단계 원리는 점성원리라고 부른다. 점성적이란 용어는 Epi(의존해서)와 Genetic(유전)을 합성한 말로 발달이 유전에 의지한다는 것이다. 에릭슨은 이러한 점성원리에 따라서 인생주기의 각 단계는 우세하게 출현하는 최적의 시간이 있다고 보았으며, 모든 단계가 계획대로 전개될 때 완전히 기능하는 성격이 형성된다고 보았다.

(3) 위기

에릭슨에 따르면 각 심리사회적 단계에서 위기가 발생하는데, 위기란 각각의 단계에서 개인에게 부과된 생리적 성숙과 사회적 요구로부터 발생된 인생의 전환점을 의미한다.

에릭슨은 인생주기의 사회적 발달과정에서 오는 특유의 발달 과제에 대한 위기가 오지만 반드시 그 단계에서 해결되어야 하는 것은 아니라고 주장하였다. 또한 그는 한 개인의 특징적인 행동양식은 이러한 과제 또는 위기가 궁극적으로 어떻게 해결되는가에 의해 결정된다고 강조하였다.

(4) 심리사회이론

심리사회이론은 인간발달이 심리사회적인 측면에서 이루어진다고 보았다. 이 이론은 주로 자아 성장에 관한 것이며 자아기능을 강조했기 때문에 자아심리학이라고도 한다.

에릭슨은 프로이드의 정신분석의 영향을 많이 받았기 때문에 신프로이드학파라고도 불리지만 프로이드와는 근본적으로 다른 점이 있다. 에릭슨은 문화와 사회를 인성발달의 가장 중요한 결정요인으로 추가 했다. 에릭슨은 프로이드의 중심개념을 받아들였으나 발달단계에 성인시기를 포함으로써 프로이드의 발달이론을 확대하였다.

인간행동의 기초로서 원초아보다 자아를 더 강조하는데, 자아는 환경에 대한 유능성과 지배감을 확보하려고하기 때문에 인간발달에 중요한 역할을 한다. 에릭슨은 자아를 성격의 자율적 구조로 보았는데, 이는 자아란 원초아로 분화된 것이 아니라 그 자체로 형성되며 환경에 대한 적극적이고 창조적으로 대응한다는 것이다.

프로이드의 성격발달을 심리성적 5단계로 제시했는데 발달은 생식기까지이다. 하지만 에릭슨은 성격발달을 전 생애로 확장했다. 즉 유아기부터 노년기까지 설명함으로써 발달에 대한 더 넓은 견해를 가져오게 되었다.

3) 심리사회적 발달단계

에릭슨은 사회적 맥락을 강조함으로써 프로이드의 심리성적 발달 다섯 단계를 확장하여 심리사회적 발달 여덟 단계를 제안하였다. 여덟 단계에서 적응 대 부적응방식과 각 단계에 해당되는 연령과 해당시기에 획득되는 주요 덕목을 제시하면 다음의 〈표 2-2〉와 같다.

에릭슨의 심리사회발달이론의 핵심내용인 여덟 단계에서 대립적으로 나타나는 적응 대 부적응방식에 대한 구체적인 내용은 다음과 같다.

〈표 2-2〉 에릭슨의 심리사회적 발달단계

대략적 연령	적응 대 부적응 방식	덕목
0–1세	신뢰감 대 불신감	희망
1–3세	자율성 대 의심 및 수치심	의지
3–5세	주도성 대 죄책감	목적
6–11세(사춘기)	근면성 대 열등감	유능성
12–18(청소년기)	자아정체감 대 역할 혼돈	충실성
18–35세(성인 초기)	친밀감 대 고립감	사랑
35–55세(중년기)	생산성 및 침체감	배려
55세 이상(노년기)	자아통합 대 절망감	지혜

출처: Erikson, 1975, 1980.

(1) 신뢰감 대 불신감: 희망

신뢰감 대 불신감(trust vs. mistrust)은 출생부터 약 18개월까지로 프로이드의 구강기에 해당한다. 이 시기에 부모로부터 적절한 보살핌을 받아 기본적인 욕구가 충족된 유아는 자신과 주변에 대해 신뢰감을 형성하지만, 욕구좌절로 인해 부정적인 경험이 많은 유아는 근원적인 불신감이 생긴다. 불신감은 일생을 통해 지속되며 다음 단계의 성격발달에 직접적인 영향을 미치게 된다. 신뢰감은 다른 사람들을 믿을 수 있고 또 다른 사람의 행동을 예측할 수 있다는 것을 아는 것이다. 신뢰감은 엄마의 관심과 자기확신을 통해서 형성되며 엄마의 양육태도와 방법을 통해서 획득된다.

건전한 성장발달은 신뢰감과 불신감의 적절한 비율로부터 온다. 신뢰감 대 불신감의 갈등이 성공적으로 해결되어 얻어진 심리사회적 능력은 희망이다. 희망은 생존하고 있는 유아에게 최초의 가장 필수적인 덕이다. 기본 신뢰감 발달에 심한 결함이 있을 때 나타나는 행동결과로 유아는 급성우울증을 가져오게 되고 어른에게서는 편집증을 유발시킨다.

(2) 자율성 대 의심 및 수치심: 의지

자율성 대 의심 및 수치심(autonomy vs. doubt, shame)은 18개월에서 3세까지로 프로이드의 항문기에 해당한다. 이 시기에 유아는 신체적 및 생리적 성숙에 의해 최초로 대소변 가리기와 같은 자기 통제가 가능하게 된다. 그러나 많은 유아의 자기통제행동은 이들의 미숙함을 우려하는 부모의 규제를 받게 되거나 또는 스스로 실행해보는 과정에서 실패에 부딪치게 된다. 이와 같은 성공과 실패의 양극적 위기를 극복함으로써 유아는 자기통제에 기본적인 자신감을 갖게 되어 자율성이 형성된다. 과도한 외부의 통제로 인해 위기의 극복에 실패할 때 유아는 통제능력을 상실 하게 되고 그로 인해 자신에 대한 수치와 회의에 빠져들게 된다. 이러한 자율성 대 의심 및 수치심 간 위기의 극복양상은 일생동안 지속되는 자기통제력의 기초가 된다.

(3) 주도성 대 죄의식: 목적

주도성 대 죄의식(initiative vs. guilt)은 대략 3~6세까지로 프로이드의 남근기에 해당한다. 이 시기에 아동은 자신의 활동을 계획하고, 목표를 세우며, 이를 달성하고자 노력한다. 예를 들면 놀이장면에서 정글짐을 필사적으로 오르는 행동은 주도성의 표출형태이다. 또한 이 시기의 아동은 또래집단과 더불어 놀이활동에 참여하면서 주도성에 의한 자기주장이 나타나며 경쟁에 몰입하며 이러한 과정 속에서 때로 좌절을 경험하기도 한다. 이 시기에 최초로 생겨나는 자기 주도적 활동이 적절한 비율로 성공하게 되면 아동은 주도성을 확립하지만, 실패의 경험이 많을 경우 아동의 주도성은 위축되고 자기주장에 대해 죄의식을 갖게 된다.

주도성 대 죄의식의 단계를 성공적으로 극복한 결과는 목적 획득이다. 아동은 자신이 존경하는 성격과 직업을 가진 사람과 동일시하며 그러한 사람이 되기를 꿈꾸는 이른바 목적을 갖게 된다. 죄의식이 지배적인 아동은 목적의식이나 용기가 없다. 지속적인 죄의식은 성인기에 소극적 성격, 성적 무기력, 불감증, 정신병리적 행동 등을 유발할 수 있다.

(4) 근면성 대 열등감: 유능성

근면성 대 열등감(industry vs. inferiority)은 대략 6~12세까지로, 프로이드의 잠복기와 생식기 초기에 해당된다. 이 시기는 자아성장의 결정적인 시기로서, 근면성 대 열등감의 위기를 극복하기 위한 인지적 및 사회적 기술을 요구하게 된다. 아동들은 학교에서 부과하는 여러 과제들에 꾸준히 주의를 기울이고 성실히 작업에 임하는 과정에서 근면성을 획득하게 된다. 이 시기의 아동들이 학교에서나 가정에서 자신에게 주어진 일에 적절한 성취를 느끼지 못하면 열등감에 빠져들게 된다.

이 단계의 과업을 성공적으로 넘긴 아동은 사회환경에 적극적인 영향력을 발휘할 수 있는 자신감과 능력의 자질을 갖게 되고 또는 이 시기의 과업을 성공적으로 달성하지 못하면 열등감이 형성되어 계속적으로 실패를 경험할 수 있는 위기가 오게 된다. 이 단계에서는 부모 외에도 교사의 역할이 아동의 근면성을 성취하는 데 크게 기여하게 된다.

(5) 자아정체감 대 역할 혼란: 충실성

자아정체감 대 역할 혼란(identity vs. role confusion)은 12~20세 까지의 청소년기에 해당된다. 청소년기는 아동기에서 성인기로 옮겨가는 전환기로 이 시기 주요 발달과업은 누구인지를 탐구하고 자신의 정체성을 형성하는 시기이다. 자아정체감(ego identity)[4]은 자기자신에 대한 자각인 동시에 자기의 위치, 능력, 역할 및 책임에 대한 분명한 인식이다. 이 시기의 청소년들은 자기 자신의 의문에 대한 해답을 찾으려고 애쓰지만, 그 해답은 쉽사리 얻어지지 않기 때문에 고민하고 방황한다. 이 고민과 방황이 길어질 때 정체감 혼란이 온다는 것이다.

이 단계의 위기를 성공적으로 넘기면 스스로의 약속을 지킬 수 있는 능력인 충실성이 발달한다. 충실성은 사회적 관습, 윤리, 가치를 지각하고 이를 지키는 능력을 의미한다. 반면 이 단계의 실패는 불확실성을 야기한다.

(6) 친밀감 대 고립감: 사랑

친밀감 대 고립감(intimacy vs. isolation)은 20~24세 까지를 말하며 성인 초기에 해당된다. 이 시기가 되면 직업을 선택해야 하고 배우자를 만나게 되며 공유된 정체감을 배우자로부터 찾으려고 한다. 또한 이 시기의 중요한 과업은 다른 사람과의 관계에서 친밀감을 형성하는 일이다. 다른 사람과의 친밀감을 이루지 못할 경우 자기 자신에게만 몰입하게 됨으로써 고립감을 형성하게 된다. 이러한 사람은 다른 사람과의 가까운 접촉을 피하며, 자신의 자아를 위협한다고 느끼는 사람들을 공격하거나 거부한다. 또한 이들은 친밀감 보다 고립감을 더 선호하는

4) 자아정체감(ego identity)은 자신에 관해서 통합된 관념을 가지고 있느냐에 대한 개념이다. 자아정체감이 형성되었다는 것은 자기의 성격, 취향, 가치관, 능력, 관심, 인간관, 세계관, 미래관 등에 대해 비교적 명료한 이해를 하고 있으며, 그런 이해가 지속성과통합성을 가지고 있는 상태를 말한다. 이것은 개인의 이상과 행동 및 사회적 역할을 통합하는 자아의 기능에 의해서 이루어진 결과이다.

경향이 있고 반사회적 및 정신병리적 성격 등으로 인하여 남을 조정하거나 착취하며 양심의 가책도 느끼지 못한다.

이 단계의 갈등을 성공적으로 해결하면 다른 사람을 사랑하는 능력이 생긴다.

(7) 생산성 대 침체감: 배려

생산성 대 침체감(generativity vs. stagnation)은 24~65세 까지를 말하며 장년기에 속하는 이 시기는 일단 두 사람간의 친밀성이 확립되고 나면, 그들의 관심은 두 사람만의 관계를 넘어 그 밖의 사람으로 확대되기 시작한다.

생산성이란 다음 세대를 이끌어주고 돌봐주려는 일반적인 관심으로 출산, 양육, 자손의 성취에 관한 개인의 만족을 예로 들 수 있다. 침체란 타인에게 거짓된 친밀성을 갖고 자기에게만 탐닉하는 것으로 자기만을 우선적으로 보호하는 것을 말한다.

이 시기의 심리사회적 위기를 잘 극복하면 자아는 타인을 돌보는 능력, 즉 배려라는 능력을 획득하게 되고, 그렇지 못하면 충분한 관심을 표현하지 못하는 거절을 경험한다.

(8) 자아통합 대 절망감: 지혜

자아통합 대 절망감(ego integrity vs. despair)은 65세 이후부터 사망에 이르는 기간이다. 자아통합이란 자신의 인생을 수용하고 갈등, 실패, 실망 등을 성공, 기쁨, 보람 등과 함께 전체 삶 속에 포함시키는 것을 의미하며 이의 성취는 두려움 없는 죽음을 보장해 준다. 노년기에 속하는 이 시기에는 신체적인 노쇠와 직업으로부터의 은퇴, 친한 친구나 배우자의 죽음 등으로 인하여 인생에 대한 무력감을 느끼게 되는 일이 많다. 이 시기의 성패는 신체적, 사회적인 퇴보를 어떻게 받아들이느냐에 달려 있다고 에릭슨은 주장한다. 자신의 삶을 음미해 보는 과정에서 자신의 삶이 무의미한 것이었다고 느끼게 되면 절망감에 빠지게 된다.

이 단계의 갈등을 성공적으로 극복하면 지혜, 자기수용, 지나온 생이 옳고 적합했다는 느낌, 죽음을 위엄과 용기로 직면할 수 있는 능력이 생긴다. 반면 실패하게 되면 인생이 무의미하다고 느껴지고 죽음에 대한 두려움과 지나온 삶에 대한 회한으로 절망감에 빠지기 쉽다.

5) 사회복지실천과의 연관성

에릭슨의 심리사회이론에서 인간발달의 위기에 대한 여덟 단계는 개인이 환경과의 부적응과 부조화로 인한 것으로 개인의 성장과정 속에서 무엇을 경험하며 어떤 사람의 영향을 받아서 지금 현재 자신의 모습이 되었는지를 잘 탐색하게 한다.

사회복지실천에서 에릭슨의 심리사회이론은 클라이언트를 둘러싼 환경의 중요성에 대한 시각을 제공하였다. 클라이언트를 환경속의 인간으로 이해하고자 할 때는 신체적, 심리적, 사회적으로 사정하고 탐색해야 한다.

에릭슨의 심리사회이론에 대한 사회복지실천과의 연관성은 다음과 같다.

첫째, 사회복지 실천에서 사회복지사는 사회 환경 내의 인간행동의 역동성을 이해하고 청소년기와 청년기의 특징적 상호관계를 이해하게 될 때, 청소년기의 갈등을 매우 자연스러운 현상으로 보고 클라이언트 자신의 느낌이나 행동에 대해 통찰력을 가질 수 있도록 도울 수 있다.

둘째, 사회복지사는 도움이 필요한 클라이언트에게 현재 자신의 발달단계가 어디에 있으며, 자신의 문제가 무엇이고, 해결 가능한 것들은 어떤 것들이며, 또 스스로 극복 가능한 것들은 어떤 것인지를 찾을 수 있도록 해 준다. 이것은 클라이언트 개인의 자아정체성을 다시 확립하도록 돕는다는 것을 의미한다. 특히 각 단계에서 이루어야 할 과업들은 인간발달에 중요한 건강한 모델을 제공해 준다.

셋째, 사회복지 실천에서 사회복지사는 청소년 문제대상 중에서 특히, 비행청소년 대상을 사회에 재적응시키는 프로그램에 지속적으로 참여시킨다. 또한 가족상담소나 청소년기관을 통해 상담서비스를 제공하기도 하고 복지관이나 학교에 서 반사회적 행동을 한 청소년을 집단 지도를 실시하며, 감별소나 보호관찰소 등에서 교정사회복지사로 활동한다. 또한 동성애, 다양한 정신장애 발발 가능성, 자살의 가능성 등 청소년의 위기적 상황에 적절한 개입을 한다.

넷째, 사회복지 실천에서 사회복지사는 클라이언트 삶의 위기나 부적응을 극복할 수 있도록 원조하는 과정에서 에릭슨의 심리사회이론을 유용하게 적용할 수 있다. 즉 클라이언트의 삶의 위기를 극복할 수 있도록 하는 긍정적인 경험들을 통해서 위기를 다른 방향으로 조절할 수 있는 능력향상에 개입할 수 있다.

3 아들러(Adler)의 개인심리이론

1) 생애

신프로이드학파 학자의 하나인 아들러(Alfred Adler, 1870-1937)는 1870년 오스트리아 비엔나에서 6형제 중 둘째로 출생하였고, 그의 부모는 유대인이었으며, 집안은 부유한 편이었다. 아들러는 형의 그늘에 가려 어린 시절을 보냈다. 아들러는 어렸을 때 구루병(골연화증)[5]과 폐렴, 그리고 손수레에 의한 사고로 여러 번의 죽을 고비를 넘겼고 이러한 신체적 열등감으로 인해 엄마로부터 특별보호를 받았다.

1895년 비엔나 의과대학을 졸업한 후 일반의가 되었고 같은 해 박사학위를 받았고 그 후 정신과 의사가 된 아들러는 1902년부터 프로이드의 정신분석학회에 들어가서 훈련을 받으면서 1911년까지 프로이드와 같이 활동하였다. 1911년 프로이드의 이론적 입장과 대립하게 되면서 결별하였다. 이후 아들러는 자유정신

5) 구루병: 4개월~2세 사이의 아기들에게서 잘 발생하는 것으로 알려진 비타민 D 결핍증으로, 머리, 가슴, 팔다리 뼈의 변형과 성장 장애를 일으킨다.

분석학회를 창립해 1912년 학회명칭을 개인심리학회로 변경하였다.

1920년대 아들러는 유럽과 미국에서 왕성한 강연활동을 하였으며 주로 예방에 관심을 두었고 1922년에는 아마도 최초라고 할 수 있는 아동생활지도 클리닉을 창설하여 비엔나 아동기관에서 교사들을 대상으로 아동생활지도 훈련을 실시하여 공립학교에 수많은 아동생활지도센터를 설립하였다.

1926년부터 정기적으로 미국에서 강의하였고 1932년 뉴욕의 롱아일랜드 의과대학의 교수로 임명되었으며 1934년에 미국의 뉴욕시에 영구적으로 정착하였고 1937년 5월 순회강연 중에 스코트랜드의 에버딘에서 심장마비로 사망하였다.

2) 주요 개념

(1) 생활양식

아들러는 직업(occupation), 사회(society), 사랑(love)의 세 가지 인생과제를 개인이 어떻게 접근하는지를 관찰함으로써 그 사람의 생활양식이 이해되어진다고 하였다. 또한 아들러는 사회적 관심과 활동수준에 따른 생활양식을 네 가지 즉, 지배형, 기생형, 회피형, 사회적 유용형으로 설명하였다.

아들러의 생활양식 태도의 4가지 유형은 다음과 같다(노안영 외, 2003; 노안영·강영신, 2011).

① 지배형

지배형(ruling type)은 부모가 지배하고 통제하는 독재형으로 자녀를 양육할 때 나타나는 생활양식으로 부모가 힘을 통해서 자녀를 지배하고 통제할 때 자녀의 생활양식이 지배형으로 형성된다. 지배형은 독단적, 공격적, 활동적이고, 사회적 인식이나 관심이 거의 없는 사람이다. 타인의 안녕에 아랑곳하지 않고 행동하며, 외부세계에 지배태도를 가진다. 인생과업을 공격적이고, 반사회적인 행동으로 대치한다.

② 기생형

기생형(getting type, 획득형)은 의존성으로 자녀를 지나치게 보호하여 독립심을 길러주지 못할 때 생기는 생활태도이다. 자녀가 스스로 어떤 일을 할 수 있도록 조력하는 것이 필요하며, 자본주의 사회에서 부모의 재산을 보고 빈둥대는 많은 사람들이 기생형의 한 예라고 할 수 있다. 이 들은 기생적인 방법으로 외부세계와 관계를 맺으며, 타인에 의존하여 자신의 욕구를 충족하는 형이다. 인생의 주된 관심은 가능한 한 많은 것을 타인으로부터 획득하며 활동수준이 낮다.

③ 회피형

회피형(avoiding type)은 소극적이며 부정적인 태도로 자신감이 없기 때문에 어떤 방법이든 참여와 사회적 관심이 적고, 어떤 형식으로든 인생에 참여하는 활동을 회피한다. 성공을 바라기보다는 실패하는 것을 더 두려워하며, 이들의 목표는 인생의 모든 문제를 회피함으로써 한 치의 실패 가능성도 모면하려는 데 있다.

회피형의 경우 기를 살려주는 자녀교육이 필요하며, 부모로서 사회적 관심을 갖고 매사에 적극적으로 참여하는 태도를 자녀에게 보여주는 것이 중요하다.

④ 사회적 유용형

사회적 유용형(socially useful type)은 사회적 관심과 활동수준이 모두 높다. 사회적 관심이 많아서 자신과 타인의 욕구를 동시에 충족시키는 한편 인생과업을 완수하기 위해 기꺼이 타인과 협동한다. 또한 사회적 유용형은 높은 사회적 관심과 높은 활동성을 가지고 있고, 긍정적 태도를 가진 성숙한 사람으로서 심리적으로 건강한 사람이다. 사회문제를 해결하기 위해서 협동, 개인적인 용기 그리고 타인의 안녕에 공헌하려는 의지가 필수적임을 인식하고 있다.

아들러는 이 네 가지 유형 중 어느 한 사람의 생활태도를 정확하게 묘사할 수 없음을 강조하면서 결국, 문제가 되는 것은 개인과 그의 독특한 생활양식으로 보았다.

(2) 사회적 관심

아들러 이론에 있어 또 다른 핵심 개념은 사회적 관심에 대한 것이다. 이 사회적 관심 개념은 인간이 사회적 동물이라는 아들러의 강한 신념을 반영한다. 아들러는 인간은 사회의 이익을 위해서 개인적 이익을 포기하는 선천적·사회적 본능에 의해 동기가 유발된다고 보았다. 사회적 관심은 각 개인이 이상적인 공동사회의 목표를 달성하고자 사회에 공헌하려는 성향을 말한다.

이러한 사회적 관심의 발달은 사회적 환경에서 이루어지는데 다른 사람, 즉 최초에는 어머니, 다음에는 다른 가족 성원, 마지막으로 가족 이외의 사람이 이런 과정에 참여한다. 사회적 관심의 발달에 가장 큰 영향을 주는 사람은 어머니이고 그 다음 아버지를 들고 있다. 또한 사회적 관심은 장래의 모든 적응력의 중요한 관건으로 한 개인의 심리적 건강을 측정하는 유용한 척도이다.

(3) 인생과제

아들러는 세 가지 인생과제는 개별적인 문제로 존재하는 것이 아니라 항상 상호 관련되어 있으며, 그 해결방법 또한 생활양식에 달려 있다는 것을 강조했다. 한 문제의 해결은 다른 문제의 해결을 도우며, 실제로 여러 인생과제는 모두 같은 상황이나 같은 문제의 여러 면을 나타낸다. 인생과제는 우리가 생을 유지하고 진전시키는 이유이며, 인간은 그 속에서 자신을 발견하게 된다고 하였다.

(4) 허구적 최종목적론

아들러는 현재를 바탕으로 미래지향적인 삶의 목적을 향해 노력하는 존재로서 이러한 삶의 목적은 최소한 사회에 기여할 수 있는 유용한 생활양식을 바탕으로 설정되는 것이 필요하다고 주장하였다. 즉, 인간의 행동을 유도하는 상상된 중심목표를 설명하기 위해 허구적 최종목적론(fictional finalism)이란 용어를 사용하였다.

허구적 최종목적론은 미래에 실재하는 것이기 보다 주관적으로 또는 정신적으로 현재의 행동에 영향을 주는 이상으로 여기–현재에 존재하는 것을 의미한다. 다시 말하면 허구적 최종목적론은 미래에 실재하는 것이기 보다 주관적으로 또는 정신적으로 현재의 행동에 영향을 주는 이상으로 여기–현재에 존재하는 것을 의미한다.

(5) 열등감과 보상

열등감은 개인이 잘 적응하지 못하거나 해결할 수 없는 문제에 직면했을 때 생기는 것으로 좀 더 안정을 추구하려는 데서 생겨난다. 아들러는 자기완성을 위한 필수요인으로 열등감을 제시함으로써 열등감을 긍정적인 것으로 보았다. 반면에 열등감이 개인을 지배하게 된다면 자신의 삶은 열등감 콤플렉스에 빠져버리게 된다.

열등감 콤플렉스란 주어진 문제를 사회에 유용한 방식으로 해결하기에 충분히 강하지 않는 사람이 갖는 특성으로 열등감 콤플렉스의 세 가지 원천은 기관열등감(organ inferiority), 과잉보호(spoiling), 양육태만(neglect)이라고 하였다.

① 기관열등감

개인의 신체와 관련된 것으로, 부모에게서 물려받은 자신의 신체에 대하여 어떻게 생각하는가와 관련된 것이다. 즉 외모나, 신체적 건강정도 등으로 이런 열등감을 가지고 정상적인 다른 아이들과 성공적으로 경쟁할 수 없기 때문이다.

② 과잉보호

부모의 자녀교육과 관련된 것으로, 부모의 교육방식에 따라 독립적인지, 의존적인지, 가족형태에 따라 '내 자식 위주'의 사고를 가진 부모들이 늘어나면서 나타난 현상으로 다른 사람들이 항상 모든 것을 대신해 주었기 때문에 자녀입장에서는 자신감이 부족하고 인생의 어려운 고비에 부딪쳤을 때 해결할 능력이 없다고 믿고 깊은 열등감에 빠지게 된다(예: 마마보이).

③ 양육태만

부모가 자녀에 대한 최소한의 도리를 하지 않는 것과 관련된 것으로, 아이들의 성장에 있어서 부모의 사랑과 관심은 매우 중요한 요소이다. 부모와의 신체접촉, 놀이를 통해 안정된 정서를 갖게 되고 자신의 존재가치를 느끼게 되는데 사회의 급격한 변화, 이혼율 상승과 여성의 사회참여 증가로 인해 부모의 역할이 태만해지고 이런 양육환경으로 인해 자신이 필요하지 않다거나, 자신감을 잃게 되어 열등감을 극복하기 보다는 오히려 회피하거나 도피하게 된다(예: 비디오교육, 인터넷, 스마트폰 등)

(6) 우울성 추구

아들러는 우월성(superiority)이란 개념을 자기완성 혹은 자아실현이란 의미로 사용하였다. 아들러는 인간의 자기신장, 성장, 능력을 위한 모든 노력의 근원이 열등감이라고 말했다.

아들러는 우월성의 추구를 인생의 문제 해결의 기초로 보았다. 출생에서 사망에 이르기까지 우월성 추구의 노력은 인간을 현 단계에서 보다 넓은 다음 단계의 발달로 이끌어 준다. 따라서 사회적 관심을 가진 바람직한 생활양식을 바탕으로 한 우월성 추구가 건강한 삶이라고 할 수 있다.

(7) 창조적 자아

창조적 자아는 인간은 스스로 자신의 삶을 만들어가며 자신에게 적합하게 환경을 창조하는 존재다.

창조적 자아는 개인 심리학을 대표하는 개념으로 생의 의미를 제공해 주는 원리로 목표를 직시하고, 결정하고, 선택하고, 개인의 목표와 가치관에 부합하는 모든 종류의 배려를 나타내는 능력을 의미한다. 개인의 창조적 힘에 의해 생활양식이 발달한다는 주장은 인간이 스스로 생활양식을 창조할 자유를 가지고 있다는 것을 말한다.

아들러는 인간행동을 형성하는 결정요인으로 환경과 유전도 언급하였다. 인간은 환경에 반응하고, 환경에 영향을 미치며, 환경이 인간에게 반응하도록 만드는 창조적 존재이다.

(8) 가족구도 및 출생순위

아들러는 가족구도(family constellation)와 출생순위(birth order)가 우리의 생활양식 형성에 중요하다는 것을 강조하였다. 가정에서 부모를 중심으로 자녀와의 가족관계가 어떠한 가족구도를 형성하고 있는가는 자녀의 생활양식을 형성하는데 중요하다. 역시 자녀의 수가 몇 명인가와 출생순위도 성격형성에 영향을 준다.

출생순위와 가족 내 위치에 대한 해석은, 어른이 되었을 때 세상과 상호작용하는 방식에 큰 영향을 미친다. 아동기에 타인과 관계하는 독특한 스타일을 배워서 익히게 되며, 그들은 성인이 되었을 때도 그 상호작용 양식을 답습한다. 아들러학파 치료에서는 가족역동 특히 형제 간의 관계를 다루는 것을 매우 중요시한다.

아들러가 제시한 출생순위에 따른 성격의 특징을 요약해보면 다음의 〈표 2-3〉과 같다.

〈표 2-3〉 출생순위와 성격 특징

출생순위	성격의 특징
첫째 아이	집안에서 매우 독특한 위치를 갖는다. 첫 번째 아이로서 부모의 모든 사랑과 관심을 받는다. 둘째 아이가 태어나면 '폐위된 왕'이 된다. 이러한 위치의 변화는 보통 열등감을 심화시킨다. 둘째의 출생에 대해 아무런 준비를 하지 않는 것은 첫째 아이를 후에 신경증, 알코올 중독, 범죄 또는 성적 이탈자로 이끈다. 좀 더 긍정적인 측면에서 권력을 가졌고, 이후 이를 잃어버렸다가 다시 권력을 되찾으려고 노력하여야 하기 때문에 첫째 아이는 권위의 중요성을 동생보다 더 잘 이해한다. 맏아이는 경쟁자 없는 '왕'이나 '여왕'이었을 때를 생각나게 하는 과거에 더 큰 관심이 있다. 아들러에 따르면 첫째 아이가 사회적 유용형이 되지 않으면 지배형이 될 가능성이 높다.

〈표 2-3〉 계속

출생순위	성격의 특징
둘째 아이 또는 중간 아이	둘째 아이의 가장 큰 특성은 '경쟁'이다. 이들에게 삶은 따라잡으려는 끊임없는 경주이다. 아들러는 이들이 공통적으로 달리는 꿈을 꾼다고 하였다. 어떤 경우에는 '적을 이길 수 없다면, 한편이 되어라'라는 강한 협력의 태도를 발전시킬 수 있다. 반면에 경쟁의 태도가 너무 강하여 혁명가가 될 수도 있다.
막내 아이	막내는 과잉보호될 가능성이 가장 크다. 막내로 낳은 경우에 부모는 이 아이를 마지막 자녀로 여긴다. 과잉보호될 가능성이 크기 때문에 아들러는 막내가 문제아가 된다고 생각하였다. 과잉보호 때문에 막내는 과도하게 의존적이 된다. 긍정적인 측면에서 아들러는 막내가 정상에 서는, 영웅이 되는 우화와 사례를 인용하였다.
독 자	독자는 가족 내에서 경쟁할 사람이 없기 때문에, 경쟁자가 될 가능성은 적다. 독자로서 이들은 관심의 중심이 되고 자신의 중요성에 대해 과장된 견해를 갖고 있다. 아들러는 독자가 전형적으로 소심하고 의존적이라는 데 동의한다. 부모가 독자를 잃어버릴까봐 일반적으로 불안해한다는 점이 아들러의 생각이었는데, 이러한 태도는 자식에게 전달된다.

출처: 노안영 외 역, 2011, 재인용.

3) 사회복지실천과의 연관성

아들러는 자신과 같이 병약한 사람도 노력을 통해 지적으로 우월한 상태에 이를 수 있다고 보았는데 이러한 아들러의 성장과정의 경험은 열등감과 보상추구, 출생서열, 사회적 관심 등 오늘날까지도 적용될 수 있는 이론을 만들어 냈다고 평가된다. 하지만 신프로이드 학파 대부분이 객관적인 조사를 수행하는 과학자이기보다는 정신분석학자이며 주로 철학에 관심을 갖는 학자들이기 때문에 그들의 이론은 여전히 과학적으로 입증할 수 없는 한계를 가지고 있다.

그러나 아들러의 개인심리이론은 사회복지실천의 원칙에 그대로 적용되며, 그의 핵심개념들은 사회복지실천에 유용한 관점을 제공하였다.

아들러의 개인심리이론에 대한 사회복지실천과의 연관성은 다음과 같다.

첫째, 열등감은 집단 내에서 효과적으로 도전받고 극복 될 수 있으며, 사회적·정서적 문제의 근원인 잘못된 생활양식은 집단경험을 통해 변화가 가능하므로 아들러 이론의 주요개념은 집단사회복지에서도 유용하게 활용될 수 있다.

둘째, 출생순위에 대한 분석은 클라이언트의 초기 개인력 및 가족력 사정에 중요한 정보가 된다. 출생순위와 관련하여 형제자매간 관계에 대한 질문을 통해 형제간 경쟁에 대한 정보와 이로 인해 자신에 대한 우월감과 열등감을 어떻게 처리해 왔는지 알 수 있다.

셋째, 개인심리이론은 가족상담에도 지식기반을 제공하고 있는데, 예를 들면 부모 역할훈련 프로그램으로 사회복지실천에서도 널리 활용되고 있다. 가족분위기, 가족형태, 가족구성원의 생활양식 등에 초점을 둔 아들러의 이론은 개인상담뿐 아니라 가족상담에 유용한 지식기반이 될 수 있다.

넷째, 개인심리이론을 사용하는 사회복지사들은 일반적으로 기법을 선택하는데 절충적이므로 이들은 특수한 절차에 구애되지 않고 특정 클라이언트에게 가장 알맞은 즉시성 기법, 역설적 개입기법, 마치~처럼 행동하기기법, 수프(soup) 엎지르기기법, 단추누르기기법, 과제부여기법 등 다양한 기법들[6]을 자신의 임상적 판단에 따라 광범위하게 적용할 수 있다.

6) 개인심리이론 기법들: ① 즉시성–현재 이 순간에 무엇이 일어나고 잇는지를 다루는 기법이며 격려는 내담자의 신념을 변화시킬 수 있는 가장 강력한 방법으로 클라이언트가 자기신뢰와 용기를 갖도록 원조하는 방법이다. ② 역설적 개입–클라이언트의 의도와 반대되는 방향으로 개입하는 것을 의미하며 여기에는 문제행동을 지속하게 하는 처방과 문제행동의 변화가 일어난 클라이언트에게 재발의 염려가 있으니 천천히 변화하라고 지시하는 제지(restraint)등이 속한다. ③ 마치 ~처럼 행동하기 기법–클라이언트가 마치 자신이 그런 상황에 있는 것처럼 상상하고 행동하도록 하는 역할극 기법이다. ④ 수프(soup) 엎지르기 기법–사회복지사가 클라이언트가 보는 앞에서 어떤 행동의 유용성을 감소시키으로써 부적절한 게임을 종식시키는 방법이다. ⑤ 단추누르기 기법–클라이언트에게 의도적으로 유쾌한 감정이나 불유쾌한 감정을 갖도록 하고 그런 경험에 수반되는 감정에 대해 토론하는 기법이다. ⑥ 과제부여기법–클라이언트의 문제해결을 위하여 사회복지사가 특정한 과제를 개발하여 클라이언트에게 이를 부과하고 이행하게 함으로써 클라이언트가 성취감을 맛보게 하고 새로운 일에 대한 자신감을 갖고 도전할수 있도록 하는 기법이다.

4 융(Jung)의 분석심리이론

1) 생애

20세기 가장 뛰어난 심리학적 사상가로 알려진 칼 구스타프 융(Carl Gustav Jung, 1875-1961)은 1875년 7월 26일에 스위스 북부 투르가우 주의 시골 마을 케스빌에서 개신교 개혁파 목사의 장남으로 태어났다.

융은 사춘기에 접어들면서는 기독교 신앙에 대한 회의로 목사인 부친과 갈등을 빚기도 했다. 특이한 꿈과 환상을 체험하면서 점차 품게 된 인간의 내면에 대한 관심은 훗날 그의 인생 행보를 결정한 요인이었다. 1895년에 융은 김나지움을 졸업하고 바젤대학에서 의학을 전공하게 되었다.

1896년에 부친이 사망함으로써 융은 대학에 다니면서 어머니와 여동생의 생계를 책임지는 가장의 의무를 떠맡아야 했다. 1900년 바젤대학에서 의학학위를 받은 후 프로이드의 꿈의 해석을 읽고 감명 받아 1907년 프로이드를 방문하여 진지한 대화를 나누기도 하였다. 프로이드와 결별한 후 상징적인 꿈과 환상을 정신병적 상태에 가까울 만큼 경험했던 융은 자신의 체험에 근거해서 무의식과 상징에 대한 탐구를 계속했다.

또한 융은 심리적 유형이라는 책에서 보여준 내향성과 외향성이라는 성격지향성에 대한 설명으로 잘 알려져 있으며 네 가지 심리적 기능으로 사고와 감정, 감각과 직관을 제안하였다. 과학적인 심리학이 융의 이론에서는 무시되었을지라도 융의 연구는 이러한 성격특징의 일반화에 기여하였다. 융은 생의 마지막을 개인치료, 여행, 독서, 공부를 위해 바쳤으며, 1961년 스위스에서 85세의 일기로 세상을 떠났다.

2) 주요 개념

융의 분석심리이론에서 주요 개념은 정신의 구조(의식, 개인무의식, 집단무의식), 정신에너지의 원리(대립원리, 등가원리, 균형원리), 원형(페르조나, 아니마, 아니무스, 음영, 자기), 콤플렉스, 성격유형 등이 있는데, 그 주된 내용은 다음과 같다(Jung, 1961; 노안영·강영신, 2011).

(1) 정신의 구조

융은 성격전체를 정신이라고 부른다. 이때 정신이란 영(spirit), 혼(soul), 마음(mind)이라는 의미를 포괄하는 것으로 의식 및 무의식적인 모든 사고, 감정, 행동을 포함하고 있다(Hall & Nordby, 1973). 〈그림 2-2〉에서 보는 바와 같이 정신을 의식, 개인 무의식, 집단무의식이라는 세 수준으로 구분하고 있다. 그 안에 자아(ego), 음영(shadow), 아니마(anima), 아니무스(animus), 자기(self)를 제시하고 있다. 융은 의식의 세계와 무의식의 세계가 융화되어 양쪽이 모두 자유롭게 발달되도록 허용되어야 한다고 주장하였다. 심리적 건강의 이상형은 의식이 무의식을 감독하고 지도하는 것이다.

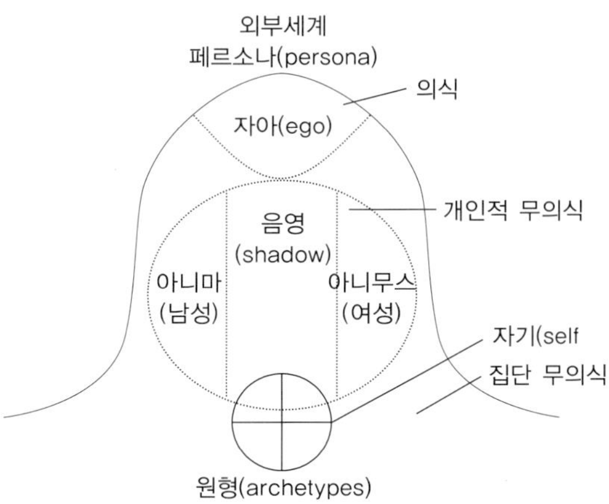

[그림 2-1] 융 이론의 정신구조

① 의식

의식(conscious)은 자아에 의해 지배된다. 자아는 비록 정신 전체 속에서는 작은 부분을 차지하고 있지만 의식에 중요한 역할을 하고 있다. 인간은 자아를 통해 자신을 외부에 표현하고 외부 현실을 인식한다. 의식과 관련하여 중요한 내용인 태도와 기능을 이해하는 것이 필요하다.

자아가 외부대상에 지향하는 방향이 수동적인가 능동적인가에 따라 성격태도가 결정된다. 능동적인 태도를 외향성(extraversion)이라 한다. 내향성(introversion)은 의식을 자신의 내적 주관적 세계로 향하게 하는 성격태도이다. 융은 우리 모두가 이러한 두 가지 성격태도를 모두 가지고 있으며 둘 중 어느 태도가 지배적이냐에 따라 태도가 결정된다고 본다.

② 개인 무의식

개인 무의식(personal unconscious)은 의식에 인접해 있는 부분으로 쉽게 의식화될 수 있는 망각된 경험이나 감각경험으로 구성되며, 대표적인 예로 음영과 콤플렉스가 있다.

③ 집단 무의식

집단 무의식은 결코 의식화되지 않는다. 이것은 원형적 과정의 영향을 반영하며, 원시적 이미지 저장소이다.

집단 무의식(collective unconscious)은 융의 독창적인 개념으로서 인류역사를 통해 선조로부터 물려받은 우리의 행동에 영향을 주는 정신적 소인인 수없이 많은 원형으로 구성되어 있다.

(2) 정신에너지의 원리

융에게 리비도는 전반적인 인생과정 에너지(life process energy)인데 반해 프로이드의 성적 충동은 그러한 에너지의 한 측면이다. 여기서 융이 제안했던 정신에너지의 세 가지 원리는 아래와 같다.

① 대립 원리

대립 원리(opposition principle)는 신체에너지 내에 반대되는 힘이 대립 또는 양극성으로 존재하여 갈등을 야기하며 이러한 갈등이 정신에너지를 생성하는 데 필요하다고 하였다. 융은 정신에너지는 성격 내에 있는 힘들 간의 갈등의 결과로 여겨졌다. 갈등이 없으면 에너지가 없으며 인생도 없다고 본다. 즉 개인의 사랑과 증오는 정신 내에 존재하면서 행동으로 표현을 추구하는 긴장과 새로운 에너지를 창조한다. 갈등이 커지면 에너지가 더 많이 생성된다.

② 등가원리

등가원리(equivalence principle)는 어떤 조건을 생성하는데 사용한 에너지는 상실되지 않고 성격의 다른 부분으로 전환되어 성격 내에서 에너지의 계속되는 재분배가 이루어진다는 것이다. 어떤 영역에서 정신가치가 약해지거나 사라지면, 그러한 에너지는 정신 내에 다른 영역으로 전환된다.

③ 균형원리

물리학에서 균형원리(entropy principle)는 에너지 차이의 평형을 의미한다. 예를 들면 뜨거운 대상과 차가운 대상이 접촉하면 열은 같은 온도로 평형상태가 될 때까지 뜨거운 대상에서 차가운 대상으로 이동한다. 융은 이러한 열역학 원리를 정신에너지에 적용하여 성격 내에 균형 혹은 평형에 대한 경향성이 있다는 균형원리를 제안하였다. 서로 다른 두 가지 욕망이 지니는 정신적 가치가 크게 다르면 에너지는 평형상태를 이룰 때까지 보다 강한 욕망에서 약한 욕망으로 흐른다.

(3) 원형

융은 자신이 강조한 집단무의식을 설명하기 위하여 원형(archetypes)이라는 개념을 도입하였다. 원형이란 대부분의 사람들이 가지고 있는 조상 대대로부터 경험했던 심상(心像)들을 가리킨다. 그에 따르면, 인간들은 떠오르는 해, 어머니, 죽음, 영웅 등과 같이 누구나 경험하는 현상이 있고, 그것들에 관련되는 비슷한 반응양식을 경험한다. 그리고 그것들이 보편적·집단적·선험적으로 사람들의 심상에 자리 잡고 있다고 한다. 따라서 그는 원형을 집단무의식의 구조적 요소라고 보았다.

융은 이러한 원형은 한 사람의 심리적 상태나 정서반응에도 상당한 영향을 미친다고 보았다. 따라서 인간의 행동을 정확하게 이해하기 위해서는 그러한 원형의 내용을 고려해야 한다고 주장하였다. 그것을 충분히 깨닫지 못하면 어떤 사람이 꾸는 꿈이나 환상을 이해하기 어렵다고 보았다. 융이 언급한 대표적인 원형인 페르조나(persona), 아니마(anima)와 아니무스(animus), 음영(shadow), 자기(self)는 다음과 같다.

① 페르소나

인간의 행동은 자신의 원형과 본성을 그대로 반영하지는 않는다. 융은 바로 그러한 겉으로 드러나고 외부세계로 표출되는 자아를 페르소나(persona)라 하였다. 이런 의미에서 페르소나는 가면이고 사회적 요구에 대한 반응이며 인습적 역할이다. 따라서 페르소나는 진정한 자기가 아니며 남들에게 좋은 인상을 주거나 자신을 은폐하려는 공적인 얼굴이다.

융에 따르면 사회에 적응하기 위해서 페르소나는 유익하다. 그러나 그것에 빠져 있으면 자기소외를 가져온다. 즉, 자신의 본성과 심상 또는 원형을 억제하고 무시하면 심리적인 불안정에 빠지거나 공허할 수가 있다.

② 아니마와 아니무스

융이 인간의 행동을 설명하기 위하여 도입한 개념 가운데에서 아니마(anima)와 아니무스(animus)가 있다. 아니마란 남성에게서 발견되는 여성적인 면을 가리키고, 아니무스는 여성에게서 발견되는 남성적인 면을 가리킨다. 이 같은 현상은 거의 모든 인간에게서 나타나며, 무의식의 상태이며 집단무의식의 형태로 존재한다.

③ 음영

융은 인간에게는 어둡고 사악한 동물적인 측면이 자리 잡고 있다고 보았다. 인간의 행동에서 발견되는 공격성, 잔인성, 부도덕성, 통제하기 어려운 정열 등이 그 대표적인 예이다. 그것은 그림자(shadow)처럼 인간행동의 뒤에 숨어 있지만 자신도 모르는 사이에 언제든지 겉으로 드러날 수 있다. 융은 그림자가 존재한다는 증거로 원시의 미술과 신화, 꿈속의 귀신 등을 예로 들었다.

④ 자기

융은 자기란 의식세계의 중심이기 때문에 의식의 영역 밖에서 볼 수 없지만, 자기(self)는 의식과 무의식 모두의 중심이기 때문에 자기의 모든 것을 볼 수 있는 원형의 하나로 보았다. 또한 그것은 본능, 자아, 또 다른 원형을 통합하고 통제하기도 한다. 자기는 부단히 자아에게 무의식의 존재를 알리기도 하고 수많은 원형들을 성격에 통합시키고자 한다.

따라서 융은 자기는 성격의 모든 요소들 간의 통일과 조화, 전체성을 찾도록 밀고 나간다고 보았다. 만약 자아가 자기의 신호나 자극을 무시하면 자기에 대한 이해가 불가능하고 자아실현도 어렵게 된다고 하였다.

(4) 자아

이때 융은 자아가 의식여부를 결정하는 것은 부분적으로 심적 기능에 의해 좌우된다고 보았다. 불안을 일으키는 경험은 의식되기가 어려운 것이며, 강하고 잘 구조화된 자아가 이상적인 발달의 결과라고 말하고 있다.

(5) 콤플렉스

개인무의식의 흥미롭고도 중요한 특징 한 가지는 그 내용물들 중 몇 가지가 모여 하나의 집단을 형성하기도 한다는 것이다. 콤플렉스는 우리의 사고의 흐름을 방해하고 우리로 하여금 당황하게 하거나 화를 내게 하는 마음속 어떤 것이다.

(6) 성격유형

융의 분석심리학은 여러 가지 측면에서 인간의 행동을 이해하는데 기여하였다. 그 가운데 빼놓을 수 없는 것이 성격유형이다. 융은 심리유형을 나누기 위해서 우선 자아의 태도와 자아의 기능으로 구분하였다. 그리고 자아의 태도는 외향과 내향으로, 자아의 기능은 사고, 감정, 감각, 직관으로 나누어 총 8개의 성격유형(외향적 사고형, 내향적 사고형, 외향적 감정형, 내향적 감정형, 외향적 감각형, 내향적 감각형, 외향적 직관형, 내향적 직관형)으로 구분하였는데, 성격유형의 주된 내용은 〈표 2-4〉와 같다.

〈표 2-4〉 융의 성격유형

구분		내용
외향형		• 정신에너지인 리비도가 객관적 세계를 지향한다. • 특징: 폭 넓은 대인관계, 사교적, 정열적, 활동적
내향형		• 리비도가 주관적 세계를 지향한다. • 특징: 깊이 있는 대인관계, 조용하고 신중함, 이해한 다음에 경험한다.
비합리적 기능	감각형	• 오감에 의존하며 실제의 경험을 중시한다. • 지금, 현재에 초점을 맞춘다. • 정확하고 철저하게 일을 처리한다.
	직관형	• 육감 내지 영감에 의존한다. • 미래지향적이고 가능성과 의미를 추구한다. • 신속하고 비약적으로 일을 처리한다.
합리적 기능	사고형	• 진실과 사실에 큰 관심을 가진다. • 논리적이고 분석적이며 객관적으로 판단한다.
	감정형	• 사람과 관계에 큰 관심을 가진다. • 상황적이며 정상을 참작한 설명을 한다.

출처: 사회복지연구센터, 2013, 재인용.

4) 사회복지실천과의 연관성

융의 분석심리학 이론은 인간행동과 발달에 대한 이해를 넓히는데 도움을 주었으며 특히 중년기 마음에 대한 연구는 사회복지실천에 있어서 유용한 지침을 제시해 준다.

융은 중년기때에 무의식적으로 남아 있는 성장을 위해 잠재력을 개발해야 한다고 했다. 이러한 현상 때문에 중년기 사람들은 새로운 이익과 가치를 개발하고 국가나 사회적인 일에 능동적으로 참여할 수 있다.

융의 분석심리학이론을 사회복지실천과의 연관성에 적용하면 다음과 같다.

첫째, 사회복지실천에서 사회복지사는 중년기사람들이 과거자신의 경험과 판단에 집착하지 않고 자신에게 다가오는 현실상황을 극복하는 새로운 사고와 대처방식을 발견하고 이를 수용할 수 있도록 도와주어야 한다.

둘째, 사회복지실천에서 사회복지사는 융의 실천적 기법인 단어연상검사, 재구성기법, 전이분석, 확충법 등 기법들을 적용하여 개인의 분석심리학을 통해 개인의 문제를 해결하는데 도움을 줄 수 있다.

셋째, 사회복지실천에서 사회복지사는 융의 분석심리학을 활용하여 클라이언트의 내면의 무의식 세계를 탐색함으로 정신의 전체성을 회복할 수 있도록 돕고 클라이언트의 무의식을 의식화하는 과정을 통하여 자신에 대한 정확한 인식과 지각으로 자기성격의 주인이 되고 자기실현을 할 수 있도록 돕는다.

넷째, 사회복지실천에서 사회복지사는 융의 심리치료과정인 고백(confession), 명료화(elucidation), 교육(education), 그리고 변형(transformation)의 단계[7)]를

7) 심리치료과정단계

① 고백단계: 이 단계는 치유 과정의 필수적인 단계이다. 자신의 제한점을 다른 사람과 나누는 단계이면서, 모든 사람이 약점을 가지고 있다는 점에서 인류와의 유대감을 자각할 수 있게 된다. 카타르시스 과정을 통해 사회복지사에 대한 신뢰가 형성되기도 한다. 다시말해, 전이가 일어난다.

② 명료화단계: 전이를 이해하는 과정에서 클라이언트는 사회복지사가 명료화하는 무의식적인 내용을 표면으로 이끌어 낼 수 있게 된다. 이 과정이 설명 단계이다. 이 단계에서는 문제의 기원(origin)에

사회복지실천의 개입과정에서 적용한다면 클라이언트가 자신의 내면의 삶을 탐색함으로써 성격을 확장시켜 나갈 수 있으며 자신의 존재에 대한 영적 혹은 종교적인 태도를 개발해 나가는 데 도움을 줄 수 있다.

다섯째, 사회복지사는 융의 분석심리학을 활용하여 사회복지실천 현장에 적용함으로써 클라이언트와 전이를 경험하게 되는데, 이러한 전이를 통해 본래 자기 마음속에 있는 무의식적인 상을 의식화하므로 자기비하, 열등감, 자기학대, 억압 등을 통찰하게 하여 클라이언트의 과거나 현재의 갈등적인 문제 등을 스스로 해결하는데 원조할 수 있다.

대해 알게 된다.
③ 교육단계: 이 단계에서는 사회적 환경에 적응하기 위해 자신의 성격에 대한 통찰을 한다.
④ 변형단계: 클라이언트와 사회복지사 간의 역동적인 상호작용을 통해 단순히 사회에 대한 적응을 넘어서 자기실현에로의 변화가 도모된다.

CHAPTER 03

인간행동에 관한 주요 이론: 인지이론

1 피아제(Piaget)의 인지발달이론

1) 생애

아동발달 심리학자인 피아제(Jean Piaget, 1896~1980)는 1896년 스위스의 프랑스 사용지역인 뉴샤텔(Neuchâtel)에서 태어났으며, 1980년 사망했다.

피아제는 21세에 1918년 뉴사텔대학에 생물학 박사학위를 받았다. 생물학에 비범한 재능과 흥미를 보인 피아제에게 사무엘 코넛(Samuel Cornut)은 다른 학문분야에 관심을 갖게 하는 중요한 계기가 되었다. 이로 인해 피아제는 철학, 종교, 논리학에 이르기까지 관심분야가 넓혀졌다.

피아제는 1920년에 '정신분석학과 아동심리학'이라는 논문을 발표하였다. 그해 피아제는 파리의 비네(Binnet) 실험실에서 아동용 지능검사를 만들면서 아동의 오답에 주목하여 아동의 사고가 독특한 특성이 있음을 알아내었다. 1921년 피아제는 스위스로 돌아가 제네바에 있는 루소 연구소(Jean-Jacques Rousseau Institute)에 부임했다. 피아제는 1925년 큰 딸의 출생직후부터 자녀들의 인지활동을 관찰했으며 1940년대부터는 아동의 수학적 과학적 개념에 대해 주로 연구했다.

피아제는 1940년대부터는 아동의 수학적·과학적 개념에 대해 주로 연구했고, 이후 30여 년 동안 그는 임상학 연구방법을 사용해서 아동의 인지과정을 이해하는 일에 전념하였으며, 아동들의 논리발달, 인과관계의 추론, 사고, 도덕성의 발달, 아동의 세계에 대한 인식 등 유아기와 아동초기의 심리적 발달연구에 전념하였다. 피아제는 84세의 나이로 사망하기까지 60여 권의 책과 수백 편의 논문을 남겼다.

2) 주요 개념

인간의 지적능력은 타고난 것이로, 그것이 주어진 환경에 적응하는 것이 인지발달이다. 이러한 인지발달을 설명하기 위해 피아제는 도식과 적응이라는 개념을 설정했다. 도식과 적응의 개념 설명은 다음과 같다(Lidz, 1968; Piaget & Inhelder, 1969; Flavel, 1983; Crain, 1993; 노안영·강안영, 2011).

(1) 인지

인지(cognition)란 아는 것(knowing)에 관련된 모든 정신적인 활동 또는 상태, 그리고 마음의 기능을 포함하며 지각력, 주의력, 기억력, 상상력, 언어기능, 발달과정, 문제해결능력 등을 포함한다.

(2) 인지능력

광범위한 의미에서 인지능력(cognitive abilities)은 사람들에게 마음으로 무언가를 하게 만드는 인간의 모든 성격 또는 특성을 말한다. 인지능력은 처음 언어를 획득하는 능력과 같이 인류전체의 특성으로 간주될 수 있고 혹은 구술능력이나 추론능력과 같이 개인이나 집단을 구별하는 특성으로 간주될 수 있다.

(3) 보존

피아제는 연령대가 다른 아이들에게 액체가 들어 있는 두 개의 컵을 보여주었다. 그 컵은 크기와 모양이 같으며 동일한 양의 액체가 들어 있었다. 피아제는 이 중 한 컵의 액체를 길고 좁은 다른 컵에 부었다. 그러자 6세 이하의 아이들은 길고 좁은 컵에 더 많은 액체가 들어 있다고 했다. 그러나 6세 이상의 아이들은 컵의 모양과 상관없이 동일한 액체가 들어 있다고 했다. 6세 이하의 아이들은 컵의 크기를 결정하는데 있어서 눈의 지각에 직접 의지하는 경향이 있고, 6세 이상의 아이들은 문제를 비교적 논리적으로 생각할 수 있다. 즉, 6세 이상의 아이들은 훨씬 추상적인 인지수준을 보였다. 질량은 양적차원에서는 동일하지만 모양차원에서는 변할 수 있는데 이 개념을 보존(conservation)이라 한다.

(4) 도식

도식(schema)은 인간의 마음속에서 어떤 개념 또는 사물의 가장 중요한 측면이나 특징을 인식하고 표현해내는 능력이다. 또한 도식은 유기체가 외부의 사물을 인지하고 대응하는 데 사용하는 지각의 틀 또는 반응의 틀이라고 할 수 있다.

몇 가지의 도식은 인간이 탄생하기 이전부터 이미 가지고 있다. 예를 들면 빨기도식이나 잡기도식과 같은 것인데, 빨기도식의 경우 숟가락을 사용하게 되면 형태가 변화하게 된다. 그러나 그 기능면에서 변화된 것은 아니라서 적응의 과정을 통해 새로운 도식을 개발하고, 기존의 것을 변형시키면서 발전하게 된다.

(5) 적응

피아제는 인간의 인지를 유기체가 환경에 적응하는 한 형태로 보고 인간은 감각에 주어지는 환경의 정보를 수동적으로 받아들이기보다 능동적으로 선택하고 해석하여 자신의 지식을 구성한다고 하였다. 인지발달은 환경과 상호작용하는 적응과정(adaptional process)을 통하여 이루어진다고 하였다. 피아제는 이러한 적응과정인 동화(assimilation)[8)]와 조절(accommondation)[9)], 그리고 평형상태(equilibrium)[10)]를 통하여 인간의 인지가 점점 발달한다고 보았다.

(6) 조직화

조직화는 심리적, 신체적인 과정을 삶의 성장과정에서 하나의 일관된 전체를 종합하는 것으로써, 유기체가 현재 가지고 있는 도식을 새롭고, 더욱 복잡한 도식으로 변화시키는 과정을 말한다. 또한 조직화는 성숙과 더불어 상이한 도식들을 자연스럽게 서로 결합하는 것이며 심리적 측면에서는 떠오르는 생각을 조리있게 종합하는 것이다. 그리고 서로 다른 감각에서의 얻은 정보들을 상호 연관짓는 것이다.

3) 인지발달단계

피아제는 인지발달을 감각운동기, 전조작기, 구체적 조작기, 형식적 조작기의 네 단계로 구분하였다(Norlin 외, 2003). 이러한 네 단계를 통하게 되며, 질적으로 다른 이 단계들은 정해진 순서대로 진행되고 단계가 높아질수록 복잡성이 증가된다고 한다.

인지발달단계의 감각운동기(0세~2세), 전조작기(2세~7세), 구체적 조작기(7세~11, 12세), 형식적 조작기(11, 12세~성인)의 내용은 다음과 같다(Piaget, 1954; Lidz, 1968; Piaget & Inhelder, 1969; Norlin 외, 2003; Newman & Newman, 2003).

8) 동화: 기존의 도식에 맞추어서 새로운 경험을 일반화하는 과정을 말한다. 또한 동화는 새로운 지각물이나 자극이 되는 사건을 이미 가지고 있는 도식이나 행동에 맞춰가는 인지적 과정이다.

9) 조절: 자신이 이미 가지고 있는 기존 도식이 새로운 대상을 동화하는데 적합하지 않을 때 새로운 대상에게 맞게 기존의 도식을 바꾸어가는 인지과정이다.

10) 평형상태: 동화와 조절의 결과 조직화된 유기체의 각 구조들이 균형을 갖는 것이다. 유기체 혹은 환경의 변화로 기본구조가 바꾸어야만 할 때 유기체는 불평형상태가 되는데 평형상태로 되돌리기 위해 노력한다.

(1) 감각운동기(0세~2세)

감각운동기(sensorymotor period)는 출생 직후~2세로, 이 시기에는 신생아의 단순한 반사들이 나타나는 출생에서 초기의 유아적 언어가 나타나고, 상징적 사고가 시작되는 2세 경에 끝나며 감각과 운동기술을 이용해 주변 세계를 경험하며 대상의 영속성을 습득한다. 이 단계에서 아동의 행동은 자극에 의해 반응하는 것에 불과한데, 이는 언어가 발달하기 이전의 단계이기 때문이다. 따라서 유아는 시각이나 청각 등의 감각과 운동기술을 사용해 외부 환경과 상호작용하게 된다.

감각운동기의 특징적 활동 및 감각운동기의 하위 6단계는 다음과 같다.

① 특징적 활동

이 단계의 가장 중요한 특징은 대상영속성(object permanence)을 보유하게 되는 것을 들 수 있다. 이는 대상이 보이지 않더라도 존재한다는 것을 알게 되는 것을 말한다. 초기의 유아는 어떤 대상이 눈앞에서 사라지면 세상에서 없어지는 것으로 이해한다. 그러나 이 시기가 지나게 되면 눈앞에서 사라져도 아예 없어지는 것은 아니라는 것을 이해하게 된다(8개월 무렵부터).

② 감각운동기의 하위 6단계

피아제의 감각운동기는 6단계 하위단위로 구분되는데 각 단계의 특징은 다음의 〈표 3-1〉과 같다.

〈표 3-1〉 감각운동기의 하위 6단계

연령	특징
반사활동기 (출생~1개월)	• 가장 우세한 반사는 빨기 반사이다. • 외부세계에 대한 대처로서 쥐기, 빨기, 때리기, 차기 등 반사적 행동에 의존한다. • 자신과 외부세계의 구분이 없고 다양한 반사도식들을 사용함으로써 환경의 요구에 더 잘 적응할 수 있게 된다.

〈표 3-1〉 계속

연령	특징
1차 순환반응 (1~4개월)	• 영아의 관심은 자기 신체이다. • 우연한 행동이 재미있는 결과를 초래하게 되면 계속해서 그 행동을 반복한다. • 빨기, 잡기 등 같은 감각운동을 반복하는 순환반응을 한다. 1차 순환반응은 영아의 여러 신체부분들이 서로 협응하는 것이다.
2차 순환반응 (4~8개월)	• 2차 순환반응은 자신이 아닌 외부에서 흥미로운 사건을 발견하고 이를 다시 반복하려고 할 때 일어난다. • 우연히 딸랑이를 흔들어서 소리가 났을 경우, 잠시 멈추었다가 다시 한번 그 소리를 듣기 위해 딸랑이를 흔드는 행동을 되풀이 한다.
2차 도식들의 협응 (8~12개월)	• 영아의 관심은 자신의 신체가 아닌 주위환경에 있다. • 대상영속성 개념이 발달하기 시작하고, 방해물을 치우고 숨겨진 물건을 찾기 시작한다. • 목표를 달성하기 위해 두 가지 행동을 협응하게 된다(엄마의 옷을 잡아 당겨서 엄마를 다른 곳으로 데려간다). • 대상영속성 개념으로 인해 인과개념을 이해한다. 결과를 얻기 위한 목적지향적 행동을 한다. 장남감을 잡으려고 했을 때 엄마가 손을 뻗어 장난감을 가로막으면 엄마의 손을 치우고 장난감을 잡는다.
3차 순환반응 (12~18개월)	• 실험적 사고에 열중한다. • 처음에는 장난감 북을 북채로 쳐보다가 다음에는 연필, 블록, 망치 등으로 두들겨 본다. • 새로운 원인과 결과의 관계에 대해서 이를 가설화하여 다른 결과를 관찰하기 위해 다른 행동들을 시도한다.
통찰기 정신적 표상 (18~24개월)	• 눈앞에 없는 사물이나 사건들을 정신적으로 그려내기 시작하고 행동을 하기 전에 머릿속에서 먼저 생각한다. • 전 단계처럼 시행착오과정을 통해서 문제를 해결하는 것이 아니라 행동하기 전에 상황에 관한 사고를 하기 때문에 문제를 더 빨리 해결한다. 물 컵을 들고 방문을 열어야 할 때는 물컵을 내려놓고 문을 연다. • 상징적으로 표현되는 것을 이해하는 초보적인 능력이 나타난다. 손 씻는 흉내를 내면서 "비누"라고 말하거나 종이를 먹는 척하면서 "아 맛있어"라고 한다. • 지연된 모방(눈 앞에 없는 모델을 모방하는 것)을 할 수 있는데, 엄마가 하는 행동을 보아 두었다가 일정한 시간이 지난 후 그 행동을 재현할 수 있다.

출처: Newman & Newman, 2003, 피아제의 감각운동기의 하위 6단계 재구성.

(2) 전조작기(2세~7세)

전조작기(pre-operational period)는 2세~7세로, 이 시기에는 마술적 사고가 우세해지며 운동 기능을 습득한다.

조작이란 어떤 논리적인 사고를 통해 조작하는 행위를 의미한다. 이 시기에는 대략 언어를 사용하면서 자신이 내재적으로 가지고 있는 표상을 여러 형태의 상징으로 표현하게 된다.

① 특징적 활동

전 조작기 아동들의 특징적 활동은 다음과 같다.

- 감각운동기에 형성되기 시작한 대상영속성이 확립된다.
- 상징적 사고가 본격화되면서 가상놀이(상상놀이)를 즐긴다.
- 사물에 대해 상징적 표상을 하며 말(words)은 대표적인 상징적 표상이다.
- 대상과 상황이 존재하지 않아도 언어를 이용하여 지속적인 사고가 가능하다.
- 사고는 가능해졌지만 아직 논리적이지는 못하기 때문에 조작이라고 보기는 어렵다. 따라서 이시기를 전조작기라고 부른다. 전조작기를 나타내는 대표적인 예는 상징놀이와 물활론 자아중심성이다.
- 직관적 사고를 한다. 직관적 사고란 유아가 아직 사물이나 사건의 여러 측면에 주의를 기울일 줄 모르기 때문에 그 속에 내재된 규칙이나 조작을 이해하지 못하고 사물이나 사건이 갖는 단 한가지의 두드러진 즉각적 속성만으로 그것들을 판단하는 것을 말한다.

② 전조작기의 하위단계

전조작기의 하위단계는 전개념적 사고단계와 직관적 사고단계로 나눈다. 먼저 전개념적 사고단계(2~4세, preconceptual thinking stage)에서는 내적 표상을 여러 형태의 상징 혹은 기호로 표현되는 시기로 상상놀이가 가능하다. 그리고 직관적 사고단계(4~7세, intuitive thinking stage)에서는 가장 두드러진 지각적 속성에 의한 사고단계로 보이는대로 대상을 판단하지만 보존개념은 아직 없다.

③ 논리적 사고를 방해하는 전조작기의 인지특성

논리적 사고를 방해하는 전조작기의 인지특성에는 아동의 직관적 상징적 사고, 자기중심적 사고, 직관적 사고 등의 특징적 활동은 상징적 놀이출연, 꿈과 밤에 대한 공포의 최초의 표시, 언어의 획득, 그들이 묘사하려고 의도한 물체를 단어나 상징으로 동일시 하고자한다.

가. 직관적 사고

직관적 사고(intuitive thinking)란 크기, 모양, 색깔과 같은 한 가지 두드러진 속성에 근거하여 대상을 이해하려는 사고를 말한다. 즉, 지각적인 특성에만 의존하게 된다는 것인데 이러한 사고의 특성으로 전조작기 아동은 보존개념을 획득할 수 없게 된다. 예를 들어 A, B의 두 비커에 같은 양의 물을 담았다고 가정해 볼 경우, A비커와 B비커는 모두 넓고 낮은 모양이므로 두 비커에 든 물의 양은 동일하다고 여긴다. 그러나 B비커의 물을 좁고 높은 모양의 C비커에 담는다면 물이 늘어났다고 여기게 된다. 즉, 눈에 보이는 모양만을 보고 물의 양을 판단하게 되는 직관적 사고가 나타나게 되는 것이다.

나. 자아중심성

피아제는 자아중심성의 원인을 자기중심적 사고(self-centered thinking)에서 찾는다. 전조작기의 아동은 타인의 생각, 감정, 지각, 관점 등이 자신과 동일할 것이라는 생각을 가지고 있다. 이러한 자아중심성은 다른 사람의 욕구와 관점을 인식하지 못하는 것으로 이기적인 것과는 다르다. 또래들과의 상호작용을 통해 극복될 수 있다.

다. 중심화(집중성)

중심화(혹은 집중성, concentration)은 한 가지 대상 또는 한부분의 상황에만 집중하고 다른 모든 면을 무시하는 경향이다. 같은 양의 액체를 하나는 길고 좁은 컵에, 다른 하나는 짧고 넓은 컵에 넣었을 때 전조작기 아동은 종종 길고 좁은 컵의 액체를 더 많다고 지적한다. 이는 아동이 넓이보다는 높이 개념에 초점을 두고 있는 것으로 한부분만 집중하여 문제를 해결하려는 중심성의 사고에 해당한다.

라. 비가역성

비가역성(irreversibility)은 아동이 관계의 또 다른 면을 상상하지 않고 한 방향에서만 생각하는 성향이다. 이 시기의 아동들에게 동생이 있느냐고 물으면 바르게 대답하나, 그 동생의 언니가 누구냐고 물으면 잘 모르겠다고 한다, 즉 자신의 입장에서는 생각할 수 있지만 생각을 바꾸어서 다른 사람의 입장에서는 사고하지 못하기 때문에 동생의 입장에서 대답하지 못한다.

(3) 제3기: 구체적 조작기(7세~11, 12세)

① 특징

구체적 조작기(period of concrete operations)는 7세~11, 12세로, 이 시기에는 보존개념을 습득하며 초보적인 연역적 사고가 가능하다. 이 시기의 아동들의 인지 구조는 전조작기에 있는 아동들에 비하여 현저하게 발달된 형태를 띤다. 아동의 사고능력은 구체적인 수준에서 논리적인 수준으로 발달하며, 전조작기의 논리적 사고발달을 방해하는 몇 몇 요인들을 극복한다. 이 시기에는 보존개념이 획득되어 동일성, 보상성, 역조작성의 논리를 사용할 수 있다.

② 보존개념 획득

물질의 한 측면, 즉 질량 혹은 무게가 동일하게 남아 있는 동안에도 물질의 다른 측면, 즉 형태 혹은 위치가 변화할 수 있음을 이해하는 것이 보존개념이다.

보존개념 획득의 전제 요소에는 동일성(identity), 보상성(compensation), 가역성(역조작, inversion), 분류화(classification), 서열화(seriation) 등이 있다.

가. 동일성

동일성(identity)은 보존개념이 획득되면 아무것도 더하거나 빼지 않았을 때 본래의 양이 동일하다는 것을 의미한다. 예를 들면, 같은 모양의 컵 두 개에 담긴 같은 양의 액체를 하나는 길고 좁은 컵에 넣고, 다른 하나는 짧고 넓은 컵에 각각 채웠을 때, 각각의 컵에 더 부었거나 덜지 않았으나 두 컵에 담긴 액체의 양은 같다.

나. 보상성

보상성(compensation)은 변형에 의한 양의 손실은 다른 차원에서 얻어지는 것을 말한다. 예를 들면, 한쪽 컵이 긴 반면에 다른 컵은 넓기 때문에 두 컵의 양은 같다.

다. 가역성(역조작)

가역성(역조작, inversion)은 변화과정을 역으로 거쳐 가면 본래의 상태로 되돌아 갈 수 있다. 예를 들면 양쪽 컵 모두 원래의 컵에 다시 부을 수 있으니 물의 양은 같다.

라. 분류화(유목화)

분류화(classification)는 사물의 분류에서 전체와 부분의 관계를 이해할 수 있으며, 사물을 일정한 속성에 따라 분류할 수 있는 능력을 말한다. 분류 기준이 되는 특징은 형태, 색상, 무늬, 크기 등이다.

마. 서열화

서열화(seriation)는 특정한 속성이나 특징을 기준으로 하여 사물을 순서대로 배열하는 능력을 말한다. 전조작기 아동은 가장 짧은 것과 긴 것을 구별할 수 있으며 구체적 조작기 아동은 가장 짧은 것부터 긴 것까지 여러 개의 빨대들을 길이에 따라 배열할 수 있다. 전조작기의 아동은 다소 어려움을 느끼는 작업이다. 반면 구체적 조작기의 아동에게는 훨씬 수월할 수 있다.

바. 전조작기의 자아중심성 극복

전조작기 아동은 논리적 사고를 방해하는 전조작기의 자아중심성을 극복함으로써 다른 사람의 시각에서 사물을 보는 능력이 발달한다. 또한 타인의 입장, 감정, 인지 등을 추론하고 이해할 수 있는 조망수용능력, 즉 어떤 상황에서 타인의 감정을 추론하고 이해 또는 수용할 수 있는 능력을 습득하게 된다.

사. 탈중심화(중심성 극복)

전조작기 아동은 다양한 변수를 고려하여 상황과 사건을 파악하고 조사하는 등 좀 더 복잡한 사고를 할 수 있다. 또한 더 이상 한 가지 변수에만 의존하지 않고 더 많은 변수를 고려하게 됨으로써 자아 중심성을 극복함으로써 다른 사람의 시각에서 사물을 보는 능력이 발달한다.

아. 가역적 사고

가역성 사고(reversibility thinking)란 사고가 진행되어 온 과정을 거꾸로 되밟아서 사고하는 것이다. 즉, 사고의 비가역성을 극복함으로써 가역적 사고가 가능해진다.

(4) 제4기: 형식적 조작기(11, 12세~성인)

형식적 조작기(period of formal operations)는 11, 12세에서 성인까지이며 새로운 상황에 직면 했을 때 과거와 현재의 경험을 통해 가설적 상황을 설정하여 문제를 해결할 수 있게 된다.

형식적 조작기의 아동은 추상적 사고, 가설-연역적 추론, 체계적·조합적 사고, 모든 변인들의 관련성 파악, 가설설정과 미래 사건에 대한 예측가능을 할 수 있다.

① 추상적 사고

형식적 조작기의 가장 중요한 특징은 추상적 사고가 가능하다는 것이다. 추상적 사고란 구체적인 자료가 없어도 추상적으로 추론하고 생각하는 것인데, 융통성 있는 사고, 효율적인 사고, 복잡한 추리, 가설을 체계적으로 검증하는 일, 직면한 문제상태에서 해결가능한 모든 방안을 종합적으로 고려해 보는 일 등과 같은 것이다.

② 체계적·조합적 사고

구체적 조작기에 있는 아동들이 현존하는 사물이나 현상에 국한하여 조작적 사고가 가능한데 비하여, 형식적 조작기에 있는 청년들은 현존하는 것을 초월하여 여러 가지 가능한 경우를 가정한다. 이는 추상적 사고로 구체적인 자료가 없어도 추상적으로 추론하고 생각하는 것인데 융통성 있는 사고, 복잡한 추리가설을 세우고 체계적으로 검증하는 일, 직면한 문제 상태에서 해결가능한 모든 방안을 종합적으로 고려해 보는 일등과 같은 것이다.

③ 과학적 사고

주어진 문제를 해결하기 위하여 사전에 일련의 계획을 세우고 체계적으로 시험하면서 해결책을 찾을 수 있게 된다.

④ 가설 –연역적 추론

어떤 정보로부터 가설을 수립하여 일반적인 원리를 바탕으로, 특수한 원리를 논리적으로 이끌어 내는 사고가 가능하다.

⑤ 모든 변인들의 관련성 파악

관련된 모든 변인들의 관련성을 파악하여 적절한 문제해결 방법을 찾아 낼 수 있다.

⑥ 가설설정과 미래사건 예측가능

가설을 설정하고 미래의 사건을 예측할 수 있으며, 제시된 문제가 자신의 이전 경험이나 신념과 어긋난다 할지라도 처리가 가능하다.

지금까지 살펴본 피아제의 인지발달단계의 특징을 설명했는데, 그 내용을 요약하면 〈표 3-2〉와 같다.

〈표 3-2〉 피아제의 인지발달단계의 특징

인지발달 단계	연령	특징	프로이드	에릭슨
감각 운동기	0~2세	• 지능과 인식은 유아의 반사적이고 급격히 발달하는 감각 및 운동능력의 결과 • 직접적인 신체감각과 경험을 통한 환경의 이해 및 자신과 외부대상을 구별하지 못함 • 자극에 대한 반응, 직접적인 신체감각과 경험을 통한 환경이해, 대상영속성발달, 사회적 애착확립, 목적지향적 행동 등	구강기, 항문기	신뢰-불신
전조작기	2~7세	• 대상영속성 획득, 보존개념을 이해하기 시작 • 언어습득을 통한 상징적 표현력 습득, 개념적 사고 시작 • 자아중심성, 직관적 사고, 물활론, 상징적 기능, 중심화집중성), 비가역적 사고, 타율적 도덕성 등	항문기, 남근기	자율성-수치심 주도성-죄의식
구체적 조작기	7~11, 12세	• 다양한 변수를 고려해 상황과 사건을 파악(탈 중심화) • 경험에 기초한 사고 및 비논리적 사고에서 논리적 사고로 전환 • 다른 사람의 관점에서 사물을 이해하고 공감(조망수용능력), 관점의 초점은 생각이 아닌 사물 • 보존개념획득, 분류화 가능, 서열화 가능, 가역적 사고, 조합기술, 탈 중심화, 자율적 도덕성 등	잠복기	근면성-열등감
형식적 조작기	12~ 성인기	• 자신의 지각이나 경험보다 논리적 원리의 지배를 받음 • 사물에 존재하는 방식과 기능하는 방식에 대한 추상적 사고 • 추상적 사고가 가능하므로 경험하지 못한 사건에 대한 가설적이고 추상적인 합리화를 통하여 과학적 사고가 가능 • 가설, 연역적 추론, 체계적·조합적 사고가능, 연역적 추론, 조합적 사고 등	생식기	자아정체감-역할 혼란

출처: Piaget, 1954, 인지발달단계 재구성.

4) 도덕성 발달단계

피아제는 아동의 인지발달뿐만 아니라 도덕성발달에도 관심을 두었는데 그는 아동의 전반적 인지발달수준이 아동의 도덕적 판단을 결정한다고 생각했다. 피아제에 따르면 아동의 도덕판단은 타율적 도덕성으로부터 자율적 도덕성으로 발달해 간다.

다음은 도덕적 발달단계인 타율적 도덕성 및 자율성 도덕성의 내용이다(Piaget, 1940; Piaget & Inhelder, 1969; Crain, 1993).

(1) 타율적 도덕성

타율적 도덕성은 전조작기의 도덕적 수준이며 성인이 정한 규칙에 아동이 맹목적으로 복종하는 것을 의미한다. 또한 규칙은 불변적이며 지키지 않으면 벌을 받기 때문에 절대적으로 지켜야 한다고 생각하며 아동이 저지른 잘못이 크면 클수록 의도가 어떻든 간에 더 나쁘다고 생각, 즉 의도보다 결과에 치중한다.

10세경까지 지속되다가 협동적 상호작용을 위한 계약임을 배우게 되면서 자율적 도덕성으로 전환 된다.

(2) 자율적 도덕성

자율적 도덕성은 구체적 조작기의 도덕적 수준으로 이 시기의 아동은 규칙이 상호 합의에 의해 제정되며 서로가 동의하면 언제든지 자율적으로 변화될 수 있다고 생각한다. 또한 행위의 결과보다 행위자의 의도에 따라 옳고 그름을 판단한다. 또한 규칙을 어겼다고 반드시 처벌되는 것은 아니며 정상참작이 필요함을 인정한다. 다음의 〈표 3-3〉은 피아제의 도덕성 발달단계 즉 타율적인 도덕성 단계와 자율적인 도덕성 단계를 요약·설명한 것이다.

〈표 3-3〉 피아제의 도덕성 발달단계

타율적인 도덕성 단계	• 규칙은 변경할 수 없는 절대적인 것으로 간주한다. • 행위자의 의도와는 관계없이 행동의 결과만을 가지고 판단한다. • 어른들의 신체적 힘의 두려움 및 이들의 권위에 대한 복종에서 시작된다. • 부모, 목사, 선생 등 권위적 존재가 규칙을 만든 것이므로 그 규칙은 지켜야 하고 변경될 수 없기 때문에 이를 위반하면 벌을 받아야 한다고 생각한다.	4~7세 (전조작기 후기)
자율적인 도덕성 단계	• 규칙은 수정가능하다는 것을 알게 된다. • 옳고 그름에 대한 판단을 행위의 결과가 아닌 의도성에 의해 판단된다.	10세 이후 (구체적 조작기 후기)

출처: Piaget, 1940, 피아제의 도덕성 발달단계 재구성.

5) 사회복지실천과의 연관성

피아제의 인지이론은 인지발달 분야인 기억, 학습, 언어 사회인지 등의 분야에서 여러 가지 연구성과를 제공해 주었다. 특히 사회복지실천에서 아동의 인지발달에 대해서는 폭넓은 관점을 제공하였고 아동에 대한 훌륭한 관찰을 통해 인지발달에 대해 포괄적으로 접근하는 데 도움을 주었다.

피아제의 인지이론에 대한 사회복지실천과의 연관성은 다음과 같다.

첫째, 사회복지실천에서 사회복지사는 피아제 이론을 적용할 경우, 아동의 인지발달을 위한 여러 가지 사회복지프로그램 개발에도 적용될 수 있다.

둘째, 사회복지실천에서 사회복지사는 나이에 비해 지적발달이 늦은 아동들을 조기 발견하여 아동의 나이에 적합한 놀이기구, 게임, 학습방법 등 적절한 개입을 함으로써 아동의 균형 있는 지적발달이 이뤄지도록 도움을 줄 수 있다.

셋째, 사회복지실천에서 사회복지사는 아동클라이언트 대상으로 피아제의 이론을 적용함으로써 아동이 자기 주도적인 활동을 하도록 격려나 지도해주며 아동의 현재 기능수준을 파악하고 개별적인 상담이나 교육프로그램 등 서비스를 실시할 수 있다.

넷째, 사회복지실천에서 사회복지사는 아동이 적절한 반응을 보이지 못할 경우에 아동에 대한 정확한 진단과 치료, 어머니에 대한 정서적 지지치료 등을 피아제의 인지이론에 근거하여 제공해줄 수 있다. 특히, 사회복지사는 등교거부증이나 학교공포증 등을 호소하고 있는 아동에게 부모나 교사 등과의 협력관계를 통하여 정보를 얻고 아동과 부모에 대한 인지적 상담기법을 통하여 아동의 정서적 안정을 지원할 수 있다.

2 콜버그(Kohlberg)의 인지적 도덕발달이론

1) 생애

피아제 학파의 전통을 이은 대표적 연구자이자 도덕성 발달연구로 유명한 로렌스 콜버그(Lawrence Kohlberg, 1927~1987)는 1927년 뉴욕 주의 브롱스빌(Bronxville)의 부유한 가정에서 태어나 그 곳에서 자랐다.

콜버그는 1948년 시카고대학에 아주 좋은 성적으로 입학하여 대학을 졸업하는데 몇 과목만 수강하면 되었다. 이로 인해 4년간의 학업과정을 2년 만에 우수하게 마칠 수 있었다. 학부시절 콜버그는 철학과 문학을 통해 도덕적 전통을 배웠다. 졸업 후 그는 같은 대학원에 입학했다. 대학원 과정에서 로저스, 베틀하임, 백과 같은 심리학자들로부터 임상적 이론과 실제를 배웠다.

콜버그는 1958년 12월 박사 학위를 받았다. 그의 박사 논문은 대상자들을 20년 동안 추적 조사하여 장기간에 걸친 도덕성 발달의 종단적 연구를 한 논문이었다. 그 후 콜버그는 보스턴에 있는 소아병원에 '러셀 세이지 레지던트(Russsell Sage Resident)'로서 잠시 머무른 후에 1959년부터 1961년까지 예일대학에서 심리학과 조교수로 활동을 하였고, 시카고대학에서 1962년부터 1968년까지 교수로 재직했고 그 후 1968년 이후부터는 하버드대학 교육학과 사회학 교수로서 연구와 후

진을 양성하였다. 그리고 1969년 이스라엘 방문을 계기로 정의공동체(justice community)라는 신개념을 도입하게 된다.

콜버그는 대학원에서 1987년 1월까지 그가 1947년 설립한 '도덕교육과 발달연구소'를 이끌었으며, 도덕성을 중심으로 철학논제에 대해 심리학과 연계시켰다. 이것은 교육자이자 철학자인 루소(Rousseau), 존 듀이(John Dewey), 볼드윈(Baldwin)) 등 선구자들의 사상을 재평가하고 이들을 소개하는 데 크게 공헌하였다. 그러나 그는 1987년 60세에 불치의 열대병을 비관하여 자살함으로써 자신의 생애를 마감하게 되었다.

2) 주요 개념

콜버그의 주요 개념인 도덕성(morality)은 그의 인지적 도덕발달이론에 근거한 것이다. 그의 이론은 피아제의 인지발달이론에 도덕성 발달을 접목시켜 전개한 이론으로, 인간의 도덕성이 단계적으로 발달한다는 것이다. 즉, 옳고 그름의 발달이 나이에 따라 개인의 도덕적 사고 수준의 변화를 설명하는 방식이다.

도덕성 개념에는 인지적 차원, 정의적 차원, 행위적 차원이 포함되어 있다(Kohlberg, 1969).

첫째, 인지적 차원은 어떤 특정 행동이 옳은지 그른지, 또는 어떤 사람이 죄를 지은 것인지 아닌지를 파악하고 판단하는 것을 말한다. 이러한 인지적 차원은 아동이 부모로부터 그리고 자신의 주변의 사회환경으로부터 배우거나, 좋고 나쁜 행동에 대하여 갖게 된 내재화된 규칙에 따라 다르게 된다.

둘째, 정의적 차원에는 도덕 감정, 도덕 태도 등이 포함된다. 이는 도덕성의 정서적 부분으로 아동이 가게에서 물건을 훔쳤을 때 어떻게 느끼는가 하는 것과 관계된다.

셋째, 행위적 차원에는 도덕적 실천력이 포함된다. 이는 아동이 내재화된 규칙에 따라 구체적인 도덕적 행위를 하는 것을 의미한다. 위에 언급된 바를 종합해 볼 때 도덕성이란 사회생활의 규범으로서의 법칙을 따르려는 심성으로 선악에 대한 이해와 판단과 같은 인지적 측면, 도덕적 감정이나 태도와 같은 정의적 측면, 그러한 법칙을 따르고 실천하려는 행위적 측면 등을 모두 포함한다고 볼 수 있다.

콜버그가 강조한 도덕성발달은 자신이 속한 사회의 문화규범에 따라 행동하도록 배우고 이를 자신의 것으로 받아들이는 과정을 통해 이루어진다. 콜버그는 도덕성 발달에 있어서 인지적 측면을 강조하고 있다. 즉 인지를 도덕적 행동을 유발하는 동기의 원천으로서 보는 입장이다. 콜버그가 강조하는 도덕성은 도덕적인 갈등상태를 해결하려는 능력으로 보고 있다.

특히 콜버그는 아동의 도덕적 판단이 추론되는 과정에 관심을 가졌고 피아제처럼 도덕발달 역시 불변의 순서를 따른다고 보았다. 그리고 도덕적 발달이 사회화의 산물이 아니라 아동의 자발적인 행동의 결과라고 보았다.

이러한 도덕성을 개념화함으로써 콜버그는 피아제의 도덕발달단계(타율적 도덕성, 자율성 도덕성)를 확장시켜 도덕적 딜레마에서 개인이 어떻게 판단하고 그 판단을 어떻게 추론하는가를 분석하여 도덕발달 단계를 구체화하였다.

콜버그가 사용한 도덕적 갈등상황은 죽어가는 아내를 살리기 위해 약을 훔친 한 사람의 상황(하인즈 이야기)을 제시하여 아동의 도덕적 판단이 추론되는 과정에 관심을 가졌다.

3) 도덕성 발달단계

도덕발달에 초점을 맞추었던 학자 콜버그는 1956년부터 10~16세의 아동과 청소년 75명을 대상으로 도덕성 발달에 대한 연구를 30년 이상 계속하였다. 그는 피실험자들에게 가상적인 도덕적 갈등 상황을 제시('하인즈 이야기')하고서 그들이 어떤 반응을 나타내는가에 따라 여섯 단계로 도덕성 발달수준을 구분하였다.

콜버그는 각기 상이한 도덕성 발달단계에서는 각기 다른 인지능력이 필요하다는 것이다. 콜버그는 1단계부터 6단계까지 순서대로 진행한다고 주장한다. 그러나 모든 사람이 최고의 도덕 수준까지 도달하는 것은 아니고, 매우 소수의 사람만이 6단계까지 도달할 수 있으며, 한 단계에서 다음 단계로 진행하는 데 상당한 시간이 필요하다고 말했다(Kohlberg, 1976).

하인즈 이야기

한 부인이 암으로 죽어가고 있었다. 어쩌면 그 부인을 살릴지도 모르는 한 가지 유일한 약이 있었는데, 그 약은 일종의 리튬(Lithium)으로서 같은 마을에 사는 약사가 개발한 것이었다. 그 약은 재료비도 비쌌지만 약사는 원가의 10배나 비싸게 그 약을 팔았고, 아주 적은 양의 약을 2,000달러나 받았다. 부인의 남편인 하인즈는 그 약을 사려고 이 사람 저 사람에게서 돈을 빌렸지만, 약값의 절반인 1,000달러밖에 구하지 못했다. 절반밖에 돈을 구하지 못한 하인즈는 약사에게 그 약을 조금 싸게 팔던지 아니면 나머지는 외상으로 달라고 부탁하였으나, 결국 거절당하였다.

하인즈는 절망한 나머지 그 약을 훔치기 위해 약국 문을 부수고 들어갔다. 과연 하인즈가 그처럼 행동했어야 했는가?

(1) 전인습적 수준

전인습적 수준(pre-conventional level)은 외부적 요인에 의해 행위를 결정하며 이 수준은 자기중심적이고 이기적인 도덕적 판단이 특징이다. 또한 이 수준의 아동은 사회의 규범이나 기대, 즉 인습을 잘 이해하지 못한다. 일반적으로 4~9세 이전의 연령은 전인습적 수준에 해당된다.

① 1단계 : 타율적 도덕성

전인습적 수준 1단계는 벌과 복종에 의한 도덕성을 지닌 주관화 단계이다. 1단계는 복종과 처벌을 지향하며 벌과 복종에 의해 방향이 형성되는 도덕성, 즉 행위의 물리적·신체적 결과가 선악판단의 기준이 된다.

1단계에서 아동은 벌을 피하기 위해 복종한다. 보상을 받는 행동은 좋은 것이고, 벌 받는 행동은 나쁘다고 생각하며 결과만 가지고 행동을 판단한다. 기본적인 의도보다는 어떤 행위로 발생하는 실제적인 물리적 손실이 선이냐 악이냐의 평가에서 매우 중요한 역할을 한다. 또한 이 단계의 아동은 복종해야 하는 고정불변의 규율은 강한 권위자가 내려준 것이라고 추측한다.

예 1: 하인즈의 사례에서 다음과 같이 대답하는 경우, "훔치면 벌 받아요. 그러니까 나빠요."
예 2: 오로지 수반되는 결과로 "벌 받으니까 훔치면 안돼요."에만 비추어 반응한다.

② 2단계 : 개인적·도구적 도덕성

전인습적 수준 2단계는 욕구충족수단으로서의 도덕성을 지닌 상대화 단계이다. 즉 도덕적 행위가 자신과 타인을 만족시켜 주는 수단이지 더 이상 고정적이거나 절대적인 것이라고 생각하지 않는 단계이다. 이는 네가 혜택을 주니까 나도 이렇게 혜택을 준다는 식의 상호성을 가지고 있다.

2단계 아동의 도덕적 행동은 자신의 개인적 욕구를 충족시키는 데 기초한다. 아동의 동기를 유발하는 주요한 힘은 보상을 획득하기 위해 타인을 이용하는 것이다. 또한 아동은 어떤 문제든 한 가지 이상의 측면이 있음을 알게 되며, 따라서 상대성을 알기 시작한다(비교: 1단계는 강한 권위자에 의한 절대적 규율이 있다고 생각함). 모든 것이 상대적이기 때문에 궁극적으로 각자의 욕구와 쾌락에 따라, 즉 상대적 쾌락주의에 의해 도덕상이 결정된다.

예: 하인즈의 사례에 다음과 같이 대답한 경우, "사람에 따라 다르죠. 하인즈는 아내를 구하기 위해 훔치는 것이 정당하다고 생각 할 수 있겠지만 약제사는 자기 약을 허락도 없이 훔쳤으니 하인즈를 나쁘다고 생각할 수 있어요."

(2) 인습적 수준

인습적이란 사회규범, 기대, 관습, 권위 등에 순응하는 것을 뜻하는 것으로 역할 동조적인 도덕성이라고도 한다. 인습적 수준(conventional level)의 아동들은 다른 사람의 견해와 입장을 이해하게 되고, 도덕적 추론은 사회적 권위에 기초하며 보다 내면화된다. 이제 사회 관습에 걸맞은 행동을 도덕적 행동이라고 간주한다. 10세 이상의 아동, 청소년, 대다수의 성인이 인습적 수준에 해당한다.

① 3단계 : 개인 상호 간의 규준적 도덕성

인습적 수준 3단계는 대인관계 조화에 의한 도덕성을 지닌 객체화 단계이다. 즉 다른 사람과 관계를 유지하고 다른 사람에게 인정받는 '착한 아이' 타입의 도덕성 단계이다.

3단계 아동들은 다른 사람의 기대를 만족시키고 인정받기 위해 착한 아이로 행동한다. 또한 착한 사람이 행해야 하는 것에 비추어 반응한다. 아동은 어떤 행위가 옳기 때문이 아니라 사회적 승인을 얻기 위해 그 행동을 하려고 한다.

착하다고 하는 것은 동기와 감정 면에서 정의될 수 있는 것으로 하인즈의 사례의 경우 다음과 같이 응답하는 경우에 해당된다.

예 1: 하인즈의 동기가 선하므로 옳다고 보는 경우, "하인즈가 생명을 구하려 애썼어요.", "하인즈는 아내를 사랑했어요."

예 2: 약제사의 동기가 악하므로 옳지 않다고 보는 경우, "약제사는 탐욕스러워요.", "약제사는 자기 이익만 사랑했어요."

② 4단계 : 사회체계도덕성

인습적 수준 4단계는 법과 질서의 준수로서의 도덕성을 지닌 사회화 단계이다. 즉 법과 질서를 준수하는 것으로서의 도덕성이다.

4단계는 의무를 수행하고 권위를 존중하는 행동, 사회질서를 지키는 것을 중요하게 생각한다. 즉 사회질서를 위해 법을 준수하는 행동이 도덕적 행동이라고 생각한다.

4단계 아동들은 일반적인 사회질서에 대해 보다 광범위하게 사고하며, 사회질서가 유지되도록 법에 복종하는데 초점을 둔다.

예: 하인즈의 사례에서 하인즈에게 동정적이기 하지만 그렇다고 도둑질을 용서할 수 없다는 대답은 4단계에 속한다.

(3) 후인습적 수준

후인습적 수준(post-conventional level)의 도덕성은 자신이 인정하는 도덕적 원리를 토대로 한 도덕성으로, 사회규범을 이해하고 인정하지만 법이나 관습보다는 개인의 가치기준에 우선순위를 두고 도덕적 판단을 한다. 이러한 수준의 도덕적 추론을 위해서는 형식적·조작적 사고가 필요하다. 콜버그가 10대 아동들을 20년 동안 추적 연구를 한 결과, 5단계의 아동은 10%에 지나지 않았고 6단계에 이르는 경우는 매우 극소수에 지나지 않았다. 20세 이상 소수만 이 수준에 도달한다.

① 5단계 : 인권과 사회복지 도덕성

후인습적 수준 5단계는 사회계약정신으로서의 도덕성을 지닌 일반화 단계이다. 즉 민주적으로 용인된 법이며 사회계약 정신으로서의 도덕성을 말한다.

4단계에서는 상당히 엄격한 법과 질서의 태도를 취했지만, 5단계에서는 법을 보다 유동적인 것으로 판단한다.

법과 사회계약이 '최대 다수의 최대 행복'이라는 전제하에 만들어졌다는 것을 이해하고 모든 사람의 복지와 권리를 보호하기 위해 법을 준수한다. 그러나 때로는 법적 견해와 도덕적 견해가 서로 모순됨을 깨닫고 갈등상황에 놓인다.

다시 말하면 5단계에서는 법이 사람들이 필요로 하는 것을 충족시키지 못하면 상호동의와 민주적 절차를 통해서 언제든지 변경시킬 수 있는 유동적인 것이라고 본다. 5단계의 응답자는 자유, 정의, 행복 추구 등의 개인적 가치가 법보다 우선한다는 것을 어렴풋하게 인식한다.

② 6단계 : 보편적 원리

후인습적 수준 6단계는 보편적 도덕원리에 대한 확신으로서의 도덕성을 지닌 궁극화 단계이다. 즉 가장 높은 도덕단계로 옳고 그름을 개인의 양심에 비추어 판단하여야 한다고 보는 단계이다.

6단계에서는 법을 초월하는 어떤 추상적이고 보편적인 원리에 대한 보다 명확한 개념화가 이루어진다. 이러한 원리들은 모든 사람에 대한 정당성, 평등성, 그리고 존엄성 등이 포함한다.

사회질서의 중요성을 인식하지만 질서정연한 사회라고 해서 보다 중요한 원리들을 모두 실현시키고 있는 것은 아니라는 것도 깨닫는다. 즉 시민으로서 보편적 원리에 위배되는 법에 불복종하는 행동을 할 때, 정의의 원칙, 인간의 권리, 인류의 존엄성 등이 법보다 더 중요하다는 점을 사회에 충분히 전달하기 위해 처벌을 기꺼이 받아들인다.

6단계 수준의 도덕적 사고에 도달하는 사람은 드물다.

예: 하인즈의 사례에서 하인즈가 아내를 구하기 위해 도둑질을 할 법적권리는 없지만 보다 상위의 도덕적 권리를 가지고 있다고 말하는 경우 6단계 도덕성 수준에 해당됨.

다음 〈표 3-4〉는 '하인즈 이야기'에 대한 반응의 예를 각 단계별로 제시한 것이다.

〈표 3-4〉 '하인즈 이야기'에 대한 반응의 예

1단계	4단계
• 찬성: 하인즈는 약을 훔쳐야 한다. 그는 나중에 약값을 지불하겠다고 했다. 처음부터 약을 훔치려던 것과는 다르다. 그리고 그가 훔친 약값은 2,000달러가 아니라 실제로 200달러밖에 안 될지 모른다.	• 찬성: 사람이 죽어가는데 약사가 잘못하는 것이다. 아내를 죽게 내버려두어서는 안 된다. 아내를 살리는 것은 하인즈의 의무이다. 나중에 약값을 갚을 생각으로 약을 훔치는 것은 괜찮다.
• 반대: 하인즈는 약을 훔쳐서는 안 된다. 그것은 큰 범죄다. 그는 허락을 받지 않고 강제로 침입했다. 그는 가게를 부수고 들어가서 매우 비싼 약을 훔치고 큰 피해를 입혔다.	• 반대: 하인즈가 그의 아내를 살리고 싶어 하는 것은 당연하다. 그러나 남의 물건을 훔치는 것은 나쁜 일이다. 어떤 상황에서도 법을 준수해야 한다.

〈표 3-4〉 계속

2단계	5단계
• 찬성: 하인즈가 약을 훔치는 것은 괜찮다. 그는 그의 아내를 살리기를 원하고, 그러기 위해서 약을 훔치는 것은 어쩔 수 없는 일이다. 그냥 도둑질하는 것과는 다르다.	• 찬성: 절도가 도덕적으로 잘못된 것이라고 말하기에 앞서 모든 상황을 고려해야 한다. 물론 약국을 무단침입해서 약을 훔치는 것이 옳은 일은 아니지만 이러한 상황에서 약을 훔치는 것은 정당화 될 수 있다.
• 반대: 하인즈는 약을 훔쳐서는 안 된다. 약사가 그리 나쁜 것도 아니다. 그는 다른 사람들과 마찬가지로 영업이고 이윤을 남기려고 한 것뿐이다. 그것은 사람들이 돈을 벌기 위해 사업을 하는 것과 마찬가지다.	• 반대: 하인즈가 약을 훔친 것이 전적으로 잘못된 일이라고 말할 수는 없지만, 아무리 극한 상황이라도 범법행위가 정당화될 수는 없다. 아무리 절박한 상황에서도 모든 사람이 다 도둑질을 하지는 않는다. 목적이 수단을 정당화하지 못한다.
3단계	**6단계**
• 찬성: 하인즈는 약을 훔쳐야 한다. 그는 좋은 남편으로 마땅히 해야 할 일을 했을 뿐이다. 우리는 그가 아내를 사랑하는 마음에서 한 행동에 대해 그를 비난할 수 없다. 약을 훔쳐서라도 그녀를 살리고 싶을 정도로 아내를 사랑하지 않는 것이 비난받을 일이다.	• 찬성: 법을 어기는 것과 한 사람의 생명을 구하는 것 사이에서 선택을 해야 할 때, 생명을 구하려는 도덕적으로 더 높은 원리가 약을 훔치는 행위를 정당화한다. 하인즈는 생명을 보존하고 존중하는 원리에 따라 행동해야 한다.
• 반대: 하인즈는 약을 훔쳐서는 안 된다. 만약 하인즈의 아내가 죽는다 해도 그를 비난해서는 안 된다. 약을 훔치지 않았다고 해서 무정한 사람이거나 아내를 사랑하지 않는 것은 아니다. 하인즈는 그가 할 수 있는 최선을 다했다.	• 반대: 하인즈는 그의 아내만큼 그 약을 절실히 필요로 하는 다른 사람도 생각해야 한다. 그는 아내에 대한 특별한 감정에 의해 행동해서는 안 되고 다른 모든 사람의 생명의 가치도 생각하면서 행동해야 한다.

출처: Kohlberg, 1977, 도덕적 발달단계 내용 재구성.

이상과 같이 콜버그의 도덕발달단계 내용을 근거하여 도덕발달 단계에 의한 단계·수준별 특징, 도덕적 행위의 동기에 대한 내용을 요약하면 〈표 3-5〉와 같다.

〈표 3-5〉 콜버그의 도덕발달단계

<table>
<tr><th>수준</th><th>단계별 특징</th><th>수준별 특징</th><th>도덕적 행위의 동기</th></tr>
<tr><td rowspan="2">전
인습적
수준</td><td>[1단계] 타율적 도덕성
• 벌과 복종에 의해 방향이 결정되는 도덕성</td><td rowspan="2">• 4~9세 이전
• 욕구충족 수단으로서의 도덕성
• 벌과 복종에 의해 방향이 형성되는 도덕성
• 각자의 입장에서 보상을 추구하는 단계
• 자신에게 이익이 되는 정도에 따라 행동을 판단함</td><td>벌을 피하기 위해 규율에만 복종함.</td></tr>
<tr><td>[2단계] 개인적·도구적 도덕성
• 욕구충족수단으로서의 도덕성
• 자신에게 이익이 되는 정도에 따라 행동을 판단</td><td>반환되는 이익이나 보상을 받는 데는 동조함.</td></tr>
<tr><td rowspan="2">인습적
수준</td><td>[3단계] 개인 상호간의 규준적 도덕성
• 대인관계의 조화로서의 도덕성
• 권위적 인물의 승인정도를 바탕</td><td rowspan="2">• 10세 이상의 아동, 청소년, 대다수의 사람
• 대인관계의 조화로서의 도덕성이며 행위자가 '착한가'에 따라 판담함.
• 타인의 승인을 얻거나 사회적 질서를 유지하기 위해 규칙과 규범을 따름
• 외적인 벌과 보상대신 사회적 칭찬과 비난에 대한 회피가 도덕적 행위의 동기로 작용</td><td>타인의 불인정이나 과오를 피하는 데 동조함.</td></tr>
<tr><td>[4단계] 사회체계 도덕성
• 법과 질서를 준수하는 것으로서의 도덕성</td><td>법적 권위와 그에 따른 죄책감에 의해 책망되는 것을 피함.</td></tr>
<tr><td rowspan="2">후
인습적
수준</td><td>[5단계] 인권과 사회복지 도덕성
• 사회계약 정신으로서의 도덕성</td><td rowspan="2">• 20세 이상 소수만 이 수준에 도달함
• 사회계약정신으로서의 도덕성
• 형식적 조작적 사고가 필요함
• 사회복지를 유지하는 것이 도덕적 판단의 기준이 됨
• 정의의 원리에 의해 옳고 그름을 판단하여 도덕적으로 옳고 법적으로 타당한 것이 항상 같은 것이 아니라는 사실을 알게 되면서 법과 무관한 자율적이고 독립적 사고와 판단 가능</td><td>공동사회의 복지라는 관점에서 판단된 공명정대함을 유지하는 데 공헌함.</td></tr>
<tr><td>[6단계] 보편적 원리,
• 보편적 원리에 대한 확신으로서의 도덕성</td><td>자기의 비난을 받지 않은 곳에 동조함.</td></tr>
</table>

출처: Kohlberg, 1977, 도덕적 발달단계 내용 재구성.

4) 사회복지실천과의 연관성

콜버그의 도덕상 발달이론은 도덕적 판단의 결과보다 도덕적 판단과정의 논리를 중요시하여 상황에 따른 인간의 자율적인 판단을 최대로 고려하고 있다. 즉 인간의 변화가능성과 자율성에 대한 기본이념을 바탕으로 사회와의 '상호작용' 과정에서 일어나는 일련의 사건을 다루는 사회복지실천과 일맥상통하는 부분이라고 할 수 있다.

콜버그는 사회복지실천에서 만나게 되는 다양한 클라이언트의 상황에 따라 사회복지사의 다양한 접근방법은 항상 일반성과 보편성을 지녀야 한다는 측면에서 사회복지사의 도덕성 발달수준은 그 무엇보다 중요할 것이다.

아울러 도덕적 사고는 지나치게 강조한 나머지 도덕적 행동이나 감정은 무시했다는 점, 문화적 편견을 보인다는 점, 여성에 대한 편견을 담고 있다는 점(대부분의 남성은 4단계, 여성은 3단계에 머문다고 말함), 도덕적 정의에서 개인의 권리와 공정성이라는 도덕성의 한 측면만을 반영하고 있으나 인간관계속에서 다른 사람을 배려하고 관계적 측면을 등한시하고 있다는 점 등이다.

콜버그의 인지적 도덕발달이론에 대한 사회복지실천과의 연관성은 다음과 같다.

첫째, 사회복지실천에서 사회복지사는 콜버그의 상호작용주의에 입각하여 클라이언트 자신이 속한 사회의 문화규범에 따라 행동하도록 배우고 이를 자신의 것으로 받아들이는 과정을 통해 그의 도덕발달이 이루어지도록 협력한다.

둘째, 사회복지실천에서 사회복지사는 아동·청소년들에게 '도덕적 딜레마'에 대한 가상적인 도덕적 갈등을 제시하고 그들이 어떤 상황에 처하면 어떻게 반응하고, 그러한 자신의 행동을 어떻게 정당화하는가를 통해 도덕발달을 측정할 수 있도록 교육시킨다.

셋째, 사회복지실천에서 사회복지사는 콜버그의 인지발달단계를 통해서 전인습적 수준, 인습적 수준, 후인습적 수준의 도덕성 등 도덕발달수준을 단계적으로 발달해 나가도록 함으로써 클라이언트에게 필요한 추상적 사고를 할 수 있게 하며 인지발달수준에 따라 도덕성발달이 이루어질 수 있도록 인지적 능력을 향상시킨다.

넷째, 사회복지실천에서 사회복지사는 콜버그의 도덕성발달단계를 통해서 클라이언트가 어떤 수준의 발달단계에 있는지 조사·평가하여 그의 도덕적 행위의 동기를 밝혀내고 그의 환경 안에서 주관적·자율적인 도덕의식을 확립할 수 있게 해준다.

다섯째, 사회복지실천에서 사회복지사가 클라이언트의 자기결정권과 비밀보장, 기관·사회복지사의 이익과 클라이언트의 이익 등 깊이 생각해 보아야 할 윤리적 딜레마 상황을 해결하기위해서는 콜버그의 도덕발달의 기본원리를 적용한다.

여섯째, 사회복지실천에서 콜버그의 도덕발달이론이 가치지향적이고 인간중심적이며 규범주의적인 사회복지의 근간을 근거로 하기 때문에 사회복지사는 소수의 권리, 또는 집단이나 지역주민 등 정의로운 공동체를 만들기 위한 거시적인 측면에서의 사회복지의 역할을 수행해야 한다.

3 켈리(Kelly)의 구성개념이론

1) 생애

켈리(George A. Kelly, 1905-1967)는 1905년 캔자스주 휘치타(Wichita) 근처의 농촌지역에서 외아들로 태어났으며 근본주의 기독교신자인 부모로부터 많은 관심과 애정을 받으며 자랐다. 부친은 본래 장로교회의 목사였으나 건강상의 이유로 농가로 되돌아왔다. 부모들은 근면했고 매우 엄격한 기독교적인 가정교육을 하였다.

켈리는 미주리주 파크대학(Park College)에서 물리학과 수학을 전공하여 1926

년에 학사학위를 받았다. 졸업 후, 그의 미래는 불확실했으며 그의 관심은 과학에서 사회문제로 전환되면서 다시 캔사스대학에서 교육사회학을 주전공으로 하고 노동관계 사회학을 부전공으로 공부하였고 석사학위를 취득하였다.

그는 웅변교육, 항공 기술자와 같은 일련의 상이한 직업을 가진 후에 1929년 교육학 공부를 위해 에딘버그(Edinburg)대학으로 갔다. 이러는 동안 그는 심리학에 관심을 갖기 시작했으며, 아이오와(Iowa)대학에서 1931년에 심리학 박사학위를 취득했다.

켈리는 그 후 10년을 포트 헤이스(Fort Hays) 캔사스 주립대학에서 보내면서 가난한 모래폭풍 지대의 희생자들에게 심리학적 서비스를 제공하는 임상 네트워크를 정립했고, 전문 심리학자로서의 경력은 포트 헤이스(Fort Hays) 캔자스주립대학에서 시작하였다.

2차 세계대전 동안 해군에서 심리학자로 복무한 후 메릴랜드(Maryland)대학에서 1년을 보냈으며 그 후 켈리는 오하이오 주립대학으로 옮겨 자신의 성격이론을 체계화하고 연구 수행하면서 19년 동안 재직하였다. 1965년 브랜디스(Brandeis)대학으로 옮겨 학과장 직무를 수행하였으며 거기서 매슬로우(Abraham Maslow)를 만났다. 하지만 켈리는 그 곳에서 1967년에 사망했다.

2) 주요 개념

켈리의 주요 개념은 과학자로서 인간, 개인 구성개념 등으로 설명되어진다(Kelly, 1955, 1963; 노안영 외, 2003; 노안영·강연신, 2011).

(1) 과학자로서 인간

캘리의 성격이론은 개인이 자신의 삶을 해석하는 방법에 맞추어져 있다. 그의 인간에 대한 연구는 모든 인간이 과학자라는 가정, 즉 과학자로서 인간(man-the-scientist)의 관점에 근거한다. 일반적으로 과학자의 궁극적 목적은 예언하고 통제하는 것이라고 말한다(Kelly, 1963). 과학적으로 인간을 연구하는 심리학자가 자신의 인지적 구조인 구성개념에 따라 인간을 예측하고 통제하려고 시도하는 것처럼, 연구대상인 피험자들도 자신의 구성개념을 통해 사건을 해석하고 예측하고 통제하려고 시도한다는 것이다.

물론 자신의 견실한 가설 및 이론을 바탕으로 예측을 정확히 하는 훌륭한 과학자가 있지만, 부실한 가설과 체계화되지 않는 이론으로 예측을 시도하는 과학자도 있다. 마찬가지로, 자신의 경험을 통해 형성한 인식을 바탕으로 현실에 대한 예측을 정확히 하면서 자신을 변화시키는 건강한 개인이 있으며, 자신의 경험에 근거하지 않고 체계화되지 않는 혼란스런 인지적 구조를 가지고 막무가내로 현실에 대한 예측을 부정확하게 하면서 자신을 변화시키지 못하는 사람도 있다.

(2) 개인 구성개념

켈리의 개인적 구성개념이론(personal construct theory)은 구성적 대안주의(constructive alternativism)라 불리는 철학적 견해에 뿌리를 두고 있다. 켈리는 인간이 사건을 해석하고 예측하는 데 사용하는 인지적 구조를 '개인 구성개념(personal construct)'이라 불렀다. 개인구성개념은 개인이 세계 속에 있는 사건을 보는 방식, 즉 인생의 사건을 해석하거나 설명하기 위해 고안된 지적 가설이다. 개인은 자신의 구성개념이 일상생활의 현실을 예언하고 설명하리라는 기대에 따라 행동한다. 그 때문에 과학자처럼 끊임없이 그러한 가설을 검증하고 평가한다. 따라서 이 지구상에 그 어떤 인간도 동일한 구성개념을 가진 사람은 없으며, 그 구성개념을 동일한 방식으로 조직화하는 사람도 없다.

인간을 이해하려는 성격연구의 핵심은 사람들이 세상을 해석하고 이해하는 방식, 즉 자신의 행동을 생성하는데 사용하는 개인구성개념을 확인하는 것이다. 많은 상황이나 다양한 사람들을 접촉해 오면서 거기에 부합한 많은 구성개념을 발달시킨다. 새로운 사람을 만날 때 또는 새로운 상황에 직면할 때 구성개념의 목록을 확장한다. 또한 우리는 우리에게 영향을 미치는 사람과 사건의 변화 때문에 정기적으로 구성개념을 바꾸거나 버릴 필요가 있다. 따라서 개인은 자신의 구성개념을 계속해서 수정하면서 삶을 영위한다.

켈리는 인간이 갖는 이러한 적응성을 '구성개념적 대안주의(constructive alternativism)'라 불렀다. 즉, 인간은 그가 갖고 있는 구성개념을 상황에 맞는 대안적 구성개념으로 수정하거나 대체하면서 현실에 적응해 가는 것이다. 만약 구성개념이 유연성이나 융통성이 없다면 인간은 그만큼 새로운 상황에 대처하거나 적응할 수 없게 된다.

3) 개인구성개념 요인

켈리의 개인구성개념의 기본가정은 "개인의 과정은 그가 사건을 예견하는 방식에 의해 심리적으로 통로화된다."[11])인데, 개인 구성개념의 기본가정 요인은 개인(person), 과정(processes), 심리적으로(psychologically), 통로화된(channelized), 방식(ways), 그가(he), 예견하는(anticipates), 사건(events)인데, 이에 대한 내용은 다음과 같다(Kelly, 1955, 1963; 노안영·강연신, 2011).

(1) 개인(person)

이는 우리가 일차적으로 관심 두는 실체를 지적하는데 사용된다. 우리의 일차적 고려는 개인의 부분, 어떤 집단, 개인의 행동에서 나타난 어떤 특별한 과정보다 개인이다.

(2) 과정(processes)

이는 심리학의 주제인 일종의 정신에너지의 존재가 일차적으로 어떤 과정이라

11) 켈리의 개인 구성개념의 기본가정: "A person's processes are psychologically channelized by the ways in which he anticipates events."(개인의 과정은 그가 사건을 예견하는 방식에 의해 심리적으로 통로화된다.)

는 것을 가정한다. 이것은 유기체가 기본적으로 행동하는 유기체라는 것을 말한다. 인간은 일시적으로 활동하는 상태에 있는 대상이 아니라 그 자체가 활동의 형태이다.

(3) 심리적으로(psychologically)

이는 인간이 다루려고 의도하는 영역의 유형을 지적하는 말이다. '심리적'이란 말은 과정이 그 밖의 어떤 것보다 심리적이라는 것이 아니라, 우리가 과정을 심리적으로 개념화한다는 것을 의미한다.

(4) 통로화된(channelized)

이는 인간이 개인의 과정을 광대한 빈 공간에서 허우적거리는 것보다는 네트워크를 통해 조작하는 것으로 생각한다는 것이다. 네트워크는 그만큼 유동적이며 수정되지만, 구조화되어 있으며 개인의 행동범주를 촉진하고 제한하기도 한다.

(5) 방식(ways)

이는 통로가 목적에 대한 수단으로서 확립되었다는 것을 의미한다. 다시 말해 통로는 개인의 목적을 성취하기 위해 창조한 방식에 의해 설정되는 것이다.

(6) 그가(he)

이는 방식의 주체를 강조한 말이다. 즉, 조작이 이상적으로 수행될 수 있는 방식보다는 차라리 개인이 조작을 선택하는 방식을 강조한다.

(7) 예견하는(anticipates)

이는 인간이 이론 내에서 예언적 및 동기적 특징을 형성하는 것이다. 과학자의 원형처럼, 인간은 예언을 추구한다. 그의 구조화된 통로의 네트워크는 그가 미래를 예견할 수 있도록 미래를 지향하여 이끄는 기능을 가진다.

(8) 사건(events)

이는 궁극적으로 인간은 실제적 사건을 예견하는 것을 추구한다는 것이다. 예견은 단순히 그 자체를 위해 수행되지 않고, 미래 현실이 보다 훌륭하게 설명될 수 있도록 수행된다. 켈리의 개인구성개념은 과학적 과정과 같다. 이른바 어떠한 전제로부터 관찰이나 실험을 통해 예견을 하고, 그것이 경험과 행동 속에 자리 잡게 되는 것이다. 만약에 창 밖에 크고 거대한 소리가 들린다면, 보통 사람들은 그것을 정확하고 완전하게 보려고 하지 않는다. 다만 그의 예견으로 생각하며 바라볼 뿐이다. 이른바 그것이 새나 아이들이 놀며 떠드는 것으로 생각할 수 있다.

4) 사회복지실천과의 연관성

켈리는 인간의 성격을 연구하는 데 있어서 인지적 과정을 강조하는 개인 구성개념(personal construct)이론을 제안했다. 이는 인간이 자신이 접하는 세계를 조직화하고 해석하는 방식으로서, 그러한 구성개념에 의해 사건을 예견한다는 것이다. 그 까닭에 모든 사람들은 과학자처럼 자신만의 이론과 가설인 개인구성 개념을 만들며, 그것에 의해 삶 속에서 일어나는 사건들을 예언하고 통제한다고 봤다. 결국 사람들의 행동이 다른 것은 그들이 세계를 해석하는 방식이 다르기 때문임을 알 수 있다.

켈리의 개인구성개념에 대한 사회복지실천과의 연관성에 대한 내용은 다음과 같다.

첫째는 클라이언트는 단순히 사건에 반응하는 것이 아닌 표상하고 기대할 수 있는 능력을 지닌 과학자로 보는 인간본성에 대한 모델이다. 이때 사회복지사의 역할은 클라이언트가 특정한 가설을 세우고, 그 가설을 실험해 보고, 그 결과를 보고 수정해보도록 도와주는 데 있다.

둘째, 클라이언트 자신이 이해한 다른 사람의 관점을 적극적으로 실행해 보는 과정으로서의 '역할'이라는 개념이다. 클라이언트가 행하는 '역할'이란 타인의 안경을 통해 다른 사람을 보고자 하는 시도로서 사회복지사는 역할시연 기법을 통해 클라이언트 스스로 새로운 개인구성개념을 형성하는데 도움을 줄 수 있다. 즉, 사회복지사는 클라이언트에게 의해 실시되는 역할은 클라이언트의 삶에서 그가 이해한 다른 사람의 관점에서 특정한 사람의 역할을 해보도록 권장하는 것이다.

셋째, 켈리의 역할시연기법으로 한 고정역할 치료는 사람들이 새로운 조망을 얻도록 돕기 위하여, 그리고 보다 편리한 생활방식을 생성하기 위하여 고안된 치료 절차로 사용할 수 있다. 고정역할 치료는 클라이언트로 하여금 자기스스로 새로운 방식으로 표현하도록 하고, 새로운 방식으로 행동하게 하고, 새로운 방식으로 이해하도록 함으로써 새로운 사람이 되도록 하는 것이다. 이를 통하여 클라이언트의 탐구정신을 촉진시키고, 창조적인 과정을 통해 개인구성개념을 형성하도록 사회복지사는 도움을 줄 수 있다.

CHAPTER 04

인간행동에 관한 주요 이론: 행동주의이론

1 스키너(Skinner)의 행동주의이론

1) 생애

스키너(Burrhus Frederick Skinner, 1904~1990)는 1904년 3월 미국 동북부 펜실베니아의 서스퀘한나(Susquehanna)에서 태어났고 1990년에 사망했다. 1928년 하버드대학의 심리학과 대학원에 입학하여 파블로프와 왓슨이 연구한 동물행동을 전공하여 1931년 박사학위를 받았고 당시의 손다이크(E. E. Thorndike, 1874~1949)의 학습이론, 톨만(Edward Chance Tolman, 1886~1959)의 의도적 행동주의(Purposive behaviorism) 그리고 파블로프의 실험 등을 바탕으로 행동주의 학습이론을 체계화시켰다.

스키너는 1936~1945년까지 미네소타대학에서 강의하였고 1941년 구겐하임의 연구원으로 재직하였고 1945년 인디애나대학의 심리학과 학과장이 되었다. 1948년 하버드대학으로 다시 돌아와 심리학 교수로 활동하다가 1974년 은퇴 후에도 정규적으로 하버드대학에 나가서 새로운 프로젝트에 다양하게 개입하였다.

스키너는 행동주의이론에서 중요한 '과학과 인간의 행동', '강화의 조건', '행동의 분석', '행동주의와 사회에 대한 고찰' 등 방대한 양의 책들을 집필하였다. 그는 인간행동의 연구에 철저하게 객관적인 접근을 주장했으며, 관찰할 수 없는 무의식, 자유의지, 인지 등을 강조하는 정신분석, 인본주의, 인지심리학의 입장에 반대하였다. 스키너는 1990년 8월 18일 백혈병으로, 86세의 일기로 세상을 떠났다.

2) 주요 개념

스키너는 단지 인간에게 영향을 주는 환경 내의 변인과 힘에 초점을 두고 직접적으로 관찰될 수 있는 행동을 연구하는데 기초한 주요 개념들을 제안했다.

스키너의 주요 개념으로 파블로프의 고전적 조건화, 왓슨의 고전적 조건형성, 스키너의 조작적 조건화, 변별자극, 강화, 처벌, 소거, 강화물의 유형, 강화계획, 일반화와 변별, 행동형성(행동조성) 등 중심으로 살펴보고자 한다.

(1) 고전적 조건형성 및 파블로프식 조건형성

초기 행동주의이론인 고전적 조건화(classcial conditioning)는 새로운 자극에 의하여 반응을 일으키게 하는 것으로 러시아의 생리학자 파블로프(Pavlov, 1928)의 실험에 의해서 유명해졌다.

고전적 조건형성(classcial conditioning)과 반응성 조건형성은 같은 의미로서 스키너는 파블로프(Pavlov)의 조건형성에 대해 다른 심리학자들이 주로 사용하는 고전적 조건형성대신 반응적 조건형성이라는 표현을 사용했다.

고전적 조건형성은 자동적 반응을 일으키는 자극과 연합된 중립자극도 나중에는 반응을 유발하게 된다는 의미로, 자극들 간의 연합에 의해 반응적 행동이 유발되는 것을 말한다. 즉, 고전적 조건형성의 강조점은 자극들 간의 연합에 의해 생성되는 반응으로 본다.

고전적 조건형성의 예를 들어 보면, 파블로프의 개 실험을 통한 고전적 조건반사 연구로서 '개에게 고기를 주기 전에 매번 종을 울리면 그 개는 점차 종소리만 듣고도 침을 흘리게 된다'는 것이다. 파블로프의 실험에서 음식에 의한 침의 발생은 선천적인 것이며, 종소리에 의한 침의 발생은 학습된 것이라고 할 수 있다.

인간에게 있어서 고전적 조건화는 연상적 학습을 설명해 준다. 가령, 물에 대한 공포 연상이 일생동안 물에 대한 회피나 기피증을 가져 올 수 있다. 그리고 고전적 조건형성은 임상적인 장면에서 자신이 속한 환경이나 문화에서 정상적인 감정이나 태도를 학습하지 못한 사람에게 재학습시키는 방법으로 많이 사용하고 있는데, 그 예로 혐오치료법, 체계적 둔감법 등이 있다.

(2) 왓슨의 고전적 조건형성

왓슨(Watson, 1913)은 행동주의란 인간행동을 예견하고 통제하는 것에 목적을 둔 자연과학이라고 정의하였고 행동이란 적절한 자극을 선택함으로써 형성될 수 있다고 강조하였다. 왓슨은 처음에 흰 쥐를 무서워하지 않던 Albert라는 생후 11개월 된 유아에게 자극을 조건화하여 흰쥐에 대한 공포반응을 만들어 내었다.

왓슨은 그 유아가 공포반응을 일으키는 자극(큰 소리: 무조건 자극)과 쥐의 출현을 동시에 짝 지음으로써 공포반응이 일어나는 것을 보여 주었다. 자극에 대한 반응이 반복적으로 연관 지어지면 이것은 습관이 되고 조건화된 자극-반응(S-R)의 관계를 이룬다. 왓슨은 이러한 연상적 과정이 자연스럽게 반영되는 것이라고 보았지만 이것이 습관을 형성하는 요소인 강화라고 생각하지는 않았다.

오히려 학습이 자극과 반응사이의 밀접한 관계의 기능이라고 믿었다. 왓슨은 환경이 유아나 아동의 발달을 형성하는 큰 힘을 갖고 있다고 보았고, 인간 성격에 대한 초기의 훈련은 한 유아나 아동을 어떤 종류의 성인으로도 만들 수 있다고 했다.

(3) 조작적(도구적)조건형성·스키너의 조건형성

조작적 조건화란 고전적 조건화와 달리 유기체가 원하는 결과를 얻기 위하여 실행하는 자발적이며 능동적인 반응이다. 조작적이라는 용어는 유기체가 원하는 결과를 얻기 위해 선택적으로 환경에 작용하는 것을 의미한다.

조작적 조건화와 고전적 조건화와 차이를 보면 고전적 조건화는 자극 간 연합에 의해 생성되지만 조작적 조건화는 행동과 결과 사이의 연합에 의해 생성된다. 즉, 조작적 조건화의 강조점은 바로 '행동의 결과'이다. 또한 조작적 조건화는 행동의 결과가 어떤가에 따라 행동이 달라지며 특정행동의 결과가 긍정적이면 행동이 증가하고 부정적이면 감소하는 경향이 있다.

스키너의 행동적 학습은 어떤 강화가 없으면 일어나지 않는다고 보고 조작적 조건화의 개념을 활용하여 인간행동을 수정할 수 있는 다양한 행동적 기법을 개발하여 임상에서 적용하였고 대부분의 치료에서 조작적 조건화의 원리를 응용한다.

대표적인 예로는 스키너의 쥐실험으로 쥐가 우연히 지렛대를 누르면 음식이 나나오는데, 이는 우연한 행동의 결과가 긍정적이 된다는 것이다. 즉, 우연히 지렛대를 누를 때마다 음식이 나오고 이러한 우연한 행동에 대한 결과가 계속 긍정적으로 되어 쥐가 지렛대를 누르는 행동이 반복되어 쥐가 조건화된다는 것이다.

고전적 조건형성(operant conditioning)에서 나타난 자극에 반응되는 수동적 반응행동(respondent-behavior)과 구별된 개념으로 조작적 조건형성에서는 자발적으로 행동하는 조작행동(operant-behavior)을 제시했다. 예를 들어 스키너의 쥐실험에서 쥐는 '먹이를 먹기 위해' 지렛대를 조작하는 행동을 통해 자발적 행동이 조건형성되었다. 이에 비해 파블로프 실험에서의 개는 개가 자발적으로 침을 흘리고 말고 여지가 없는 그저 수동적인 행동이었을 뿐이다(침이 나오니까 그저 흘릴 뿐인 파블로프 실험의 개와 어느 순간부터 자기가 알아서 지렛대를 조작하는 쥐와는 서로 차원이 다르다는 것임).

(4) 변별자극

변별자극(discriminative stimulus)이란 특정한 반응이 보상받거나 혹은 보상받지 못할 것이라는 단서 혹은 신호로서 작용하는 자극을 말한다. 즉 어떤 행동이나 반응을 나타내면 바람직한 결과를 얻을 수 있을 것인지 알 수 있는 신호로 인간은 변별자극으로 외적세계를 예측하고 통제하는 것이다. 예를 들면 벽에 낙서했을 때 선생님의 무서운 얼굴 표정을 지으면 이는 처벌을 받는다는 신호로 일종의 변별자극이다.

변별자극이 인간행동을 완전히 통제할 수 있는 것은 아니다. 그러나 어떤 바람직한 결과를 성취하거나 덜 위협적인 결과를 성취하려면 어떤 행동을 선택해야 할지를 알려 주는 기능을 하기 때문에 인간은 변별자극을 통하여 자신의 외부세계를 더 잘 관리하고, 예측하며 통제할 수 있게 된다.

(5) 강화

강화(reinforcers)란 보상을 제공하여 행동에 대한 반응을 강력하게 하는 것을 말한다. 행동의 결과는 그 반응을 증가시키거나 약화시킨다. 반응을 증진시키는 결과를 강화물이라 하고 반응을 감소시키는 결과는 처벌이라고 한다.

강화에는 즐거운 결과를 부여하여 행동재현을 가져오도록 하는 정적강화(positive reinforcement)와 혐오스러운 결과를 제거함으로써 바람직한 행동재현을 유도하는 부적강화(negative reinforcement)가 있다. 먼저 정적강화는 즐거운 결과를 부여하여 행동재현을 가져오게 하는 것으로서 음식, 돈, 칭찬과 같은 것이며 그 다음 부적강화는 혐오스러운 결과를 제거함으로써 바람직한 행동재현을 가져오는 것이다. 즉, 귀찮은 사람을 피해서 걷거나 우는 아이에게 관심을 주지 않는 것처럼 불쾌한 결과를 나타내지 않고 철회하는 것이다.

이 두 가지의 강화는 모두 특정한 행동을 증가시키는 목적을 가진다는 면에서 공통적이며 차이점은 정적강화는 정적강화물, 부적강화는 부적강화물을 제거함으로써 특정행동의 빈도를 증가시키는 데 차이가 있다.

(6) 처벌

처벌(punishment)은 어떤 행동을 했을 때 혐오스러운 결과를 주거나 정적 강화물을 제거함으로써 특정행동의 빈도를 줄이는 것으로서 행동수정의 한 방법으로 부적 강화와는 다른 개념이며 부적 강화와는 반대의 효과를 지니고 있다. 즉, 행동빈도를 증가시키는 수단이 혐오스러운 자극을 제거하는 것일 때 이는 부적 강화라 한다. 그러나 처벌은 그것이 정적이든 부적이든 행동빈도를 감소시키는 것을 의미한다.

처벌은 강화와는 달리 새로운 행동을 학습하게 해 주지는 않지만 때로는 인간행동의 변화를 위해 필요하다. 그러나 처벌의 효과를 유지하기 위해서는 지속적인 감독이 필요하다.

(7) 소거

소거는 더 이상 강화를 받지 못해서 행동이나 반응이 사라지거나 약화되는 것이다. 즉 반응이 강화를 통해 그것의 빈도가 증가된 이후에 그러한 반응이 강화되는 것이 완전히 중단되면, 그 반응이 일어날 빈도는 감소될 것이다. 이렇게 형성된 조작행동이 줄어들거나 나타나지 않는 것을 소거(extinction)라고 한다.

소거는 행동빈도를 감소시키거나 제거하는 것을 목적으로 한다는 점에서는 처벌과 같다. 다만 처벌은 그러한 목적을 위해 좋은 자극을 제거하거나 혐오스러운 자극을 제시하는 방법을 사용하지만 소거는 무엇인가를 제시하거나 철회하는 것이 아니라 아무런 강화도 주지 않은 방법을 사용한다는 데에 차이가 있다.

소거의 원리는 조건반응이 형성된 후에라도 무조건자극은 주지 않고 조건자극만을 계속해서 제시하며 조건반응은 점차 약해지고, 마침내 반응 자체가 일어나지 않게 된다.

(8) 강화물의 유형

스키너는 두 가지 유형의 강화물, 즉 일차적 강화물(primary reinforcers)과 이차적 강화물(secondary reinforcers)에 대해 설명하였는데, 일차적 강화물은 다른 강화물과 연합하지 않은 보상 그 자체로 사람들이 귀중하다고 여기는 대상과 활동이 포함된다. 즉 음식, 물, 사탕, 따뜻함 등과 같은 무조건자극으로서 이는 학습이 필요하지 않는 것들이다.

반면에 이차적 강화물(secondary reinforcers)은 다른 강화물과 함께 학습되어 강화물로 기능하는 것, 즉 조건적 강화를 통하여 학습되고 개발된다. 예를 들면 돈 또는 일천만 원짜리 수표 그 자체는 질 좋은 종이 한 장에 불과하지만 그것이 다른 보석과 연합할 때 가치 있는 것이 되는 것이다. 즉 돈이 가치 있는 것은 그것이 다른 일차적 강화물과 연합하기 때문이며 돈, 관심, 칭찬, 애정과 같은 이차적 강화물은 인간행동을 형성하는 데 있어서 매우 중요하다.

(9) 강화계획

강화계획(reinforcement schedule)은 조작적 행동이 습득되고 유지될 수 있도록 강화물을 제시하는 빈도와 간격의 조건을 나타내는 규칙이다. 즉 행동을 통제하기 위해 어떤 반응을 어떻게 강화할 것인지에 대한 계획이다.

강화계획에는 연속적 강화계획과 간헐적 강화계획으로 나누어지는데, 먼저 연속적 강화계획은 행동이 일어날 때마다 강화물을 제시한다. 초기단계에서 어떤 행동을 시작하고 강화하는 데는 유용하지만 강화가 중지되면 그 행동이 소거될 가능성이 있다. 그리고 간헐적 강화계획은 간헐적으로 강화물을 제시하는 것이다. 간헐적 강화 계획에는 일정한 시간이 지난 다음에 발생한 행동만을 강화하는 간격강화계획과 일정한 수의 반응을 한 다음에 한 번씩 강화해 주는 비율강화계획이 있다.

① 고정간격 강화계획

고정간격 강화계획(FI: Fixed-Interval schedule)은 특별히 정해진 시간간격에 따라서 강화를 준다. 즉, 바로 이전의 강화로부터 계산해 일정한 시간이 흐른 후 반응에 대하여 강화하는 것, 특정한 시간간격을 정해놓고 시간마다 강화가 주어지는 것이다. 시간간격이 길수록 반응빈도는 낮아진다. 예를 들면 공부하는 딸에게 한 시간에 한 번씩 규칙적으로 간식을 주는 것, 1시간 동안 6번의 강화를 줄 경우 10분마다 강화를 주는 것 등이다. 이러한 행동은 고정간격스케줄의 전형적인 예이다. 만약 고정적으로 정해진 시간에 따라서 강화를 준다면 유기체는 단지 강화를 얻기 위해서 반응을 보일 것이다. 그리고 고정간격스케줄을 실시하면, 강화를 제공하는 시간이 임박하면 강화 받는 행동이 극대화되다가 일단 강화를 얻고 난 후에는 그 행동이 급격하게 줄어든다.

② 변수간격 강화계획

변수간격 강화계획(VI: Variable-Interval schedule)은 강화가 일정한 시간간격에 따라 일어나다가 강화사이의 간격이 불규칙해지거나 평균시간이 지난 뒤 행동에 강화를 주는 것이다. 즉 일정한 시간의 한도 내에서 강화를 주는 시간조정을 다양하게 한다. 강화시행의 간격이 다르며 평균적으로 확인할 수 있는 시간간격이 지난 후 강화한다. 예를 들어 10분 내에 다섯 번의 강화를 준다고 할 때, 2분 30초에 한 번의 강화를 주고, 그 다음에는 각각 3분 50초, 7분, 8분 10초, 그리고 10분에 강화를 준다. 강화를 제공하는 시간이 일정하지 않지만 10분 동안에 다섯 번의 강화를 주기 때문에 평균시간은 2분이다.

③ 고정비율 강화계획

고정비율 강화계획(FR: Fixed-Ratio schedule)은 어떤 특정한 행동이 일정한 수만큼 일어났을 때 강화를 주는 것이다. 즉 특정한 반응빈도를 보일 때마다 강화를 준다. 예를 들어, 전체 열 번의 반응을 나타내는 동안 다섯 번의 강화를 제공한다면 두 번의 반응이 나타날 때마다 강화를 준다. 예를 들어 일정한 수만큼의 물건을 만들었을 때 특정한 액수의 보수를 지급하는 것, 책 한권을 썼을 때마다 원고료를 주는 것. 과수원에서 한 바구니의 과일을 딸 때마다 보수로 5,000원씩 지급하는 것 등이다.

④ 변수비율 강화계획

변수비율 강화계획(VR: Variable-Ratio schedule)은 강화를 받는데 필요한 반응의 수가 어떤 정해진 평균치 범위 안에서 무작위로 변하는 것으로서 다음 강화가 언제 일어날지 예측 할 수 없으므로 반응률은 높고 지속적이다. 즉 특정한 반응이 나타날 때마다 강화를 주지만 반응의 빈도를 고정적으로 하지 않고 빈도를 다양하게 정하여 그 빈도에 따라서 강화를 준다. 예를 들면 열 번의 반응이 나타나는 동안에 다섯 번의 강화를 준다면 1회, 3회, 6회, 7회, 10회의 반응이 있을 때 강화를 제공한다. 이 강화스케줄은 높은 비율의 반응을 발생시킨다.

강화계획의 종류와 내용을 요약하면 다음의 〈표 4-1〉과 같다.

〈표 4-1〉 강화계획

강화계획 종류		내 용
1. 연속적 강화		• 강화물이 일어날 때 마다 강화물을 제시함.
2. 간헐적 강화	(1) 고정간격 강화계획	• 특정한 시간간격을 정해놓고 그 기간이 경과한 후 강화를 주는 것. 예) 1시간에 한번씩 규칙적으로 간식을 제공함.
	(2) 변수간격 강화계획	• 평균적인 시간이 지난 뒤 행동에 강화를 주는 것. 예) 1시간 안에 아무 때나 간식을 주는 것.
	(3) 고정비율 강화계획	• 특정한 행동이 일정한 수만큼 일어났을 때 강화를 주는 것. 예) 과일 한 바구니를 딸 때마다 5,000원의 보수를 지급함.
	(4) 변수비율 강화계획	• 평균 몇 번의 반응이 일어난 후 강화를 주는 것. • 다음 강화가 언제 일어날지 예측할 수 없음. 예) 도박장의 슬롯머신

출처: Skinner, 1953, 재구성.

(10) 변별과 일반화

스키너는 건강한 성격은 일반화와 변별의 능력을 혼합한 결과라고 보았다.

① 일반화

일반화(generalization)는 변별과 대립되는 개념으로, 강화된 행위가 다양한 관련 상황으로 확정되는 것으로서 특정상황에서도 반응을 보이던 것이 그와 비슷한 다른 상황 속에서도 반응을 보이게 되는 것이다.

일반화에는 자극일반화와 반응일반화가 있다.

먼저 자극일반화는 어떤 자극이나 상황에서 강화를 받았던 행동이 다른 자극이나 상황에서도 나타날 가능성이 증가하는 것이다. 예를 들면, 담임선생님께 인사하기를 배웠는데 다른 선생님이나 다른 어른에게도 인사하는 것, 동네슈퍼에서 과자값 계산하는 것을 배운 후 편의점에서도 과자값을 계산하는 것 등이다.

그리고 반응일반화는 특정자극이나 상황에서 어떤 행동이 강화된 결과, 동일 자극이나 상황에서 이와는 다른 행동이 일어날 가능성이 증가하는 것이다.

② 변별

변별(discrimination)은 주어지는 자극에 대해 선택적으로 반응을 보이는 것으로서 자극일반화와 이후 분화과정을 통해 나타나는 것으로 어떤 자극이 반응하는 행동은 강화해 주고 다른 자극에 반응하는 행동은 강화하지 않음으로써 학습된다.

또한 변별은 자신이 이전에 학습한 것을 바탕으로 사람들은 자극변별을 학습한다. 그리고 변별은 사회적 반응에 있어 반응을 일반화 하는 능력도 중요하지만 각기 다른 상황에서 변별을 잘하는 능력도 중요하다.

③ 행동조성

행동조성(behavior shaping)이란 유사한 반응에 대해 연속적으로 차별적 강화를 하는 과정을 의미한다. 또한 행동조성은 복잡한 행동이나 기술을 학습시키는 데 유용한 방법으로 바람직한 행동에 대해 강화하여 점진적으로 행동을 만들어 가는 과정을 말한다. 행동조성은 원하는 행동에 접근할 때마다 강화가 주어진다.

4) 사회복지실천과의 연관성

스키너는 조작적 조건형성의 원리를 적용하여 부적응적인 행동이 부적응적 학습의 결과라고 생각하면서 보다 바람직한 학습을 통해 부적응적 행동을 수정하려는 시도를 하였다. 이러한 치료적 접근을 행동수정이라고 부르며, 심리치료에 광범위하게 적용되고 있다. 특히 스키너의 학습이론에서는 실험과 관찰을 통해 체계적인 연구가 가능하기 때문에 사회복지실천 개입의 효과성을 측정하고 제시하는 데 유용한 이론이라 할 수 있다.

스키너의 행동주의이론에 대한 사회복지실천과의 연관성은 다음과 같다.

첫째, 사회복지실천에서 사회복지사는 클라이언트의 내적 문제를 탐색하고 원인을 찾기보다 변화될 표적행동을 명확히 하고, 궁극적 목적과 하부 목표를 어떻게 달성할 것인가에 대하여 사회복지사와 클라이언트가 구체적으로 사정 및 개입 계획을 세운다. 이러한 사회복지실천의 모든 과정에서 클라이언트를 최대한 관여시킴으로써 그의 행동변화를 스스로 이끌어 낼 수 있도록 한다.

둘째, 사회복지실천에서 사회복지사는 클라이언트의 행동평가를 위해 목표행동 혹은 목표반응이라고 불리는 클라이언트의 특정행동을 확인하고 목표행동을 도출하거나 강화하는 특정 환경요인을 확인한다. 또한 클라이언트의 행동을 변화시키기 위한 긍정적인 보상을 적용하여 바람직하지 않는 행동이 수정되어 바람직한 행동으로 강화하도록 한다.

셋째, 사회복지실천에서 사회복지사는 클라이언트가 바람직하거나 적절한 행동을 했을 경우에는 그에게 토큰을 제공하고, 토큰이 일정양이 모여지면 클라이언트가 원하는 특권, 예를 들면 화장실 청소를 안 하는 것, 휴가를 가는 것이나, 옷이나 용돈 등의 물건과 교환할 수 있는 등의 제공이다. 특히 사회복지사가 클라이언트에게 토큰경제의 기법을 제공함으로써 바람직한 클라이언트 행동강화에 도움을 줄 수 있다.

2 반두라(Bandura)의 사회학습이론

1) 생애

사회학습이론의 제안자인 반두라(Albert Bandura, 1925~)는 캐나다 알버타(Alberta)의 밀밭 사이에 위치한 작은 농촌지역에서 폴란드계 밀 농사꾼의 아들로 1925년에 태어나 성장하였다.

1949년에 반두라는 캐나다 밴쿠버에 있는 브리티쉬 콜럼비아(British Colunbia)대학에서 심리학 학사학위를 받았다. 그 후 캔사스주 휘치타(Wichita)에 있는 생할지도센터에서 1년 동안 인턴십을 한 후, 1953년부터 지금까지 스탠포드대학에서 심리학과 교수로 지금까지 재직 중에 있으며 1972년 심리학계에 끼친 공로를 인정받아 미국심리학회로부터 우수과학자상을 수상했다. 또한 반두라는 1973년에는 미국심리학회 회장으로 선출되기도 했다. 1974년 미국심리학회의 회장으로 선출되는 것을 포함하여 수많은 상을 받았다.

반두라는 대학원 공부를 위해 학습이론 분야에서 오랜 전통을 가지고 있는 미국 아이오와(Iowa)대학에 입학하여 1952년 박사학위를 받았다. 아이오와대학 교수들 중 반두라에게 영향을 준 사람은 학습이론가이면서 교육심리학자인 스펜스(Kenneth Spence)였다.

그의 저서로는 Richard Walters와 공저 『청소년의 공격성』(1959), 『사회학습과 성격발달』(1963), 『행동수정의 원칙』(1969), 『공격성: 사회학습의 분석』(1973), 『사회학습이론』(1977) 등이 있다. 1972년 미국 심리학회로부터 우수과학자상을 수상하였고, 그는 1974년 미국심리학회의 회장이 되었으며 전문적인 연구자, 교사, 이론가의 탁월한 모델, 혁신적인 실험자로 사회학습이론에 많은 영향력을 끼쳤다. 반두라는 1953년부터 스탠포드대학 심리학과 교수로 재직하였다.

2) 주요 개념

반두라의 사회학습이론을 이해하는데 필요한 주요 개념인 모델링, 인지, 자기조정·규제, 자기강화와 자기효율성, 상호결정론, 그리고 관찰학습에 대해 살펴보면 다음과 같다(Bandura, 1977, 1978, 1986, 1989; Engler, 1999; Pervin & John, 2001; Forte, 2007; 노안영·강영신, 2011).

(1) 모델링

모델링(modeling)은 다른 사람의 행동을 관찰한 후 그 행동을 학습하여 따라하는 것을 의미하며 학습을 위해서는 실질적 행동을 반드시 수행하지 않아도 된다. 또한 모델링은 관찰학습이라고도 하는데, 이는 어떤 사람의 특정행동을 관찰만 해도 행동할 수 있기 때문이다.

반두라는 모델링이 사회학습에서 중요한 과정이라 하였고 모델링의 긍정적·부정적 효과에 대한 연구를 통해 모델링 행동은 그 결과가 어떻게 되느냐에 따라 관찰자에게 영향을 미친다고 밝혔다.

(2) 인지

인간은 심상, 사고, 계획 등을 할 수 있는 존재이므로 장래를 계획하고 내적 표준에 근거하여 자신의 행동을 조정하며 자신의 행동결과를 예측할 수 있다. 학습된 반응을 수행하는 의지는 인지의 통제 아래 있기 때문에 사회적 학습은 인지적 학습이라고 할 수 있다.

(3) 자기조정

자기조정(self-regulation)은 자기 자신의 행동에 영향력을 행사할 수 있는 개인의 능력을 의미하며 수행과정, 판단과정, 자기반응과정으로 구성된다.

반두라는 많은 인간행동은 자기강화에 의해 조정된다고 간주하였다. 인간의 행동은 외적 보상 및 처벌의 지배를 받기도 하지만, 그 외에 어떤 행동이 보상을 받을지는 개인적 기준인 스스로 강한 '내적 기준'의 지배를 받기도 한다.

(4) 자기강화와 자기효능감(자기효율성)

① 자기강화

자기강화(self-reinforcement)는 자신이 통제할 수 있는 보상을 자기 스스로에게 줌으로써 자기 행동을 개선 또는 유지하는 과정이다. 각 개인이 수행 또는 성취의 기준을 설정하고 자신의 기대를 달성·초과하거나 혹은 수준에 못 미치는 경우 스스로에게 보상이나 처벌을 내린다는 개념이다.

② 자기효능감

자기효능감(self-efficacy)은 자기효율성이라고도 하며, 어떤 행동을 성공적으로 수행할 수 있다는 개인의 신념을 의미한다. 즉, 자기효능감은 바람직한 효과를 산출하는 행동을 성공적으로 수행 할 수 있다는 개인의 신념을 가리킨다.

자기효능감은 개인 특별한 상황에서 자신의 행동능력에 대한 믿음을 말한다. 따라서 높은 자기효능감은 개인이 특별한 행동을 수행할 수 있는 강한 신념을 반영하는 반면에, 낮은 자기효능감은 개인이 그러한 행동을 수행할 수 없다는 신념을 반영한다.

(5) 상호결정론

반두라는 개인, 행동, 환경이라는 개념을 사용한다. 이들 요소들은 지속적으로 상호작용하며 이를 통해 서로 영향을 주고받으며 발달한다고 보았다. 환경의 조절로 인간행동을 변화 또는 수정할 수 있고 환경을 적절히 조절하면 학습의 의도한대로 조절이 가능하다. 하지만 인간의 합리성도 중요한 변수로 작용한다.

상호결정론은 환경자극이 인간행동에 영향을 주지만, 신념, 기대와 같은 것이 인간의 행동방식에 영향을 준다는 가정이다. 반두라는 특히 세 가지 요인, 즉 인지 및 다른 사람요인, 행동, 환경영향이 서로의 결정요인으로서 상호작용한다는 점에서 '세 요인 상호결정론'을 가정하였다.

이와 같이 반두라는 세 요인간의 상호작용의 상호적 본질을 강조하기 때문에 상호결정론이 의미가 있다고 믿는다. 역시 많은 심리학자들은 행동이 사람과 환경의 상호작용에 비롯된다는 반두라의 입장에 동의하고 있다.

(6) 관찰학습

관찰학습이란 인간이 단순한 환경적 자극에 대한 반응을 통하여 행동을 학습하는 것이 아니라 타인들의 행동을 관찰함으로써 학습한다는 것이다.

반두라는 모델이 일차적으로 정보기능을 통해서 학습에 영향을 준다고 믿는다. 관찰을 통한 학습은 단순한 모방의 문제가 아니라 적극적인 판단과 이해과정이다. 반두라는 관찰학습의 본질을 분석한 결과 네 가지 과정에 의해 관찰학습이 이루어지는 것을 발견하였다.

이러한 네 가지 과정은 주의집중과정(attentional processes), 파지과정(보존과정, retention processes), 운동재생과정(motor reproduction processes), 동기화과정(motivational processes)이다.

① 주의 집중과정

학습자가 모델에 주의 혹은 관심을 기울이지 않으면 관찰학습 혹은 모델링이 일어나지 않을 것이다. 단순히 학습자에게 모델을 노출하는 것이 학습자가 관련된 단서 및 자극사건에 주의를 기울일 것이라는 것을 보장하지는 않는다. 학습을 위해 단순히 모델을 보는 것만으로는 부족하며, 학습자는 모델을 모방하기 위해서 필요한 정보 획득을 위해 정확하게 모델을 지각해야 한다. 우리가 모델의 행동에 보다 면밀한 주의를 기울일수록, 그러한 행동을 모방할 가능성이 더 크다.

② 보존과정(피지과정)

보존과정(피지과정)은 모방한 행동을 상징적인 형태로 기억 속에 담는 것을 말한다. 이때 행동의 특징을 회상할 수 있는 능력은 관찰학습에서 매우 중요하다.

일단 어떤 행동을 관찰하면 이를 다시 어떤 형태로든 기억 속에 통합시키는데 반두라는 모방된 행동이 심상형태와 언어적 표상형태로 저장된다고 보았다. 예를 들어 관찰했던 행동을 기억하려 할 때 우리는 일련의 언어적 지시와 행동의 심상 두 가지 모두를 기억하게 되는 것이다. 이를 보존과정(피지과정)이라고도 한다.

③ 운동재생과정

운동재생과정은 모델을 모방하기 위해 심상 및 언어로 기호화된 표상을 외형적인 행동으로 전환하는 단계이다. 이때 전제조건은 신체적인 능력이다.

이 과정은 반응선택단계와 계속적인 접근단계로 구분된다. 반응선택단계는 행동유형을 분석하고 인지적으로 조직화하고 수행 할 수 있는 기술이 있는지를 판단하는것이며, 계속적인 접근단계는 행동을 재생하는 과정에서 자기가 관찰한 것과 타인이 준 피드백을 듣고 행동을 수정·조정하는 것을 말한다.

④ 동기과정

동기과정은 관찰한 것을 적절하게 수행하도록 동기유발을 시켜 행동을 통제하는 과정이다. 우리가 행동을 주의 깊게 관찰하고, 잘 유지하고, 수행할 충분한 능력을 가진다해도 동기과정이 없으면 그렇게 하지 못할 것이다. 행동은 충분한 동기가 없으면 일어나지 않는다.

또한 동기가 작동될 때, 관찰은 훨씬 빠르게 행동으로 옮겨진다. 동기는 또한 주의과정과 보존과정(파지과정)에 영향을 준다. 동기가 없으면 우리는 주의 혹은 관심은 덜 가지게 되고 관심이 적으면 그만큼 유지도 줄어든다.

3) 사회복지실천과의 연관성

반두라에 따르면 부적응적 행동은 기능장애적 학습의 결과이다. 반두라는 부모의 비정상적인 행동의 모델 형성이 정신병리학적 발달에 있어서 유의미한 인과 요인임을 제안하였고 행동은 관찰학습을 통해 학습되어지고, 직접적이고 대리적인 강화물 때문에 유지되는 경향이 있다고 강조했다.

반두라의 사회학습이론에 대한 사회복지실천과의 연관성은 다음과 같다.

첫째, 사회복지실천에서 사회복지사는 관찰, 모방 등 사회학습이론의 기법들을 적용하여 클라이언트 및 모든 사람의 행동을 명확히 인지하고 이러한 행동들이 서로 어떻게 연관되는지 관찰하는 등 사정 및 클라이언트의 문제행동을 제거하는데 도움을 줄 수 있다.

둘째, 사회복지실천에서 사회복지사는 모델링 같은 사회학습이론의 기법을 공포증, 지배적이거나 과잉공격성 등 부적응적 행동의 어려움을 갖고 있는 정신장애인에게 역할놀이, 모델링된 행동을 연습함으로써 위협적인 상황에 대한 대처방법을 가르쳐주거나 새로운 방식을 학습할 수 있는 기회를 제공해 줄 수 있다.

셋째, 사회복지실천에서 사회복지사는 자기효능감이 낮은 이상행동을 하는 성격장애인을 대상으로 반두라의 사회적 인지이론을 이용하여 이들의 자기효능감을 높임으로써 행동수행에 대한 자신감을 유발하고 강화시키는 데 도움을 줄 수 있다. 그리고 사회복지실천에서 새로운 기술의 학습이 필요한 클라이언트에게 개입하는 프로그램의 요소로 자기효능감을 적용할 수 있다. 예를 들어 재발이 잦은 알코올남용 클라이언트의 단주를 목표로 할 때, 자기효능감의 증진은 단주개입의 핵심목표가 된다.

넷째, 사회복지실천에서 사회복지사는 반두라의 상호적 결정주의이론을 적용함으로써 클라이언트의 개인요인(인지적 능력, 신체적 특성, 성격, 신념, 태도), 행동요인(이전의 경험, 사회적 상호작용 등), 환경요인(가족, 친구 사회경제적 조건 등 환경요인과의 상호작용)을 사정하고 클라이언트 개인과 환경 간의 상호작용 개입에 효과적인 도움을 줄 수 있다.

C·H·A·P·T·E·R 05

인간행동에 관한 주요 이론: 인본주의이론

1 매슬로우 (Maslow)의 욕구이론

1) 생애

매슬로우(Abraham Maslow, 1908~1970)는 1908년 뉴욕의 브루클린에서 태어나 1970년 심장마비로 사망하기까지 미국심리학계의 인본주의 운동의 가장 주목받는 인물이었다.

매슬로우의 부모는 유태계 러시아인으로 미국 뉴욕 브룩크린으로 이주하여 일곱 자녀를 두었고 그 중 매슬로우는 첫째로 출생하였다. 어린 시절 유태인 이웃이 전혀 없는 곳에서 불행하게 자랐다. 아버지 권유로 법학공부를 시작하였으나 2주 만에 그만두고 1930년 위스콘신대학에서 심리학학사를 받고 1934년에 심리학 박사학위를 받았다.

매슬로우가 위스콘신에서 심리학을 공부하기로 결심한 것은 왓슨의 행동주의에 결정적인 영향을 받아서였다. 한때 손다이크의 연구조교로 일하기도 했으며 1951년까지 브루클린대학에서 교수로 재직했다. 1951년부터 1969년까지 매슬로우는 브랜다이스대학에서 가르치면서 여러 권의 책[12]을 저술하였다. 그는 많은 상을 받았으며 1967년에 미국심리학회 회장으로 선출되었고, 인생말미에는 심리학 영역 및 일반 대중에게 막대한 영향력을 주는 인물이 되었다. 매슬로우는 62세 되던 해인 1970년 6월에 심장마비로 사망했다.

2) 주요개념

매슬로우의 주요개념은 욕구위계(생리적 욕구, 안전의 욕구, 소속과 애정의 욕구, 자기존중의 욕구, 자기실현 욕구) 및 욕구단계이론에서의 동기작용(결핍인지와 성장인지, 결핍가치와 성장가치, 결핍사랑과 성장사랑) 등이 있다. 매슬로우의 주요 개념에 대한 내용은 다음과 같다(Maslow, 1968, 1970, 1971; Schultz & Schultz, 1998; 노안영·강영신, 2011; 사회복지교육연구센터, 2013).

(1) 욕구의 위계

매슬로우는 인간의 행동을 활성화시키고 이끄는 다섯 가지 타고난 욕구위계를 제안하였다. 이러한 인간의 선천적 욕구는 생리적 욕구(physiological needs), 안전 욕구(safety needs), 소속감과 사랑 욕구(belonging and love needs), 자기존중 욕구(self-esteem needs), 자기실현 욕구(self-actualization needs)이다([그림 5-1]).

12) 매슬로우의 대표 저서: 『존재의 심리학』(Toward a Psychology of Being, 1962), 『종교, 가치, 그리고 절정체험』(Religions, Values, and Peak of Experiences, 1964), 『동기와 성격』(Motivation and Personality, 1970), 『Abraham H. Maslow』가 1972년 발행되었음.

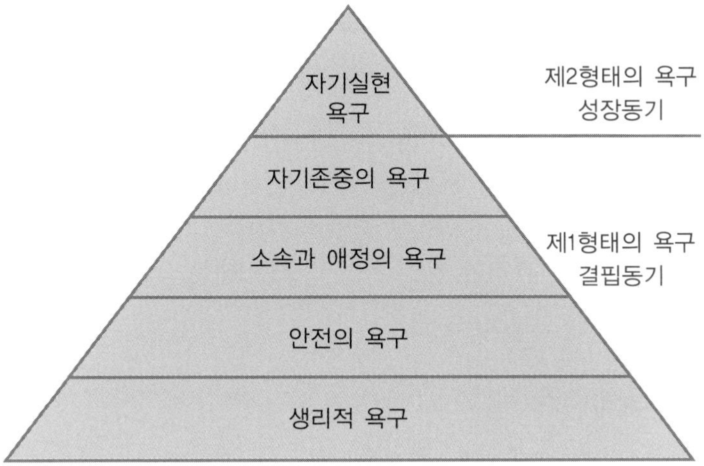

[그림 5-1] 매슬로우의 욕구체계

① 생리적 욕구

모든 욕구 중에서 가장 강력한 욕구는 유기체의 생존과 유지에 관련된 생리적 욕구이다. 즉 인간의 생존을 위해 필요한 음식, 물, 공기, 수면, 성 등에 관한 생리적 욕구가 다른 욕구에 비해서 강력하다.

② 안전욕구

질서 있고, 안정적이며, 예언할 수 있는 세계에 대한 유기체의 욕구가 안전 욕구이다. 안전 욕구의 만족을 위해 안전, 안정성, 보호, 질서, 그리고 공포와 불안으로부터의 자유가 요구된다. 매슬로우는 안전 욕구가 유아와 신경증을 보이는 성인에게서 있어 가장 중요하다고 믿었다.

③ 소속감과 사랑욕구

개인은 다른 사람과의 친밀한 관계, 특별한 친구 관계, 연인 관계를 맺기를 원하며 특별한 집단에 소속되기를 바란다. 매슬로우는 과학기술이 발달된 현대사회에서 소속감 및 사랑욕구가 충족되기가 더욱 어려워지고 있다는 것을 지적하였다.

사랑 욕구는 사랑을 주거나 받는 욕구를 말하는데, 이러한 욕구는 다른 사람과 긴밀한 따뜻한 관계 속에서 충족될 수 있다.

④ 자기존중 욕구

개인은 소속감과 사랑의 욕구를 채우게 되면, 그 다음으로 자기존중의 욕구를 갖게 된다. 매슬로우가 강조한 자기존중 욕구는 자신으로부터의 존중과 타인으로부터의 존중 욕구를 포함하고 있다.

⑤ 자기실현 욕구

발달의 마지막 단계이며 최고의 단계로서의 자기실현은 자신의 모든 잠재력과 능력을 인식하고 충족시키는 것을 말한다. 자기실현은 자신의 잠재력을 최고로 발휘함으로써 자신이 되고자하는 사람이 되는 것이다. 자기실현욕구는 자연스럽고 필요한 것이지만 인류의 극소수(1% 미만)만이 달성한다고 한다.

(2) 욕구단계이론에서의 동기작용

매슬로우는 다른 이론의 욕구개념과 구별하기 위하여 다음 두 가지 형태로 구분하였는데 첫 번째, 제 1형태의 욕구는 기본적 욕구 또는 결핍성의 욕구로 음식, 물, 쾌적한 온도, 신체의 안전, 애정, 존경의 욕구 등이다.

두 번째, 제 2형태의 욕구는 성장욕구 또는 자기실현의 욕구로 잠재능력, 기능, 재능을 발휘하려는 선천적 욕구로 심리적 건강을 유지하고 완전한 성장을 이루려면 성장욕구를 만족시켜야 한다.

다음은 욕구단계이론에서의 동기작용에 필요한 동기들이다(Maslow, 1968, 1970, 1971; 노안영·강영신, 2011; 사회복지교육연구센터, 2013).

① 결핍동기와 성장동기

가. 결핍동기

결핍동기(deificiency motivation)는 유기체 내에 있는 부족한 어떤 것을 충족시키려는 욕구를 말한다. 결핍동기의 대표적 예는 기아, 고통, 공포 등이다. 결핍동기는 결핍상태를 방지하려는 동기로 동기위계에서 하위욕구들인 생리적 욕구와 안전욕구 등이 여기에 속한다.

나. 성장동기

성장동기(growth motivation)는 유기체가 일차적으로 현재 상태에서 즐거움과 만족을 느끼면서 긍정적으로 가치 있는 목표를 추구하는 것을 의미한다. 성장동기는 인간의 잠재력을 실현하려는 동기로 욕구위계의 자기실현 욕구와 일치하는 동기이다. 대표적 예는 정의, 선, 미, 질서, 조화, 완전, 가치충족 등이다.

② 결핍인지와 성장인지

가. 결핍인지

결핍인지(deficiency cognition)에서 대상은 단지 욕구충족자로서, 즉 목적에 대한 수단으로서 인식된다. 결핍인지는 욕구가 강할 때 자주 나타난다. 강한 욕구를 가진 개인은 단지 욕구충족과 관련하여 환경을 자각한다.

나. 성장인지

성장인지(being cognition)는 기본적 동기가 충족된 사람은 욕구에 대한 반응에 있어 자신의 지각을 덜 왜곡하는 경향을 보인다. 기본적 태도는 있는 그대로를 인식하는 것이다.

③ 결핍가치와 성장가치

가. 결핍가치

결핍가치는 구체적인 목표 대상에 지향된 가치이다. 매슬로우는 결핍가치에 대해서는 분명하게 설명하지 않았다.

나. 성장가치

매슬로우는 성장가치에 대해 많은 관심을 가지고 있었다. 모든 개인은 태어날 때부터 성장가치를 갖고 태어난다. 매슬로우는 '가장 높은 가치는 인간성 그 자체 내에 존재하며 발견되는 것이다. 이것은 가장 높은 가치가 초자연적인 신 혹은 인간성 외의 다른 원천에서 비롯되었다는 오래되고 관습적인 신념과는 매우 대립되는 것이다'고 지적하였다.

④ 결핍사랑과 성장사랑

가. 결핍사랑

결핍사랑은 타인이 자신의 욕구를 충족시켜 주기 때문에 타인을 사랑하는 것이다. 이러한 사랑은 이기적 종류의 사랑은 강화된다.

나. 성장사랑

성장사랑은 타인의 성장을 위한 사랑이다. 성장사랑을 가진 사람은 비소유적이며 이기적인 관심에서 비롯된 사랑이다. 개인이 이러한 방식으로 충족되면 될수록 이러한 종류의 사랑은 강화된다.

이와 같이 욕구단계이론에서의 동기작용에 필요한 동기들을 살펴보았는데, 이러한 내용을 요약·설명하면 다음 〈표 5-1〉과 같다.

〈표 5-1〉 매슬로우의 욕구단계에 따른 결핍 및 성장 상태

욕구단계	결핍상태	성장상태	예
생리적 욕구	배고픔, 갈증, 성적인 좌절, 긴장, 피로, 질병	편안함, 긴장의 해소, 감각의 만족감, 신체적인 건강	좋은 음식을 먹은 후에 누리는 만족
안전 욕구	주거의 결핍, 불안, 갈구, 상실감, 두려움, 강박감	안락함, 안전, 균형, 평정, 안정	안정된 직업에서 갖는 안전감

〈표 5-1〉 계속

욕구단계	결핍상태	성장상태	예
소속과 애정의 욕구	과잉 자의식, 바라지 않는 느낌, 무가치한 느낌, 공허함, 고독, 고립, 불완전함	평온, 평정, 자유로운 감정표현, 온전한 감정, 자애로운 감정, 생명과 힘이 솟는 느낌	사랑의 관계에서 전체적인 수용의 경험
자기존중의 욕구	무능력한 감정, 열등감	자신감, 승리감, 긍정적인 자기관, 자존, 자기계발	어떤 일을 성취시킴에 대한 보상을 받음
자기실현의 욕구	소외, 삶의 의미상실, 권태, 일상적인 생활, 한정된 활동	건강한 호기심, 정상에서 느끼는 경험, 가능성의 실현, 즐겁게 일하고 가치실현, 창조적인 생활	깊은 통찰력을 경험함

출처: Maslow, 1971; 노안영·강영신, 2011, 재구성.

3) 사회복지실천과의 연관성

매슬로우의 욕구이론은 인본주의이론의 기틀을 마련하였다.

정신분석이론이나 행동주의이론은 비정상적이거나 일탈적인 인간행동에 초점을 두고 있는 반면 인본주의이론은 긍정적이고 성장지향적인 인간의 본질에 초점을 두었다.

매슬로우의 욕구이론에 대한 비판은 인간욕구의 우선순위가 사람에 따라 다양성이 있기 때문에 욕구단계가 모두 순서적으로 일어날 수 없다고 보았고 성장욕구, 메타병리, 절정경험, 자기실현 등 개념들의 명료성이 부족하고 모호한 점이 많다는 것이다. 그리고 자기실현의 욕구에서 건전하고 창조적인 인간을 너무 강조한 나머지 인간행동에서 내적인 측면과 환경에 의한 영향을 무시한다는 점이다.

이와 같은 매슬로우의 욕구이론에 대한 비판에도 불구하고 그의 욕구이론은 사회복지실천에서 중요한 의미를 제공해주고 있다. 그 이유는 클라이언트의 욕구단계에 의한 서비스를 체계적으로 줄 수 있고 클라이언트의 궁극적 성장이 바로 사회복지실천 목적에 부합되기 때문이다.

매슬로우의 욕구이론에 대한 사회복지실천과의 연관성은 다음과 같다.

첫째, 사회복지실천에 있어서 사회복지사는 인간본성에 대한 매슬로우의 긍정적인 관점을 적용함으로서 클라이언트를 환경과 상호작용하는 존재로 보며 그의 경험에 관한 해석과 이해를 존중하고 클라이언트 중심의 개입에 도움을 준다.

둘째, 사회복지실천에 있어서 사회복지사는 매슬로우의 욕구단계이론을 적용함으로써 클라이언트의 욕구평가에 유용한 지침을 제공하며 그의 기본욕구에 맞는 맞춤형 욕구충족을 제공해 줄 수 있다. 그리고 클라이언트 기본욕구가 충족되고 나면 더 높은 단계의 욕구를 갈 수 있도록 도울 수 있다.

셋째, 사회복지실천에 있어서 사회복지사는 매슬로우의 자기실현이론을 적용함으로써 클라이언트의 건강, 창의성, 통찰 그리고 자기충만 등을 제공해 줄 수 있고 그리고 그의 사회적 과업에서 더 많은 효율성, 창의성 생산성을 가져올 수 있는 동기를 부여하는 데 도움을 줄 수 있다.

넷째, 사회복지실천에 있어서 사회복지사는 클라이언트에게 자기(self)에 대한 새로운 사고를 경험해 줌으로써 그의 자신과 자신의 개인적 의미를 탐색할 수 있는 기회를 원조해 준다.

다섯째, 사회복지실천에서 사회복지사는 클라이언트에게 사회적 관심, 원만한 대인관계, 자율적 기능 및 창의성, 자신 및 타인의 수용 등을 강화하는 자기실현욕구와 관련된 다양한 서비스를 제공한다.

2 로저스(Rogers)의 현상학적이론

1) 생애

현상학적 성격이론의 창시자인 로저스(Carl Ransom Rogers, 1902~1987)는 미국 일리노이 주 오크 파크(Oak Park)에서 5남 1녀 중 4째로 태어났다. 로저스의 부모는 근본주의 기독교적 견해를 가지고 있어 신앙관은 엄격했고 가족 외에는 가까운 친구가 없어 외로운 청소년기를 보냈다. 또한 로저스의 부모는 도덕적 행동, 정서표현의 억제, 그리고 열심히 일하는 것의 미덕을 강조하였다.

1919년 위스콘시에 입학한 로저스는 교회활동에 열정적이었고, 세계기독학생연합회 참석을 위해 6개월간 중국에 머무르기도 했다. 1924년에 부인 헬렌(Helen)과 함께 위스콘신대학을 졸업하고 나서 목사로서의 진로를 준비하기 위해 뉴욕에 있는 유니온 신학교에 입학하였다.

로저스는 29살인 1931년에 콜럼비아대학에서 심리학 박사학위를 받은 후, 뉴욕에 있는 아동생활지도 클리닉에서 일을 하였다. 그는 여기서 비행 및 장애아동을 진단하고 치료하면서 대부분의 시간을 보냈다. 1940년에 그는 오하이오 주립대학 심리학 교수가 되었다. 1945년부터 1957년까지 시카고대학에서 심리학교수와 카운슬링센터를 운영하다가, 1957년에 위스콘신대학으로 돌아와서 1963년까지 머물렀다.

1956년에 로저스는 미국심리학회가 심리학에 기여한 우수과학자에게 주는 첫 번째 공로상을 수상했다. 1963년에 로저스는 캘리포니아의 라 졸라(La Jolla)로 옮겨 '인간연구센터'를 설립했다. 1964년에 교수직을 떠나 연구소에서 일했으며 1987년 작고했다.

이와 같이 로저스는 생의 마지막 15년을 사회갈등의 문제 및 세계 평화를 위해 공헌했다. 심지어 80대의 나이로 그는 소비에트연방과 남아프리카와 같은 곳에서의 워크숍과 의사소통 집단을 이끌었다. 로저스는 1987년 2월 그가 죽을 때까지 계속해서 많은 집필을 하였으며 심리학의 발전에 기여하였다.

2) 주요 개념

로저스의 주요 개념은 현상학이론에 초점을 두었으며 그의 주요 개념은 통합된 유기체, 자기, 가치조건화, 현상학적 장, 자기실현경향성, 충분히 기능하는 사람 등이다. 이러한 로저스의 현상학이론에 대한 주요 개념을 살펴보면 다음과 같다(Rogers, 1951, 1959, 1961; Rogers & Stevens, 1971; Chldhrco 외, 2006).

(1) 통합된 유기체

유기체란 전체로서 개인은 모든 경험의 소재이며 그 개인의 사상, 행동 및 신체의 존재 모두를 포함하는 전체로서의 한 개인을 지칭한다. 로저스가 "경험은 나에게 최고의 권위이다"라고 말한 것처럼, 그는 유기체의 경험을 중시하였다. 경험은 어떤 주어진 순간에 유기체내에서 진행되는 잠재적으로 지각에 이용될 수 있는 모든 것을 포함한다. 이러한 경험의 전체가 현상적 장(phenomenal field)을 구성한다.

로저스에 의하면 인간유기체는 통합적으로 조직된 체계를 이루고 있다. 인간이 처음 태어났을 때에는 다른 대상과 분리된 존재인 'I'로서 자기를 지각하지 못하여 인생초기단계에서는 자기라는 것이 존재하지 않지만, 자기자신을 제외한 나머지 세계와 자기를 점차 구분하기 시작한다.

경험은 어떤 주어진 순간에 유기체내에서 진행되는 잠재적으로 지각에 이용될 수 있는 모든 것을 포함한다. 이러한 경험의 전체가 현상적 장(phenomenal field)을 구성한다. 현상적 장은 단지 경험하는 개인에게만 알려질 수 있는 자신의 참조 틀이다. 개인이 행동하는 방식은 외적 현실인 자극조건이 아니라 자신의 현상적 장에 의존한다.

로저스는 '의식 혹은 자각은 우리가 경험하는 어떤 것의 상징화'라는 점에서 현상적 장은 의식의 장과 동일하지 않다는 것을 지적하였다. 즉 어떤 주어진 순간에 현상적 장은 의식적(상징화된) 및 무의식적(상징화되지 않는) 경험으로 구성된다. 그러므로 유기체는 상징화되지 않는 어떤 경험을 변별하고 그러한 경험에 반응할 수 있다.

(2) 자기

로저스의 현상학이론에서 핵심적인 구조적 개념이 자기(self)이다. 개인이 자신 혹은 자기로서 보는 현상적 장의 한 부분에 자기가 있다고 본다.

자기 혹은 자기개념(self-concept)은 조직화되고 일관된 지각의 패턴을 나타낸다. 비록 자기가 변하지만, 자기는 항상 패턴으로 형성하고, 통합되고, 조직화된 특성을 가진 자기개념을 유지한다.

자기개념이 높은 사람은 자기와 경험 간의 일치를 보며 자기인정에 대한 욕구가 높고 자신의 가치를 긍정적으로 보는 경향이 높다. 반면에 자기개념이 낮은 사람의 경우는 심리적인 부적응[13], 경험 간의 불일치[14]를 통한 긴장, 불합리한 혼동, 불안 문제 등을 느낀다.

그리고 자기와 관련된 구조적 개념은 이상적 자기(ideal self)[15]이다. 이상적 자기는 개인이 가장 소유하고픈 자기개념으로 잠재적으로 자기와 관련되고 개인이 높게 가치를 부여하는 지각과 의미를 포함한다.

(3) 가치조건화

현상학이론을 이해하는 데 중요한 개념은 로저스의 가치조건화(conditions of worth)이다.

로저스가 "경험은 나에게 최고의 권위이다."라고 말한 것처럼 개인 각자는 경험을 통해 가치를 형성하는 것이 중요하다. 특히 아동은 연약한 존재로서 그에게

13) 자기에 대한 심리적인 부적응: 자신에게 중요한 경험을 부인하거나 왜곡할 때 나타난다. 심리적인 부적응에 처한 인간은 자기와 경험 간의 불일치를 경험한다.

14) 자기와 경험 간의 불일치: 자신에 대한 자기개념과 자신이 경험하는 것 사이에 존재하는 불일치를 말한다. 특히 불일치의 경우 예를 들면, 어떤 사람은 자신을 외향적이고 매력적이며 사교적이라고 받아들이지만 다른 사람과 함께 있을 때에는 일반적으로 소외감을 느낀다. 이러한 불일치가 존재할 때 인간은 긴장, 불합리한 혼동, 그리고 불안을 느낀다.

15) 이상적인 자기: 인간이 가장 소유하고 싶은 자기개념으로, 그렇게 되고 싶은 상태를 말한다. 즉, 자기와 관련된 구조적 개념은 이상적 자기(ideal self)이다. 이상적 자기는 개인이 가장 소유하고 싶은 자기개념으로, 잠재적으로 자기와 관련되고 개인이 높게 가치를 부여하는 지각과 의미를 포함한다.

가장 영향력 있는 부모의 양육 태도에 따라 가치의 조건화가 형성하므로 아동기의 가치조건화 형성은 무엇보다 중요하다.

갈등, 불안, 공포 등의 정서적 문제도 가치의 조건화와 관련되어 있다. 내재된 가치의 조건화로 인해 긍정적 자기존중을 받으려는 욕구는 그것에 반하는 어떤 경험을 회피하고, 왜곡하고, 부정해 왔다. 이러한 가치의 조건화에 따른 행동은 실현화 경향성을 이루려는 유기체의 경험과 마찰을 하게 된다. 이런 마찰은 위협으로 느껴지며 갈등과 불안을 야기한다. 의미 있는 대상으로부터 주입된 이러한 행동을 하면 '나쁜' 아이라는 가치의 조건화가 실존적 존재로서 주관적인 내적 경험과 불일치를 이루게 된다. 이런 불일치는 긍정적 자기존중을 잃지 않을까하는 위협으로 느껴지고 불안과 두려움을 야기하게 된다.

(4) 현상학적 장

로저스의 인간 이해를 위한 철학적 입장은 현상학적 장(phenomenal field)의 영향을 받아 형성되었다. 현상학적 장이란 주관적 경험의 세계를 말하며 경험의 전체를 의미한다.

현상학적 장은 단지 경험하는 개인에게만 알려질 수 있는 자신의 참조 틀이다. 개인이 행동하는 방식은 외적 현실인 자극조건이 아니라 자신의 현상적 장에 의존한다. 로저스는 '의식 혹은 자각은 우리가 경험하는 어떤 것의 상징화'라는 점에서 현상적 장은 의식의 장과 동일하지 않다는 것을 지적하였다. 즉 어떤 주어진 순간에 현상적 장은 의식적(상징화된) 및 무의식적(상징화되지 않는) 경험으로 구성된다.

(5) 자기실현경향성

로저스는 인간의 다양한 욕구와 동기는 자신을 유지하고 잠재능력을 개발하려는 자기실현의 일부일 뿐이라고 했고 인간은 잠재능력을 성취하는 것뿐만 아니라 심리적인 잠재능력도 실현해야 하는 존재라고 했다. 또한 그는 자기실현 경향은 복잡성이나 자기충족, 성숙을 지향하는 인간의 모든 능력을 포함하여 인생의 진보적인 추진력을 나타내는 것으로 좀 더 능력 있는 사람이 되는 과정으로 보았다.

또한 로저스는 인간은 자기를 유지하고, 향상시키고, 실현화시킬 경향성에 의해 동기화 되어 있다고 믿었다. 즉 인간성의 부분으로서 타고난 '자기실현 경향성'은 모든 생리적 및 심리적 욕구를 포함하는 유기체의 실현화 경향성의 부분이라고 여겼다. 이는 프로이드가 강조한 추동(drive) 대신 로저스는 인간의 기본적 경향성으로 자기실현을 강조한 것이며 인간을 진취적인 존재로 생각했고 인간의 타고난 잠재력의 실현이 있다고 가정하였다.

(6) 충분히 기능하는 사람

충분히 기능하는 사람은 현재 진행되는 자신의 자기를 완전히 자각하는 사람이다. 로저스는 "충분히 기능하는 사람(the fully functioning person)"은 최적의 심리적 적응, 최적의 심리적 성숙, 완전한 일치, 경험에 완전히 개방되어 있는 사람이다. 이러한 사람의 특성은 정적이지 않고 과정 지향적이다. 즉, 충분히 기능하는 사람은 계속적으로 변화하는 사람으로 과정 중에 있는 사람이라고 지적하였다.

충분히 기능하는 사람의 특성은 다음과 같다.

- 충분히 기능하는 사람은 경험에 개방적이다.
- 충분히 기능하는 사람은 실존적 삶, 즉 매순간에 충실한 삶을 영위한다.
- 충분히 기능하는 사람은 자신의 유기체를 신뢰한다.
- 충분히 기능하는 사람은 창조적이다.
- 충분히 기능하는 사람은 제약 혹은 억제 없이 선택의 자유를 가진다.
- 충분히 기능하는 사람은 제약 어려움에 직면할 수 있다.

3) 사회복지실천과의 연관성

로저스의 현상학적이론은 심리치료와 상담영역에 많은 영향을 미쳤고, 특히 클라이언트 중심치료는 정서적 장애를 가진 클라이언트의 치료에 유용한 것으로 평가되어 그동안 폭넓게 적용되어 왔다.

그러나 로저스의 현상학적이론이 심리 및 사회복지영역 등에 적용할 경우 비판적 견해들이 있는데, 이는 클라이언트의 말을 비판 없이 그대로 수용하고 인간의 본성에 대한 선한 측면만 강조한 나머지 인간의 악한 면에 대한 설명이 부족했고 학습을 통한 인간행동의 수정 등을 간과했다는 점이다.

그럼에도 불구하고 로저스의 현상학적 이론을 적용한 치료에서는 치료자와 클라이언트 관계 요소로서 개인의 존엄성과 가치, 자기결정권, 사회적 책임성과 상호성, 비위협적인 환경, 비심판적 태도, 공감과 진실성, 무조건 긍정적 관심, 문제해결자로서의 클라이언트를 강조하여 사회복지실천에 있어서 사회복지 철학 및 가치와 맥을 같이하고 있다.

로저스의 현상학이론과 사회복지실천과의 연관성에 대한 내용은 다음과 같다.

첫째, 사회복지실천에서 사회복지사는 로저스의 가설을 적용함으로써 클라이언트 자기이해와 성장을 위한 자원을 활용하여 그의 문제해결방안에 도움을 줄 수 있다.

둘째, 사회복지실천에서 사회복지사 클라이언트를 조력하기 위해 일치성과 진실성, 온화함과 존중, 수용의 자세, 공감적 이해 등의 태도로 클라이언트와의 관계를 형성해야 한다.

셋째, 사회복지실천에서 사회복지사는 로저스의 자기개념을 적용함으로써 클라이언트의 주관적 경험을 통한 잠재력을 강화해주며 자기인정에 대한 욕구를 높이고 자신의 가치를 긍정적으로 볼 수 있도록 해준다.

넷째, 사회복지실천에서 사회복지사는 로저스의 완전히(충분히)기능하는 사람의 개념을 적용함으로써 클라이언트가 충분히 기능하는 사람으로 동기를 부여해줌으로써 자신의 경험에 개방적이 되고 현실에 충실하게 되며 자신을 신뢰하게 된다.

다섯째, 사회복지실천에서 사회복지사는 로저스의 자기실현 경향성의 개념을 적용함으로써 그의 전반적 생활에서 오는 인간관계 및 활동에서 다른 사람을 위해 봉사하고 자신의 적성에 맞는 자기실현자의 역할을 수행할 수 있게 된다.

C·H·A·P·T·E·R 06

사회체계이론과 생태학이론

1 사회체계이론

1) 개요

사회체계이론에서는 인간을 독립된 존재로서 보는 것이 아니라 외부체계와 끊임 없이 상호작용하며 상호의존적인 역동적 사회체계의 일부로 본다. 즉 상황속의 인간으로 보고 있으며 이러한 관점은 사회복지실천에 있어서 인간의 문제를 취급하는데 많은 함축적 의미를 지니고 있다.

사회체계이론에서는 인간을 사회적 상황 속에서 살아가는 존재로 보기 때문에 클라이언트의 부적응적 행동은 그에게 원인이 있는 것이 아니라 그를 둘러싸고 있는 사회체계와 역기능적 상호작용에 그 원인이 있다고 본다. 그리고 사회체계이론의 관점에서 활동하는 사회복지사는 클라이언트의 근접체계와 그에 영향을 미치는 다른 사회체계들 간의 중재에 많은 시간과 노력을 기울이게 된다.

따라서 사회체계이론은 인간행동에 영향을 미치는 가족, 조직, 지역사회, 문화 등 다양한 수준의 체계들을 분석하고 연구하는 이론으로, 사회복지실천에서 사회복지사들이 환경속의 인간으로서의 클라이언트에게 개입할 수 있는 이론적 틀을 제공하고자 하는 것이다.

2) 기본가정

사회체계이론의 기본가정은 다음과 같다(Greene, 1999).

- 사회체계의 한 성원에게 일어난 변화가 전체 사회체계의 특성에 영향을 미친다.
- 경계는 다른 사회체계들과 구별되는 체계이며, 정체성과 중심점을 규정한다.
- 사회체계의 조직상 범위는 확립되었거나 혹은 임의로 규정된 경계와 성원자격으로 이루어진다.
- 사회체계는 적응적 혹은 목표 지향적이며 사회체계의 삶은 그 참여자들의 활동의 합 이상이다.
- 사회체계 간의 상호의존과 상호작용이 있으며 사회체계의 성원들 간에는 고도의 상호의존과 조직이 있다.
- 모든 체계는 다른 더 큰 체계의 하위체계이며 체계의 환경은 그 체계의 경계선 밖으로 규정되는 것이다.
- 사회체계 경계를 가로지르는 관계, 즉 사회체계와 외부환경 간의 상호작용이 그 사회체계들에 유용한 능력과 내적 구성에 영향을 미친다.
- 사회체계는 한 단위 혹은 전체를 이루는 상호 관련된 성원들로 이루어지며 다른 사회체계들과 구별되는 체계로서의 정체성과 중심점을 규정한다.
- 구조의 불균형이 일어나면 체계를 움직이는 사회체계 내의 변화 혹은 사회체계를 넘어서는 범위로부터의 변화가 균형을 재수립하려는 시도를 야기시킨다.

3) 주요 개념

사회체계이론이란 모든 조직수준과 인간결사체 등 사회체계에 체계론적 관점을 적용한 이론이다. 인간행동에 영향을 미치는 다양한 체계수준, 즉 개인, 가족과 조직을 포함하는 소집단, 지역사회와 같은 더 복잡하고 넓은 사회체계를 설명하는 이론이다.

(1) 경계

경계(boundary)란 외부환경으로부터 대상체계를 구분해 주는 일종의 테두리이다. 즉 전체체계와 부분체계, 상위체계와 하위체계를 구분하는 것도 경계에 의해서 이루어진다. 체계는 체계 내부의 관계를 특징짓고 체계에 특정 정체감을 제공하며, 체계 내부로의 에너지 흐름(투입)과 외부로의 에너지유출(산출)을 통제한다.

(2) 개방체계 및 폐쇄체계

① 개방체계

개방체계(open system)는 어느 정도 투과성이 높은 경계를 갖고 있는 체계이다. 즉 반투과성의 경계를 갖고 있는 체계이다. 개방체계는 성장과 발전에 필요한 정보나 에너지를 외부에서 자유롭게 받아들임으로써 반투과성의 경계를 갖고 있는 체계이다.

② 폐쇄체계

폐쇄체계(closed system)는 다른 체계와 상호작용하지 않아 고립되어 있는 체계이다. 정보나 에너지의 투입 또는 산출이 거의 없다. 폐쇄체계를 구성하고 있는 부분들은 시간이 지남에 따라 구성원들 사이의 구별이 거의 없어지게 되며 점차 동일성을 띠게 된다.

(3) 엔트로피, 넥엔트로피, 시너지

① 엔트로피

엔트로피(entrophy)란 외부체계와 교류가 차단되어 외부의 에너지 투입이 이루어지지 않으며, 폐쇄체계에서 일어나는 현상으로, 체계가 서서히 무질서의 혼돈 상태를 향해 나아가거나 또는 체계 구성요소들 간의 상호작용이 감소함에 따라 유용한 에너지가 감소하는 상태를 말한다. 그러나 실제로 완전한 폐쇄체계가 존재하지 않듯이 완전한 엔트로피 상태는 존재하지 않는다.

예를 들면, 가정 안에서 부부사이가 좋지 않아 서로 대화가 없어지고 긴장이 흐르게 되며 그로 인해 부모-자녀관계도 불안정해지고 자녀가 일탈에 빠질 수 있다. 이때 부모-자녀 간 상호작용의 감소는 가족 내 질서 및 위계를 불안정하게 만들고, 부모-자녀 간 경계도 불명확하게 만들게 된다. 따라서 이러한 역기능적 행동의 증가가 바로 엔트로피 상태인 것이다.

② 넥엔트로피

넥엔트로피(negentrophy)란 체계 내에 질서, 분화, 형태가 있는 상태를 말한다. 이는 부정적 의미가 아니라 체계외부로부터 에너지를 유입함으로써 체계 내부에 유용하지 않는 에너지(이용 불가능한 에너지)가 감소되는 것을 의미한다. 넥엔트로피가 증가하면 체계 내에 질서와 법칙이 유지, 정보의 필요성이 높아진다.

예를 들면, 부부갈등으로 인해 가족 내 엔트로피가 증가한 경우 부부가 외부자원인 상담실을 통해 부부상담을 받고 부부관계가 회복되는 계기를 맞게 된다. 따라서 외부 도움으로 가족 내 역기능적 관계가 개선되고 가족구성원 간 긴장이 감소하게 되는데 바로 이때가 넥엔트로피 상태인 것이다.

③ 시너지

시너지(synergy)란 체계 내에 유용한 에너지가 증가하는 것을 말하는데 이는 체계 구성요소들 사이에 상호작용이 증가하면서 나타난다. 이러한 시너지는 개방적이고 살아 있는 체계에 적합하다.

또한 체계 내의 사람들 사이 혹은 집단들 사이에 에너지가 발생하고 교류된다. 이때 교류되는 에너지는 직접 관찰할 수 없다. 에너지의 존재는 체계와 그 부분들이 미친 효과를 통해서 추론할 수 있다. 시너지는 체계 자체를 유지하고 변화시킬 수 있는 힘을 의미한다.

(4) 항상성

항상성(homeostasis)은 균형보다 일정한 수준의 개방체계를 전제로 한다. 이는 환경과 지속적으로 상호작용하면서 정적인 균형보다 역동적인 균형을 이루고 있는 상태이다. 이때 체계의 구조는 크게 달라지지 않는다.

또한 항상성은 체계가 균형을 위협받았을 때 이를 회복하고자 하는 체계의 경향이며 비교적 안정적이며 지속적인 균형상태를 유지하기 위한 체계의 속성으로서 체계의 변화와 유지라고 하는 두 가지 기능 중에서 체계의 일관성을 유지하려는 기능에 해당된다.

(5) 투입-전환-산출

① 투입

투입은 환경에서 체계로 자원, 에너지, 정보 등이 유입되는 것을 말한다.

투입에는 과업관련 투입과 유지관련 투입이라는 두 형태가 있다.

먼저 과업관련 투입이란 사회체계가 관심을 갖는 욕구, 문제 혹은 기회로 발생하는 것으로, 예를 들면, 사회복기기관에서 클라이언트 문제 등의 경우이다. 그다음으로 유지관련 투입은 욕구를 충족하거나 문제를 다루거나 기회를 모색하거나 이용하는데 필요한 자원이다. 예를 들면, 사회복지기관에서 사회복지사 또는 원조에 필요한 기타 자원 등의 경우이다.

② 전환

전환(through-put)이란 투입된 자원, 에너지, 정보 등을 가지고 체계 내에서 산출을 내기위해 처리하는 단계로, 투입된 대상의 행동을 변화시키기 위한 과정을 의미한다. 즉, 전환은 외부환경으로부터 체계 내부로 투입이 이루어지게 되면, 외부환경과 적극적인 상호작용을 하면서 투입된 에너지를 활용해 개인 자신을 적절하게 변형시키고 재구조화시키는 전환과정을 거치게 된다.

③ 산출

산출(output)이란 체계 내에서 변형된 에너지를 환경으로 방출하는 것을 말한다. 즉 체계가 처리한 결과를 환경에 배출하는 것을 말하며, 이는 다른 체계에는 투입으로 작용하는 동시에 그 자체의 환류를 통해 다시 투입으로 작용한다.

또한 산출은 투입된 자원을 전환과정을 통해 내놓은 결과물로서 과업 관련투입은 유지 관련투입으로 가동되는 전환과정을 통해 산출을 낳게 되는데, 이는 목표 달성 과정의 결과물이다.

(6) 환류(피드백)

환류(feedback, 피드백)는 체계의 에너지 전환과정으로 만들어지는 산출이 순환을 통해 다시 체계로 투입되는 것을 의미한다. 즉, 새로운 정보의 투입과 전환과정을 통해서 나타나는 산출의 결과를 다음의 새로운 투입에 전달하거나 반영하는 것으로, 체계가 변화의 기반으로서 정보를 수용하고 활용하는 과정이라고 말 할 수 있다.

(7) 의사소통

의사소통(communication)은 체계목표를 달성하려고 에너지가 이전하는 것을 말한다. 사회체계의 의사소통유형을 파악하기 위해서는 언어적 및 비언어적 정보의 내용과 처리과정을 살펴보아야 한다. 사회체계이론에서는 의사소통은 다른 사람이 하는 말을 경청하고 이해하며, 자신의 의견을 표현하는 것이다.

4) 4체계 및 6체계이론

(1) 4체계이론

Comton과 Galaway(1994)는 사회복지실천을 구성하는 체계를 6가지로 나누었는데 이는 Pincus와 Minahan(1973)의 변화매개체계, 클라이언트체계, 표적체계, 행동체계에 전문체계와 의뢰-응답체계(혹은 문제인식체계)를 첨가한 것이다.

Pincus와 Minahan(1974)의 주장한 4체계이론은 다음과 같다(Pincus와 Minahan, 1974; 이영실 외, 2011).

① 변화매개체계

변화매개체계는 사회복지사와 사회복지사를 고용하고 있는 기관 및 조직을 의미한다.

사회복지사는 클라이언트의 문제 상황에 변화를 가져오기 위해 그 문제와 관련된 여러 가지 체계를 확인해 내고, 그 체계들과 함께 노력하기 위한 계획을 수립하며, 그 계획을 실천에 옮기기 위해 노력하는 변화매개체계이다.

예를 들면, 사회복지사가 속해 있는 사회복지관, 상담실, 각종 쉼터, 치료기관 등은 변화매개체계가 된다. 변화매개체계는 기관 나름대로 갖고 있는 활동영역, 활동의 방침, 활동 권위의 확보 및 제공, 각 종 자원의 제공 및 연결 등을 통해 실질적인 사회복지사의 활동방향을 결정하게 된다.

② 클라이언트체계

클라이언트체계는 서비스의 혜택을 기대하는 사람들, 도움을 요청하여 변화매개인인 사회복지사의 서비스를 제공받는 개인, 가족, 집단, 기관이나 지역사회이다.

또한 사회복지사에게 도움을 청하거나 어떤 문제해결을 위해 사회복지사와 공동의 노력을 기울이겠다는 묵시적 계약 상태에 있는 사람들이 클라이언트체계가 된다.

그리고 사회복지실천을 통해 혜택을 얻으려는 사람들로 일차수혜자를 의미한다. 또한 클라이언트 체계가 표적 집단과 정확히 일치하는 경우도 종종 있다.

예를 들면, 비행청소년의 경우, 그들 스스로 사회복지사에게 도움을 요청하는 일은 매우 드물다. 학교 선생님이 학교사회사업가에게 도움을 요청하고 학생의 비행문제해결을 위해 학교사회사업가와 함께 노력하고자 하는 묵시적 동의를 했을 경우, 학교 선생님이 클라이언트체계가 된다. 하지만 나중에 비행청소년이 변화를 보이면서 사회복지사에게 자신의 문제해결을 위해 도움을 요청하기 시작했을 경우 비행청소년 자신도 클라이언트 체계가 되는 것이다.

③ 표적체계

표적체계는 변화매개인이 목표를 성취하기 위하여 영향을 주거나 변화시킬 필요가 있다고 느끼는 사람들이다. 클라이언트체계가 동시에 표적체계가 되기도 한다. 즉, 변화 매개체계가 그 활동 목적을 달성하기 위해 변화시킬 대상이 표적체계이다.

또한 클라이언트 체계가 변화의 대상인 경우 클라이언트체계가 곧 표적체계가 된다. 하지만 환경 속의 인간에 초점을 두는 사회복지실천에 있어서 많은 경우 변화매개체계인 사회복지사들은 클라이언트의 문제해결을 위해 클라이언트 주변의 다른 체계를 변화시키려는 노력을 하게 된다. 이 경우 주변의 다른 체계들이 표적 체계가 된다.

예를 들면, 법원의 강제 명령에 의해 본인의 의사와 관계없이 행동치료를 받기 위해 사회복지사를 찾아온 비행청소년이 있다고 할 때, 법원이 클라이언트체계가 되고 비행청소년은 표적체계가 된다.

④ 행동체계

행동체계는 변화매개인(사회복지사)의 변화노력을 달성하기 위해 공동으로 노력하는 모든 체계들이 행동체계에 해당되며, 사회복지실천에서 변화를 이루기 위해 함께 행동하기로 동의하고 결심한 이웃, 가족, 전문가 등 모든 사람들을 말한다.

또한 변화매개체계가 변화를 추동하는 핵심 세력이라면 행동체계의 구성원들은 나머지 사람들이다. 가급적 다른 체계의 대표자들이 두루 포함되는 것이 좋다.

그리고 특별히 적대적인 관계가 아니라면, 표적 체계의 대표자도 포함되는 것이 좋다. 예를 들면, 청소년 비행문제를 해결하기 위해 사회복지사인 변화매개체계는 가족체계, 학교체계, 동료체계, 지역사회의 유흥지역 사람으로 구성된 지역사회체계, 청소년 단체체계 등과 상호작용하면서 공동 노력을 펼칠 수 있다.

(2) 6체계이론

Comton과 Galaway(1994)는 사회복지실천을 구성하는 체계를 6가지로 나누었는데 이는 Pincus와 Minahan(1973)의 변화매개체계, 클라이언트 체계, 표적체계, 행동체계에 전문체계와 의뢰-응답체계(혹은 문제인식체계)를 첨가한 것이다.

6체계이론 중 전문체계와 의뢰-응답체계(혹은 문제인식체계)의 내용은 다음과 같다(Pincus & Minahan, 1974; Comton & Galaway, 1994; 이영실 외, 2011).

① 전문가체계(변화매개 체계가 모인 체계)

전문가체계는 전문가 단체, 전문가를 육성하는 교육체계, 전문적 실천의 가치와 사회적 인가 등이다. 즉 전문가체계는 사회복지사들의 활동에 정당성을 부여하고 사회복지사들이 기본적으로 갖추어야 할 가치체계와 기본적 윤리 체계 등을 마련하고 사회복지사로 하여금 그것들을 실천하게 하는 역할을 한다.

② 의뢰-응답체계(문제인식체계)

의뢰-응답체계(문제인식체계)는 클라이언트가 다른 사람의 요청이나 법원, 경찰 등에 의해 강제로 사회복지기관에 오는 경우, 일반 클라이언트체계와 구별하기 위해 사용되며, 의뢰체계는 서비스를 요청한 사람이다.

또한 의뢰-응답체계는 문제를 가장 먼저 인지하고 그것을 공론화 시키는 사람들을 말하며 법원이나 경찰, 외부 전문가 등의 요청에 의해 서비스기관으로 오게 된 체계이다.

그리고 사회복지실천에서는 누가 처음으로 문제를 인식하고 거기에 관심을 기울였는가, 문제를 제기한 사람들이 문제 해결 과정에 참여할 수 있는 방법은 무엇인가에 관심을 둔다.

예를 들면, 체계는 가족체계, 학교체계, 동료체계, 지역사회의 유흥지역 사람으로 구성된 지역사회체계, 청소년 단체체계 등과 상호작용하면서 공동 노력을 펼칠 수 있다.

5) 사회복지실천과의 연관성

사회체계이론은 인간행동을 이해하는데 사회복지실천의 개념적 준거틀을 제시하고 있다. 이것은 개인과 사회환경이 상호작용을 하는 총체로서 간주되는 복합적인 조직의 문제를 전체적인 시각에서 볼 수 있으며, 그러한 상호작용에 관한 자료를 분석할 수 있는 기반을 마련하였다.

사회체계이론을 활용하는 사회복지사는 클라이언트가 환경과 상호작용하면서 어떤 문제가 어디에서 발생하는지를 정확히 파악하려고 한다. 사회복지사의 개입목적은 사람들로 하여금 생활과업을 효과적으로 수행하고 스트레스를 완화시켜 적응 할 수 있도록 돕는 데 있다.

사회복지실천의 목적을 달성하는데 Pincus & Mimahan(1973)의 사회체계에 근거한 비공식적 또는 자연체계, 공식체계, 사회체계의 세 가지 체계[16]와 클라이

16) ① 비공식적 또는 자연체계: 가족, 친구, 이웃, 우편배달부, 동료 사회복지사 등
② 공식체계: 지역사회의 집단들, 회원제 조직들, 노조 등

언트체계, 변화매개체계, 표적체계, 행동체계의 네 가지 체계를 활용할 수 있는데, 이러한 체계의 활용은 사회복지실천에서 어느 하나의 개입기법을 가지는 모델이 아니며 문제를 가진 개인과 그 환경에 대한 개입에 있어 다양한 기술과 기법을 필요로 하는 사회복지사에게 통합적 접근을 가능하게 함으로써 그 유용성이 더욱 크다.

사회체계이론에 있어서 사회복지실천과의 연관성은 다음과 같다.

첫째, 사회복지실천에서 사회복지사는 사회체계이론을 활용함으로써 개인과 그의 정신내적 갈등에서 증상의 원인을 찾기보다는 체계 내부 또는 체계와 환경 사이의 매우 복잡한 상호작용적 현상을 분석하고 증상의 원인을 찾도록 도움을 준다.

둘째, 사회복지실천에서 사회복지사는 사회체계이론을 적용함으로써 클라이언트의 행동을 단순한 원인에 입각하여 설명하기보다 다양한 변인들 간 상호작용의 결과라는 준거틀을 제공하고 체계 구성원들 간의 역동적 상호작용에까지 사정할 수 있도록 해준다.

셋째, 사회복지실천에서 사회복지사는 사회적 지지의 분석을 위한 유용한 준거틀인 사회적 관계망을 활용함으로써 클라이언트와 그의 환경 간의 상호작용의 과정에서 그가 어떻게 환경에 적응하는지, 또한 사회자원을 어떤 방법으로 활용하는지 밝혀냄으로써 클라이언트와 관련된 사회적 관계망을 사정하는데 도움을 준다.

넷째, 사회복지실천에서 사회복지사는 사회체계이론을 적용함으로써 클라이언트의 문제나 욕구 사정에 입각한 개입 수준을 총체적 관점에서 이해할 수 있으며, 클라이언트의 문제해결뿐만 아니라 환경 속에 있는 다양한 체계까지 변화시킬 수 있는 다양한 수준의 개입을 시도할 수 있게 해 준다.

---

③ 사회체계: 병원, 학교, 경찰서, 직장, 사회보장 프로그램 등

다섯째, 사회복지실천에서 사회복지사는 사회체계이론을 대표하는 사회적 관계망 지도 등을 활용함으로써 대상체계의 속성과 체계들 사이의 상호연관성을 평가함에 있어 각 체계들 간의 일관성과 상호성, 갈등의 정도와 상태를 규명할 수 있는 개념들을 제공한다. 또한 사정부분에서 개입계획을 세울 때 의도적인 변화를 일으키기 위해서는 체계의 어느 부분에 개입해야 하는지, 어떤 내용의 전략을 취해야 하는지에 대해 상당한 예측력을 갖게 해 준다.

여섯째, 사회복지실천에서 사회복지사는 클라이언트 문제를 총체성 속에서 이해하도록 하는 사회체계이론을 활용함으로써 어느 한 부분에 치중하지 않고 전체 체계를 변화시키는 전략을 세우도록 해 준다. 그리고 사회체계이론을 활용하는 사회복지사들은 클라이언트의 문제에 개입할 때, 클라이언트 자신뿐 아니라 전체환경을 대상으로 접근하기 때문에 개입과정에 포함되었던 주변체계들에 대해서 개입 후에도 클라이언트를 위한 지지체계로 활용할 수 있다.

2 생태학이론

1) 개요

생태학이론(ecological theory)은 인간과 환경과의 관계에 초점을 맞춰 접근한 이론으로 1960년대 말경 일반체계이론의 한계점 보완을 위해 등장하게 되었고 Lutz(1958)와 Hearn(1969)가 논문을 발표하게 되며 학문적 관심 영역으로 소개되었지만 본격적으로 실천상황에서 고려해야 하는 양식을 재구성한 것은 Gordon과 Bartlett(1969)에 의해서였다. 그리고 Bronfenbrenner(1979)[17]는 생태학이론

17) Bronfenbrenner(1979): 브론펜브레너는 러시아의 모스크바에서 출생하여 6세 때 미국으로 이주하였다. 1942년 미시간대학에서 발달심리학으로 박사학위를 받고 코넬대학의 교수로 재직했다. 그는 아동에 대한 이해가 사회문화적 맥락에서 이해되어야 한다는 관점을 강조하면서 인간에 대한 이해는 인위적인 실험연구가 아닌 인간을 둘러싼 실제 삶의 맥락 안에서 연구되어야 한다고 주장했다.

을 활동적이고 성장하는 인간과 환경 간에 이루어지는 진보적이고, 상호적인 적응과정을 과학적으로 연구하는 것이라고 규정함으로써 다양한 학문분야에서의 생태학이론 적용에 발판을 만들었고 생태학이론을 체계화하였다.

그 후 생태학이론은 단선적인 세계관에서 나온 의료적-질병모델보다 사회복지실천 적용에 유용한 이론으로 등장했는데, 그 이유는 의료적-질병모델이 인간의 문제와 요구의 초점을 인간의 내부에 둠으로써 인간이 속해 있는 사회환경과의 관계를 간과한데 반해, 생태학이론은 유기체가 환경 속에서 어떻게 역학적인 평형 상태를 유지하고 성장해 가는지에 관심을 두고 인간과 환경간의 상호관계를 규명하고 이해하고자 노력하기 때문이다.

이와 같이 생태학이론은 클라이언트와 클라이언트가 속한 사회환경 간의 상호작용을 강조하는 사회복지실천과 매우 밀접한 관계가 있음을 알 수 있다. 즉, 생태학이론은 사회복지실천에서 클라이언트의 정신내적 생활과 환경적 조건을 개선하는 데 공헌했으며 직접적·간접적 사회복지서비스를 통합하는 데 기여하였다.

특히, Germain & Gitterman(1986)의 생태학이론에 바탕을 둔 생활모델은 사회복지실천 모델로 제시되면서 사회복지실천의 주요한 지식기반으로 자리 잡게 되었고 인간의 문제에 대한 새로운 시각과 접근법을 개발하는 데 영향을 주고 있다.

브론펜브레너는 활동적이며 성장하는 인간이 환경과 어떻게 관계되어 있는지를 이해하는 방법으로 인간발달의 생태학을 생각했다. 그는 유아의 발달이 이루어지는 주변세계에 대한 해석과 그 해석들이 어떻게 변화하는지에 초점을 두었다. 또한 인간발달과정을 분석하는 가운데 체계론적 관점을 확대하여 생태적 체계라는 용어를 사용하였고 인간을 둘러싸고 있는 생태학적 환경을 가장 가까운 것에서부터 가장 먼 것에 이르기까지 4개의 구조체계로 구분했으며 이후 시간체계를 추가했다. 브론펜브레너의 이론을 생태학적 이론 혹은 생태학적 모델이라고 한다.

2) 기본가정

생태학이론에서는 환경 속의 인간, 인간에 대한 낙관론적 관점, 사회 문화적 존재로서의 인간을 보고 있다. 이러한 인간관을 바탕으로 한 생태학이론은 인간과 환경은 상호교류한다는 상호교류적 관점[18]을 강조하고 있다.

다음은 생태학이론의 기본 가정에 대한 설명이다(Germain & Germain, 1976; Bronfenbrenner, 1979; Greene, 1999).

첫째, 인간은 환경의 모든 요소와 지속적인 상호교류하는 존재로, 개인과 환경 사이의 상호교류는 변화를 일으킨다. 이러한 상호영향은 순환적 원인론과 관련되어 있으므로 개인과 환경은 분리될 수 없으며 상호간에 영향을 미친다고 본다.

둘째, 유기체를 환경과 분리할 수 없으며 상호작용하는 체계라고 보기 때문에 개인과 환경을 이분화하는 것을 방지할 수 있으며, 양자 간의 상호작용에 초점을 둘 수 있게 해 준다.

셋째, 인간본성에 대한 유전적 결정론, 정신적 결정론, 환경적 결정론 모두를 배격하며 대신에 인간을 환경적 요구에 적응하고 때로는 환경을 자신의 요구에 맞게 수정 또는 변화시킴으로써 발달해가고 만족스러운 삶을 영위하는 존재라고 본다.

넷째, 사회적 관계망을 개인의 생활공간에서 중요한 변인으로 보기 때문에 가족, 집단, 조직 및 지역사회 또는 전체 사회의 기능을 이해할 필요가 있고 개입할 필요성이 있다는 것을 인정하고 있다.

다섯째, 인간에 대해 낙관론적 관점을 지니고 있는데, 이는 인간은 환경에 반

18) 상호교류적 관점: 인간과 환경은 상호교류한다는 것이다. 상호교류(transaction)의 개념은 상호작용과 다르다. 상호작용은 개인과 환경이라는 두 가지 요인이 상호간에 영향을 미치지만, 각기 독립적인 정체감을 유지한다. 이와는 반대로 상호교류는 개인과 환경이 상호영향을 미치며, 개인과 환경이 하나의 단위, 관계 그리고 체계로 융합되는 것이다. 또한 상호교류적 관점은 과정을 강조한다. 인간행동에 대한 과정적 접근방법은 단일한 반응, 행동 또는 경험을 파악하는 것이 아니라 시간에 따른 사건의 흐름에 관심을 둔다. 서로 다른 개인은 동일한 환경에 대해 다르게 반응하며, 동일한 환경이라도 시간에 따라 동일한 사람과 다른 방식으로 상호작용한다.

응할 뿐만 아니라 스스로 환경을 창조해 내는 주인으로서 환경적 자원과 사회적 지지를 자율적으로 이용할 수 있으며 환경적인 힘과 상황들에 의해 조절된 역할 수행, 자율성과 자기규제능력, 유능성을 확보할 수 있는 능력이 있다고 본다.

여섯째, 인간을 사회문화적 존재로 보는데, 이는 인간은 생활환경속에서 타인과 가치 있는 사회적 관계를 맺고, 존경과 관심을 주고받음으로써 자아를 발달시키고 사회적 역할기대를 적절히 이행하고, 일생 동안 타인과 상호의존성을 유지할 수 있어야만 생존을 보장받고 삶의 적절성을 확보할 수 있게 된다. 이를 위하여 학습과 사회화가 필요하다고 본다.

3) 주요 개념

생태학이론에서 강조하는 개념은 인간과 환경의 접점, 적응(adaptation), 대처(coping), 상호의존(interdependence) 등이다. 이 가운데 특히 적응은 자신에게 영향을 미치는 환경 혹은 다양한 체계와의 적합성(최적성; goodness of fit)을 이룸으로써 생존하거나 자신을 실현할 수 있는 인간의 능력을 의미하며, 이는 인간의 일방적 변화가 아니라 인간을 수용하기 위해 체계도 변화하여야 함을 내포한다.

다음은 생태학이론에서의 주요 개념인 체계, 적합성, 적응성, 스트레스와 대처, 관계성, 역할과 유능성 등이 있는데, 그 주된 내용은 다음과 같다(Germain & Germain, 1976, 1980; Bronfenbrenner, 1979; Gemain, 1979; Greene, 1999).

(1) 체계와 생태계

① 체계

체계(system)는 서로 관련을 맺고 상호 작용하는 요소의 집합으로 다른 체계와 상호교류가 가능한 개방체계와 다른 체계와 상호교류가 없거나 할 수 없는 폐쇄체계로 나눌 수 있다. 개방성과 폐쇄성은 상대적인 문제이며 가족 문제의 경우 양 극단적 체계인 가족에서 발생한다.

② 생태계

생태계(ecosystem)는 유기체와 그를 둘러싼 환경으로 구성된 체계이며 여기서 환경은 물리적, 생물적, 사회적, 인공적 등 모든 환경을 포함한다.

(2) 환경

생태학적이론에서 환경(environment)은 사회적 환경과 물리적 환경, 그리고 문화적 환경뿐 아니라 공간과 시간적 리듬까지 포함한다. 그리고 환경과 관련하여 생활 영역과 거주환경도 주요한 개념이다. 거주환경은 개인의 문화적 맥락 내에 존재하는 물리적 및 사회적 환경과 관련된 개념이다. 생활 영역은 지역사회 성원들이 차지하고 있는 직접적 환경이나 지위들을 말한다. Bronfenbrenner(1979)는 생태학적 생활 영역을 특별한 개인적 특성을 지닌 개인의 발달을 촉진 또는 방해하는 환경 내의 영역이라고 하였다. 즉 효과적으로 기능할 수 있는 특정한 장소나 환경을 의미한다.

(3) 적합성과 적응

① 적합성(최적성)

적합성(goodness of fit)이란 개인의 적응 욕구와 환경의 속성이 서로 조화하는 정도를 말한다. 즉, 인간과 환경의 상호작용 및 상호교류가 서로에게 성공적이고 적응적이며 양자에게 더욱 유익한 효과를 발생할 때 적합성이 이루어졌다고 본다.

사회복지실천에서는 사회복지사는 클라이언트의 대처능력을 강화하고 환경을 개선하는 데 목적을 두며, 이를 통하여 클라이언트와 환경 사이에 보다 높은 수준의 적합성이 이루어질 수 있도록 원조할 수 있다.

② 적응성

적응성(adaptiveness)이란 주변의 환경적 요구에 맞추어서 자신을 조절하는 능력의 변화를 의미한다. 즉 인간의 내적 영향력과 생태적 환경의 영향력에 의해 이루어지는 상호의존적인 과정을 말한다. 인간은 끊임없이 창조하고, 재구조화하며, 환경이 인간에게 어떤 영향을 미친다고 해도 환경에 적응해나간다.

이와 같이 적응성 개념이 생태학이론에서 중요한 개념으로 보는 이유는, 생태학이론에서는 개인의 정신병리를 개인적 욕구와 대처 능력이 환경적 자원이나 지지와 일치되지 못한 것으로 보기 때문에 스트레스를 일으키고 성공적 적응을 방해하는 환경적 요인을 중시하고 있기 때문이다.

(4) 상호작용, 상호교류, 상호의존

① 상호작용

상호작용(interaction)이란 변화하는 두 개 이상의 사물 간에 공동으로 작용하는 역동적인 호혜적 관계를 말하며 하나의 결과로 유도하는 특징을 갖는다. 또한 상호작용은 인간과 환경, 두 요소가 독립적 정체감을 갖고 서로 영향을 미친다.

② 상호교류

상호교류(transaction)란 체계 간에 일어나는 일련의 순서 있는 상호작용으로서 인간이 다른 환경의 사람과 의사소통하고 관계를 맺는 것을 의미한다. 즉, 하나의 반응이 아니라 시간에 따른 사건의 경과 과정에 초점을 둔다.

상호교류는 개인과 환경이 관련체계로 합쳐질 뿐 아니라 개인과 환경 간의 영향의 상호관계를 의미하며 무언가 전달하고 교환하는 것이기 때문에 활동적이고 역동적이며 긍정적이거나 부정적일 수 있다.

③ 상호의존

상호의존(interdependence)이란 한 개인이 다른 사람이나 집단에 서로 의존하고, 의지하는 것을 말한다. 개인은 다른 사람들이 없다면 존재할 수 없다. 고도의 산업사회에서 인간은 생존하기 위해 서로 필요한 상호의존관계에 있다.

(5) 관계성, 역할 및 유능성

① 관계성

관계성(relatedness)이란 인간관계를 형성하거나 타인과 연결될 수 있는 능력으로, 관계를 맺고자 하는 욕망과 능력은 초기의 양육과정에서 시작되고 일생을 통하여 상호적 보호 행동의 유형을 결정하게 된다. 또한 관계성은 생태학이론의 핵심적 개념으로 인간관계를 형성하거나 타인과 연결될 수 있는 능력이다. 관계를 맺고자 하는 욕망과 능력은 초기의 양육과정에서 시작되고 일생을 통하여 상호적 보호 행동의 유형을 결정하게 된다.

② 역할

역할(role)이란 특정 사회적 지위를 갖고 있는 개인이 타인에게 어떻게 행동해야 하는지에 대한 기대뿐만 아니라 타인이 그 사람에게 어떻게 행동해야 하는지에 대한 기대까지도 포함하는 상호적 욕구와 의미의 유형이다. 역할수행은 감정, 정서, 지각, 신념과 연관되어 있다.

③ 유능성

유능성(competence)이란 개인이 환경과 효과적으로 상호 작용할 수 있는 능력을 말한다. 즉 유능성은 인간발달에 필수적인 요소로서 자신의 판단을 신뢰하고 자기확신을 갖고, 환경에 바람직한 영향을 미칠 수 있는 능력을 포함한다. 이러한 유능성은 자신의 환경 속에서 효과적으로 기능할 수 있는 능력으로 환경과의 성공적인 상호작용을 통하여 형성된다.

(6) 스트레스와 대처

① 스트레스

스트레스(stress)는 개인이 지각한 요구와 이러한 요구를 충족시킬 수 있는 자원을 활용할 수 있는 능력 사이에 불균형에 의해 야기된 생리·심리·사회적 현상이다. 스트레스는 반드시 문제가 되는 것은 아니다. 어떤 스트레스는 개인의 성장과 발전을 도모하는 하나의 동기로 작용할 수 있다.

② 대처

대처(coping)란 적응의 한 형태로 문제를 극복하기 위해 노력하는 것을 의미한다. 스트레스를 경험함으로써 자연적으로 발생하게 되는 대처기술은 정서적 고통을 통제하기 위하여 개인이 수행하는 행동이다. 대처능력을 갖추기 위해서는 내적 자원과 외적 자원이 필요하다. 내적자원에는 자존감과 문제해결기술이 포함된다. 외적자원에는 가족, 사회적 관계망, 그리고 조직의 지원이 포함된다.

5) 생태학 체계의 구성

생태학 이론에서의 체계는 사회체계에서 강조한 2차원으로 구분한 미시체계와 거시체계, 3차원으로 구분한 미시체계, 중간체계, 거시체계가 있다. 또한 Bronfenbrenner(1979)는 환경체계를 미시체계, 중간체계, 외부체계, 거시체계 4차원으로 구분하였다. 그리고 그 후 시간체계를 첨가하여 5차원으로 구별하였다(〈표 6-1〉).

〈표 6-1〉 체계의 수준 구분의 예

2차원 구분		3차원 구분		4차원 구분		5차원 구분	
구분	예	구분	예	구분	예	구분	예
미시체계	개인 가족 소집단	미시체계	개인	미시체계	개인, 가족 소집단 직장 등	미시체계	가족, 친구, 학교, 지역사회, 놀이터, 학교, 동아리 등

〈표 6-1〉 계속

<table>
<tr><th colspan="2">2차원 구분</th><th colspan="2">3차원 구분</th><th colspan="2">4차원 구분</th><th colspan="2">5차원 구분</th></tr>
<tr><th>구분</th><th>예</th><th>구분</th><th>예</th><th>구분</th><th>예</th><th>구분</th><th>예</th></tr>
<tr><td>미시 체계</td><td>개인
가족
소집단</td><td rowspan="2">중간 체계</td><td rowspan="2">가족
소집단</td><td>중간 체계</td><td>(미시체계 간 관계)
가정-학교,
가정-직장
학교-이웃</td><td>중간 체계</td><td>(미시체계 간 관계)
학교(교사)와 가정(부모)간의 관계, 형제간의 관계, 가정과 또래 집단과의 관계, 종교 생활과의 관계 등</td></tr>
<tr><td rowspan="3">거시 체계</td><td rowspan="3">조직
지역사회
국가사회</td><td>외부 체계</td><td>학교,
지역사회,
지방정부 등</td><td>외부 체계</td><td>부모의 직장, 대중매체, 정부기관, 교통통신시설, 문화시설 등</td></tr>
<tr><td rowspan="2">거시 체계</td><td rowspan="2">조직
지역사회
국가사회
사회제도
문화 등</td><td rowspan="2">거시 체계</td><td rowspan="2">국가사회
사회제도
문화 등</td><td>거시 체계</td><td>국가사회, 사회제도, 문화, 정치, 경제, 사회, 법, 문화, 교육 정책</td></tr>
<tr><td>시간 체계</td><td>과거·현재·미래 시간, 개인의 전 생애에 걸쳐 일어나는 변화, 역사적인 환경</td></tr>
</table>

출처: Bronfenbrenne, 1979, 재구성.

다음은 생태학 체계 구성요소인 유기체와 환경체계인 미시체계, 중간체계, 외부체계, 거시체계, 시간체계에 대해 살펴보고자 한다(Pincus & Mimahan, 1973; Bronfenbrenner, 1979; 이영실 외, 2011; 사회복지교육연구센터, 2013).

(1) 유기체

유기체는 개별적이고 통제적이며 살아있는 체계로 에너지와 정보를 필요로 하며 가족, 조직, 사회는 유기체로 구성된 생활체계의 예라고 할 수 있으며 인간유기체는 그들의 환경과 상호작용하면서 인간생태체계를 구성한다.

(2) 미시체계

미시체계(micro system)는 개인 혹은 인간이 속한 가장 직접적인 사회적·물리적 환경들을 의미한다. 인간은 넓은 의미에서 생리적·심리적·사회적 체계의 한 형태이며, 이러한 체계들 모두는 상호 작용한다.

미시체계 내에서 가족, 친구, 학교, 지역사회, 놀이터, 학교, 동아리, 운동팀, 또래친구, 교회나 다른 사회집단에서 만나는 사람들, 이웃사람 등과 같은 요인들 간에는 직접적인 상호작용이 이루어진다. 개인의 특성과 성장 시기에 따라 미시체계가 달라지는데, 예를 들면, 어릴 때는 가족이 가장 중요하지만 청소년기에는 또래집단이 더 큰 영향을 미칠 수 있다.

건강한 미시체계는 상호호혜성에 기반을 두고 있다. 예를 들어 부모 자녀 간에 서로의 의견을 요청하고 받아주는 존중하는 의사소통관계가 아닌 의사소통 패턴에서 호혜성이 무너지면 미시체계의 질이 떨어진다. 미시체계가 효과적으로 기능하면 다른 체계에서도 성공 할 기회가 많아진다.

(3) 중간체계

중간체계(mezzo system)는 두 가지 이상의 미시체계들 간의 관계 혹은 특정한 시점에서 미시체계들 간의 상호작용을 의미한다. 가족, 직장, 여러 사교집단 등 소집단 혹은 가족과 같은 개인을 둘러싸고 있는 두 가지 이상의 환경에서 일어나는 과정과 연결성을 말한다. 예를 들면, 학교(교사)와 가정(부모)간의 관계, 형제간의 관계, 가정과 또래 집단과의 관계, 종교 생활과의 관계 등을 들 수 있다.

중간체계에 대한 분석은 예를 들어 자녀의 학교 적응을 촉진할 수 있는 학교-가족 간 상호작용의 질, 빈도, 영향력을 검토하는 것을 들 수 있다. 만약 가족-학교가 상호 호혜적이고 효과적인 의사소통 체계를 갖고 있으면 학생들은 더 높은 성적을 받을 것이고, 주도성과 독립성을 나타낼 것이다.

(4) 외부체계

외부체계(exo system)란 개인과 직접 상호작용하지는 않으나 그 개인(미시체계)의 발달에 영향을 주는 환경체계를 말한다. 즉, 두 가지 이상의 환경사이에서 일어나는 과정과 연결성으로서 이 중에 최소한 한 가지 체계는 마치 자녀에게 있어 부모의 직장과 같이 그 개인을 직접 둘러싸고 있지 않은 체계이다.

외부체계는 개인과 밀접하게 상호작용을 하는 것은 아니지만 점차 성장하면서 생활의 주요한 요소가 되며, 개인의 행동발달에 영향을 미친다. 가령 어머니의 취업여부에 따라 아동의 생활 패턴이 달라지는 것도 외부체계의 영향이라고 할 수 있다. 외부체계는 미시체계와 중간체계의 질에 상당한 영향을 미치게 된다.

예를 들면 아동학대 혹은 아동유기에 영향을 미치는 환경요인으로 열악한 주거, 실직, 만성적 빈곤과 같은 요인들은 비록 부모의 통제권을 벗어난 외부체계이지만 이것들은 아동학대와 아동유기의 확률을 높이는 요인이 되고 있다. 반면 활발한 친족지원망, 교회출석 등은 아동학대와 아동유기를 줄일 수 있는 요인으로 외부체계에 존재한다.

(5) 거시체계

거시체계(macro system)란 개인이 속한 사회의 이념이나 제도의 일반적인 형태 혹은 개인에게 영향을 미치는 환경 요소를 의미하며 미시체계, 중간체계, 외부체계에 포함된 모든 요소뿐만 아니라 개인이 살고 있는 문화적 환경까지 포함한다.

뿐만 아니라 거시체계는 사회구조적인 맥락을 포함하고 있기 때문에 간접적이긴 하지만 강력한 영향력을 행사한다. 이러한 거시체계는 역사적·사회적·문화적 세력(예: 전쟁, 조약, 선거, 입법 등)에 의해서 형성되고 수정되는 특징이 있다. 개별미시체계는 사회환경 속에서 상호작용하는 거시체계의 영향을 지속적으로 받는다. 사회복지실천에서 거시적 접근은 사회전반을 개선하고 바꾸는 일에 참여하는 것이다.

(6) 시간체계

시간체계(time system)는 개인의 전 생애에 걸쳐 일어나는 변화와 역사적인 환경을 포함하는 체계로 어떤 시대에 출생하여 성장하였는지에 따라서 개인은 발달과 삶에 큰 영향을 받는다.

또한 부모, 가족, 친구, 학교 등 개인을 둘러싼 미시체계에서부터 문화, 관습, 이념 등의 거시체계에 이르기까지 모든 생태체계는 개인에게 영향을 미치며 이러한 생활환경은 과거, 현재, 미래의 시간체계의 변화 속에서 작용한다.

6) 사회복지실천과의 연관성

사회복지실천에서는 생태학 이론의 도입을 통해 클라이언트와 그의 환경을 이분화하지 않고 양자 간의 상호작용에 초점을 둘 수 있게 되었고 동시에 개인-환경 간의 적합성, 개인과 환경 간의 상호적 교환 그리고 교환을 지지하거나 방해하는 힘 등과 같은 포괄적이고 통합적으로 사회복지실천적인 지식을 제시해주고 있다.

또한 사회복지실천에서는 생태학이론의 적용은 스트레스와 대처, 적합성과 적응 및 유능성 등의 개념을 적용하는 생활모델을 발전시킨 것과 같이 인간의 적응과 부적응에 대한 관점을 새롭게 하고, 인간을 둘러싼 환경의 중요성을 다양한 수준에서 인식하는 계기를 마련하였고 인간과 환경의 개념에 대한 진일보한 설명을 가지게 되었다.

그리고 생태학이론은 어느 하나의 특정 개입방법이나 기법을 가지는 실천모델이 아니며, 사회복지사에게 문제현상을 사정·평가할 수 있는 구조와 준거틀을 제공해 줌으로써 그들에게 일반적이고 통합적인 관점을 제공한다. 뿐만 아니라 생태학이론에서는 인간발달 단계를 구체적으로 제시하지는 않았으나 인간발달의 단계적 구분을 통해 각 발달단계별로 영향을 미치는 사회환경을 미시수준, 중간수준, 거시수준에서 제시하고 있다는 점에서 의의가 있다.

따라서 생태학이론은 사회복지실천에서 개인, 가족, 지역사회 그리고 더 큰 체계에 어려움을 유발하는 상황을 좀 더 적응적 상황으로 재구조화하며 아동·청소년 복지, 정신건강문제, 학교사회사업, 실직 노숙인 문제 등을 비롯한 여러 사회복지영역에 포괄적으로 적용될 수 있다.

생태학이론에 있어서 사회복지실천과의 연결성은 다음과 같다.

첫째, 사회복지실천에서 사회복지사는 클라이언트의 정신내적 생활과 환경적 조건을 개선하는데 목적을 두고 실시하는 서비스, 즉 직·간접적인 사회복지실천의 통합을 활용할 수 있다.

둘째, 사회복지실천에서 사회복지사는 개인-환경 간의 적합성, 개인과 환경간의 상호교류, 이러한 교류에 영향을 미치는 힘에 대한 폭넓고 포괄적인 실천지식을 제공받아 클라이언트와 그의 환경체계에 적용할 수 있다.

셋째, 사회복지실천에서 사회복지사는 클라이언트체계의 자원을 발견하며, 클라이언트체계의 역량을 강화하는 개념적 도구로서 활용할 수 있다.

넷째, 사회복지실천에서 사회복지사는 사정단계의 사정도구로서 생태도(ecomap)[19], 가계도(genogram)[20]등을 활용하여 클라이언트와 그의 환경을 다음과 같이 도울 수 있다.

19) 생태도: 개인이나 가족을 포함하는 클라리언트 체계가 외부환경 체계들과 어떻게 관련되어 있는지를 그림으로 나타내는 것. 가족체계 사정에 많이 활용. 클라이언트 체계와 외부체계 혹은 외부자원과 관련성은 주위에 얼마나 다양한 체계들이 존재하는지의 구조적인 면뿐 아니라 그 외부체계들이 어떻게 작용하는지의 기능적인 면을 파악. 가족 내에 결속, 자원의 흐름, 자원의 유용성 이해함으로 사회체계적 시각에서 가족의 상태를 전체적으로 조망하도록 돕고, 체계들 간의 원활한 관계휘애 어떻게 변화시켜야 할지를 결정하도록 도와준다.

20) 가계도: 가족체계를 사정하는 방법으로 2~3세대 이상에 걸친 가족성원에 관한 정보와 그들 간의 관계를 도표로 나타낸 것. 가족에 관한 정보 도식화함으로써 복잡한 가족유형의 형태 쉽게 파악, 현재의 클라이언트의 문제가 가족맥락과 어떻게 관련되는지, 문제가 가족 안에서 과거로부터 현재까지 어떻게 발전되어왔는지 파악. 가계도 사용목적은 복잡한 가족 내 유형들이 어떻게 세대를 걸쳐 전달되며 죽음, 질병, 성공, 실패 등의 과거 사건들이 현재의 가족 유형과 가족 내 2인관계 혹은 삼각관계에 어떻게 영향을 주고 있는지 보여주는 데 있다.

- 생태도를 활용함으로써 가족체계를 사정하며 그 가족 내에 존재하는 결속, 긴장, 지지뿐 아니라 가족과 외부체계 사이에 존재하는 자원의 부족과 결핍, 자원의 흐름, 자원의 유용성을 이해할 수 있다. 또한 생태도는 사회체계적 시각에서 가족의 상태를 전체적으로 조망하도록 도울 뿐 아니라, 체계들 간의 관계를 원활하게 하기 위해서 어느 체계를 어떻게 변화시켜야 할지를 결정하도록 도와준다.
- 가계도를 활용함으로써 클라이언트의 문제가 가족 안에서 과거로부터 현재까지 어떻게 발전되어 왔는지를 파악할 수 있다. 특히 사회복지사는 가계도를 사용함으로써 클라이언트의 복잡한 가족 내 유형들이 어떻게 세대를 거쳐 전달되며, 죽음, 질병, 성공, 실패 등의 과거 사건들이 현재의 가족유형과 가족 내 이인관계 혹은 삼각관계에 어떻게 영향을 주고 있는지 사정하고 계획을 세우는 데 도움을 준다.

C·H·A·P·T·E·R 07

다문화이론

1 개요

다문화(multicultural)는 민족적·문화적 다양성 존재 자체를 의미하며 소수민족 및 인민, 난민, 이주노동자 집단 등 소수자로부터 시작했고 다문화가정이나 결혼이민여성에 대한 문화적 차별감이나 적대감 등은 다문화의 주된 문제라 할 수 있다. 다문화에 대한 관심은 외부로부터의 이주가 단일민족국가에 유입되면서 민족적, 문화적 단일성에 대해 정체성 문제가 가시화되고 이주민들의 권리와 사회통합문제가 제기되면서 출발하였다. 한국의 경우에도 외국인 노동자, 결혼이주민, 북한이탈주민의 지속적 증가로 다민족화와 다문화 현상이 가속화되었고 문화적 다양성과 인구구성의 변화 정도가 심화됨에 따라 한국사회가 전통적으로 단일민족, 문화, 언어로 구성된 사회에서 벗어나고 있음은 주지의 사실이다.

한국은 현재 다문화사회로의 전환단계 상태라 할 수 있다. 민족, 인종 간의 정체성 및 가치관의 혼란, 사회적 통합의 약화 및 사회적 불평등 등이 사회문제로 대두되고 있는 시점에 와 있음을 알 수 있다. 이러한 민족, 인종 간의 사회적 갈등을 해결하기 위하여 다문화의 사회적 통합에 대한 적극적인 논의가 필요하다. 즉 문화적으로 다양성을 가지고 있는 사람들을 위한 인권보호 및 사회통합을 강화하는 법과 제도 등을 적극적으로 재조정하고 도입할 필요가 있다.

서구화·근대화·세계화, 문화권 및 이주민, 다문화주의, 다문화철학, 다문화교육, 동화주의, 문화상대주의, 다문화적응, 문화적 역량 등과 동화이론, 통합이론, 문화다원주의이론, 분리이론, 주변화이론, 연쇄이동이론[21], 다문화인식론[22] 등의 다문화이론의 주요개념은 다문화이론을 이해하는 데 무엇보다도 중요하다.

2 주요 개념

다문화이론의 주요 개념인 서구화·근대화·세계화, 문화권 및 이주민, 다문화주의, 다문화 철학, 다문화 교육, 동화주의, 문화상대주의, 문화상호주의, 문화횡단주의, 다문화주의, 문화적 역량 등 중심으로 살펴보고자 한다(Berry & Blondle, 1982; Zizek, 1997; Beck. 2002 Berry, 2005; 오경석 외, 2007; 황정민 외, 2007; 박병섭, 2008[23]; 장미혜, 2008; 최종렬, 2008; 이제봉, 2012).

1) 서구화·근대화·세계화

서구화(occidentalization)란 고유의 문화를 가지고 있던 사회가 서구로부터의 영향을 받아 기술, 산업, 경제, 정치, 철학, 식습관, 법률, 또는 사용하는 언어나 문

21) 연쇄이동이론: (1) 연쇄이동이론은 사회적 관계 속에서 기존 이민자들로부터 교통편이나 거주와 취업을 도움 받은 예비 이민자들의 움직임을 뜻함 (2) 연쇄이동이 일어남으로써 사회자본이 기능한다고 강조함 (3) 특정 지역의 사람들이 외지의 특정한 곳에 모여 삶.

22) 다문화인식론: (1) 다문화인식론은 다문화 운동이 강력한 사상적 운동으로서 개념적 기반 및 지적 정당성을 제공하는 이론들의 집합임 (2) 다문화인식론은 현실은 만들어지는 것, 해석은 주관적인 것, 가치는 상대적인 것, 앎이라는 것은 정치적인 것 4가지 주요 명제를 강조함.

23) 박병섭. 2008. 이주민과 다문화가정과 함께하는 다문화주의 철학. 실크로드. 40~42.

자의 측면에서 새로운 방식을 도입하거나 서구의 것을 그대로 도입하는 현상을 말한다.

근대화(modernization)란 어의적(語義的)으로는 전근대적인 상태에서 근대적인 상태로 이행하는 과정을 말한다. 즉, 근대화란 정치·경제·사회·문화·가치관 등의 모든 면에서 전반적으로 구조적 변화가 시작되어 후진적인 상태에서 보다 향상된 생활조건을 조성해 가는 과정을 의미한다.

세계화(globalization)란 각 국가경제의 세계경제로의 통합을 의미한다. 즉 세계화란 국가 및 지역 간에 존재하던 상품, 서비스, 자본, 노동, 정보 등에 대한 인위적 장벽이 제거되어 세계가 일종의 거대한 단일시장으로 통합되어 나가는 추세를 말하는 것이다.

2) 문화권 및 이주민

문화권(kulturkreis)이란 한 중심지에서 발원해 세계의 넓은 지역으로 확산되는 문화복합을 가리키는 개념으로 20세기 초 독일 인류학파의 중심개념이다. 즉, 문화권은 공통된 특징을 보이는 어떤 문화가 지리적으로 분포하는 범위로, 다문화론자들은 문화권을 이민자들이나 소수민족들이 자신의 고유문화를 향유할 수 있는 문화 권리로 보고 있다. 이주를 통해 다른 지역이나 나라에 자리를 잡고 살아가는 사람들을 가리키는 의미로 이주노동자, 결혼이민자, 북한이탈주민을 꼽을 수 있다. 한국 사회의 이주민은 디아스포라(diaspora)[24] 관점 즉 특정 인종

24) 디아스포라(diaspora): 유대인의 분산이라는 용어로 디아스포라는 그리스어로 *διασπορά*로 '흩뿌리거나 퍼트리는 것'을 뜻하는 그리스어에서 유래한 말이다. 특정 인종(ethnic) 집단이 자의적이든지 타의적이든지 기존 살던 땅을 떠나 다른 지역으로 이동하는 현상을 일컫는다. 한자어로는 파종(播種) 또는 이산(離散)이라고도 한다. 이는 유목과는 다르며, 난민 집단 형성과는 관련되어 있다. 난민들은 새로운 땅에 계속 정착했을 수도 있고 아닐 수도 있으나, 디아스포라란 낱말은 이와 달리 본토를 떠나 항구적으로 나라 밖에 자리잡은 집단에만 쓴다. 난민 외에도 노동자, 상인, 제국의 관료로서 이주한 사례도 디아스포라에 해당한다. 디아스포라 문화는 원주지역 사람들의 문화와는 다른 방식으로 전개된다. 여기에는 문화나 전통, 혹은 서로 떨어진 원집단과 디아스포라 집단 사이의 다른 차이점에 따라 차이가 있다. 디아스포라 집단에서 문화적 결속은 흔히 이들 집단이 언어 변화에 대해 집단적으로 저항한다거나 고유의 종교 의식

(ethnic) 집단이 자의적이든지 타의적이든지 기존 살던 땅을 떠나 다른 지역으로 이동하는 현상을 일컫는다는 의미를 지니고 있다.

3) 다문화교육

다문화교육(multicultural education)이란 다양한 문화의 요소를 가진 학생들이 평등한 교육 기회를 가지고, 긍정적인 문화교류 태도 및 인식, 행동을 발달시킬 수 있도록 하는 교육을 일컫는다. 최근 외국인 근로자와 결혼이주 외국인의 수가 급증하면서, 다문화가정 자녀의 수 역시 급증하는 추세를 보이고 있는데, 다문화가정 자녀들이 문화적 차이 등을 극복하고 성공적으로 한국 사회의 구성원으로 자리 잡기 위해서는 올바른 교육이 매우 중요하다.

4) 동화주의

동화주의(assimilation)는 각 문화를 존중하고 고유한 가치를 인정하여 문화 간의 우열관계를 부정하는 것이 아니라 강한 문화와 약한 문화의 우열을 인정하면서 약한 문화는 강한 문화에 흡수된다는 논리에 바탕을 두고 있다. 따라서 동화주의란 다양한 소수의 문화를 주류 문화 속에 통합시키려는 경향으로 이민자들이 새로운 국가에서 권한을 취득함과 동시에 자국민과 같은 존재로 그 나라 언어를 사용해야 하며 주류문화를 받아들이는 것이라고 정의 할 수 있다.

5) 다문화주의

다문화주의(multiculturalism)는 1970년대 이후 근대화론에 입각한 동화주의에 대한 성찰과 반성에서 출발했으며 초기에는 다수와 소수인종, 민족 간의 문화갈등문제와 관련하여 사용되었으나 점차 장애인, 사회소수자집단의 문제로까지

을 계속 유지하는 등에서 그 흔적을 찾을 수 있다.

확대되어 사용되면서 다양한 개념적 의미를 가지게 되었다. 즉 다문화주의란 한 국가 안에서 소수자들의 문화적 권리를 존중하고 정치·사회·경제·문화적 불평등을 없애려는 정책목표라 정의할 수 있으며 이민자들에게 굳이 출신문화를 버리고 주류문화에 동화하도록 요구하지 않으며 출신문화를 유지하도록 지원하는 것을 의미한다.

6) 문화상대주의,

문화상대주의(cultural relativism)는 사회와 문화를 일 대 일의 대응관계를 전제로 하고 있고, 각 사회가 갖고 있는 각 문화는 고유한 가치를 가지고 있다는 점을 강조하고 있다. 즉 선진국의 문화와 개발도상국의 문화, 발전도상국의 문화, 미개국 문화 간의 상하관계는 존재하지 않는다는 이론적 특징을 가지고 있다. 따라서 문화상대주의란 타문화를 존중하고 그 문화의 시각에서 평가해야 한다는 관점으로 정의할 수 있다.

7) 문화상호주의

문화상호주의(interculturalism)는 다원주의가 문화들의 공존만을 말하고 있음과는 달리, 문화상호주의는 문화들 사이에 상호작용이 있다고 본다. 문화들은 다른 문화를 자신과 완전히 다른 실체로 이해하지는 않는다. 문화들 사이에는 소통과 대화가 존재하며, 이를 통해 문화들은 서로에게서 배우게 된다. 문화상호주의는 문화 간 만남이 이루어질 수 있는 다양한 형식, 도구, 기회를 만들어 내고자 한다.

8) 문화횡단주의

문화횡단주의(transculturalism)는 문화상호주의에서 한 걸음 더 나아간다. 문화횡단주의는 대화를 통해 문화의 차이를 극복하려 할 뿐만 아니라, 나아가 새로운 가치와 삶의 방식을 창출하고자 한다. 개인, 집단, 국민 등 모두가 자신의 근본적인 권리를 인정받으면서 평화적으로 공존하기 위해서는 다른 문화로부터 배울 뿐만 아니라 그 자신이 새로운 문화가 되지 않으면 안 된다.

3 주요 이론

다문화이론의 주요 이론에는 동화이론, 융합이론, 문화다원주의이론, 문화적응이론 등이 있다. 이러한 주요 이론을 살펴보면 다음과 같다(Berry & Blondle, 1982; Schlesinger, 1991; Berry, 2005, Kymlicka, 2006; 윤인진, 2008; 오경석 외, 2010).

1) 동화이론

동화(assimilation)란 한 사회 안에서 서로 다른 종족 집단들이 함께 살아갈 때, 소수종족 집단의 사람들이 자신들의 고유한 전통과 문화 보다는 그 사회의 다수종족 집단의 문화와 삶의 양식을 닮아 자신들의 것으로 만드는 과정이라고 할 수 있다.

동화이론(assimilation theory)은 1920년대 이민자들이 미국 현지인과 관계에서 접촉-경쟁-화해-동화 과정을 경험하면서 미국의 주류 사회에 정착함을 규명하기 위해 나온 이론으로서 1920~1930년대 활동한 미국 사회학자인 Park와 Burgess의 정의에 근거를 두었다. 또한 동화이론은 근대화로 인한 문화적 동화압력이 소수민족 및 인민, 난민, 이주노동자 집단에 의해 가해졌고 더욱이 언어 및 생활습관의 차이에 따른 억압을 정당화함으로써 사회적·경제적·정치적 불평등을 지속시키려는 힘에 근거한 이론으로 볼 수 있다.

2) 융합이론

융합이론(melti-pot theory)은 입장소수자와 다수자의 상호작용을 설명할 때, 다수자와 소수자가 어울려서 과거와는 다른 새로운 문화를 만들어낸다고 본다. 이는 소수자가 자기 것을 버리고 다수자의 일부가 되어 간다고 보는 동화이론과는 다른 견해이다. 따라서 각각의 소수자들이 모여서 다른 하나에 속하게 되는 경우를 말한다. 이는 용광로와 같이 열광의 도가니론으로 표현하기도 한다. 또한 융합이론은 다양한 소수자가 다수자들과 동등한 능력을 가지며 동일한 대우를 받는다고 가정하지만 경우에 따라서 이와 같이 동등한 융합은 일종의 환상에 불과할 수 있다. 비록 이민국가들이 나름의 독특한 문화를 형성했다고 하지만 그것은 다수자의 입장에서의 융합이기 때문에 여전히 다수자가 중심에 있고 소수자는 보조적인 입장에 있을 수 있다.

3) 문화다원주의이론

문화다원주의이론(multiculturalism theory)은 동화이론에 대한 반성과 함께 시작해 반세기 가까이 많은 국가들의 이민정책에서 지금까지 중심적인 자리를 차지하고 있었다.

문화다원주의이론은 미국에서는 동화이론을 거부하며 이민자들이 각자 고유 언어와 문화의 정체성을 유지하면서 사회에 기여할 수 있다는 점을 강조하고 있다. 이 이론은 백인사회에 융합하지 않고 소수민족이 지니는 고유문화를 지키며 자신의 정체성을 말살하려는 강압적 문화이론을 배제한다. 즉, 이 이론적 접근은 문화와 정체성의 다양성을 받아들이며 인종이나 민족에 기반을 둔 차별이론을 배제하고 있다.

또한 문화다원주의이론은 상이한 국적, 인종, 문화적 배경, 성, 연령, 계층 등에 관계없이 인간으로서 보편적으로 가지는 권리를 향유하고 각각의 특별한 삶의 방식을 존중하여 모두가 공존하는 사회를 만드는 이론적 틀로서, 이민, 원주민, 노동력의 국제적 이동, 국제결혼, 난민, 망명자, 유학생 등으로 다양한 민족 간 발생하는 불협화음을 극복하는 문화갈등극복이론으로 각광을 받고 있다.

문화다원주의이론을 비판하는 일부 사람들은 소수집단의 문화적 고유함을 지나치게 주장함으로써 전체사회의 통합을 위한 이념과 가치를 배제한다는 입장도 보인다. 그러나 대부분의 국가와 사회는 문화, 종족, 언어, 종교적 다양성을 갖고 있다. 다원화된 민주주의 국가의 과제 중 하나는 문화 집단과 종족집단들이 다양성과 단일성의 통합된 균형 속에서 국가가 다양한 문화집단의 인권을 보호하고 구조적으로 포용하면서 차별을 금지하는 정책을 펼 때에 사회통합과 발전이 이루어진다고 본다.

따라서 문화다원주의이론은 소수집단이나 국가 및 민족이 지닌 문화적 다양성을 수용하는 것이 민주주의를 위해 바람직할 뿐만 아니라 문화 간 충돌을 해소하고 사회를 통합하는 전제이자 기본원리라는 입장이다. 이는 민족적, 문화적 다양성의 존재를 인정하는 것을 넘어 그들의 문화와 정체성을 유지·발전시켜 주는 측면으로 다문화의 이론을 확대한 것이라고 볼 수 있다.

4) 문화적응이론

문화적응(acculturation theory)이란 두 집단 간에 이미 가지고 있던 문화를 접촉한 결과로 일어나는 행동적 및 심리적 변화라고 정의할 수 있다(Sam & Berry, 1995; Teske & Nelson, 1974).

Berry(1997)는 다문화사회에서 동화만이 유일한 방법이 아니라는 점에 입각하여 문화적응은 각 다문화사회의 집단변화에 저항하고자 하는 반응을 일으키고, 새로운 문화적 양식을 자극한다고 강조하였고, Berry, Kim & Bosky(1988)은 문화적응을 통하여 각 개인의 새로운 삶의 기회 및 적절한 사회적 지지를 제공받음으로써 이들의 일상생활에 긍정적인 변화가 일어 날 수 있지만 각 개인이 문화적응을 하지 못할 경우, 정체성 혼란과 어려움에 대한 대처능력이 떨어져 심리적 고통에 처하게 된다고 강조하고 있다. 이러한 문화적응의 과정은 〈그림 7-1〉과 같다.

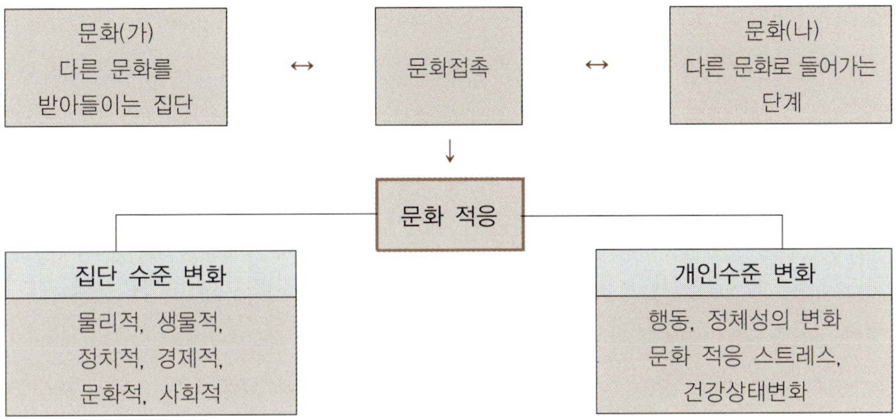

[그림 7-1] 문화적응 과정(Berry 외, 1988)[25)]

4 사회복지실천과의 연관성

한국에서 다문화의 제반문제들에 대한 해결은 여러 가지 방안들이 있겠지만 다문화이론에서 살펴본 다문화이론의 개념과 주요 이론에 입각한 다문화이론이 사회복지실천에 적용되어야 한다.

다문화이론에서 사회복지실천과의 연관성은 다음과 같다.

첫째, 사회복지실천에서 사회복지사는 문화적 유능성[26)]을 실현하는 지식과

25) Berry, J. W., Kim, U., & Boski, P.(1988). Psychological acculturation of immigrants. in Y. Y. Kim & W. B. Gudykunst(Eds.), Cross-Cultural Adaption: Current approaches. Thousand Oak, CA: Sage.

26) 문화적 유능성(cultual competence): 가치와 상황이 다른 서비스 체계 내의 사회복지행정가와 사회복지사들에게 효과적인 서비스를 가능하게 만드는 지식, 기술, 태도 등을 포함한다.

기술을 가지고 다문화관련 클라이언트들과 그들의 가족, 그리고 지역사회에 대하여 클라이언트 당사자 관점에서 서비스를 제공한다.

둘째, 사회복지실천에서 사회복지사는 지역사회중심 개입을 함으로써 다문화관련 클라이언트에 대한 지속적인 서비스를 주도록 하며 이들의 문제를 해결하기 위하여 이들이 생활하고 있는 지역사회의 친밀하고 가치 있는 비공식적·공식적·사회적 자원체계들 및 문화적 자원체계를 활용하여 서비스를 제공한다.

셋째, 사회복지실천에서 사회복지사는 사례관리체계를 활용함으로써 다문화관련 클라이언트들을 동반자로서 자발적인 동기를 부여하여 사회복지실천과정에 참여하게 만들고 지속적인 보호를 할 수 있는 제반적인 서비스를 제공한다.

넷째, 사회복지실천에서 사회복지사는 다문화관련 클라이언트들 및 이들의 가족인 자원체계 간 협력을 통해서 이들이 지역사회에 잘 적응할 수 있는 지역사회복지관련 서비스를 제공한다.

다섯째, 사회복지실천에서 사회복지사는 다문화관련 클라이언트들에게 이들이 살고 있는 지역사회에서 가족들의 삶의 방식 속에서 이루어지도록 다문화주의 관련 다양한 서비스를 제공한다. 동시에 클라이언트들의 신체적·심리적·사회적·문화적인 측면에 대한 예방·치료·재활의 통합적 사회복지서비스를 제공한다.

PART
03

사회체계 수준에 따른 사회환경

Human Behavior and Social Environment

CHAPTER 08

사회환경의 수준: 미시체계

1 가족체계

1) 가족의 개념

Murdock(1949)는 가족은 부부와 그들의 자녀로 구성되고, 주거와 경제적인 협력을 같이 하며 자녀의 출산을 특징으로 하는 집단이라고 정의하였고 Burgess와 Locke(1963)는 가족은 혼인, 혈연 또는 입양에 의해 결합된 집단으로 구성원은 각각의 사회적 역할 속에서 상호작용하고 의사소통하여 공통의 문화를 창조하고 유지하는 집단이라고 정의하였다. 그리고 Levi-Strauss(1969)는 가족구성원은 법적 유대 및 경제적·종교적인 것 등의 권리와 의무, 성적 권리와 금기, 애정, 존경 등의 다양한 심리적 정감으로 결합되어 있다고 정의하였다.

또한 Chilman(1988)은 가족이란 하나의 집단에 속해 있다는 정체성을 의식하고 그 집단의 고유한 정체성을 수립하여 부모-자녀 관계를 유지하는 것으로 정의하였고 Goodman(1992)은 개인이 가족구성과 해체 그리고 재구성을 연속적으로 할 수 있다는 의미를 암시하는 혈통, 결혼, 입양에 의해 이어진 개인들의 영속적인 사회적 집단으로 가족을 정의하였다.

그리고 Giddens(1992)는 가족이란 정서적이고 물질적인 지지에 기반을 둔 둘 또는 그 이상의 사람들이 상호 간에 기대를 갖고 그들의 삶의 유형과 상관없이 상호 책임감과 친밀감, 지속적인 보호를 주고받는 구성체라고 했다. Selbert와 Willetts (2000)는 가족이란 동거를 통해 정서적 지지를 유지하거나 법적 혹은 생물학적 결합에 의해 자주 접촉을 유지하는 적어도 두 명이상의 개인들로 이루어진 구성원이라고 정의하였다.

이상에서 살펴본 정의를 근거로 하여 내린 가족의 정의는 다음과 같다.

첫째, 가족은 구성원 간 친밀하면서 상호 빈번하게 대면접촉을 하는 사람들로 이루어진 일차집단이다. 구성원은 공통의 규범을 가지고 상호 지속적으로 광범위한 영향력을 공유하고 있다.

둘째, 가족은 구성원 간 서로에 대한 의무와 책임을 지니고 있고 경제적 협력을 같이하는 집단이며 인정받은 성관계, 자녀의 출산 등을 특징으로 하는 집단이다.

셋째, 가족은 대체로 혈연이나 입양, 결혼 등으로 관계되어 함께 거주하는 사람들로 구성된 사람들의 집단 또는 그 구성원을 말한다.

2) 가족형태

다양한 가족형태는 가족 내에서의 개인의 지위나 역할, 가족성원과의 관계양상 등에 직·간접적으로 영향을 미친다. 가족형태를 분류해보면, 보편적으로 핵가족과 확대가족으로 구분하고 있으나, 그 외에도 한부모가족, 재혼가족, 노인단독가족, 독신가족, 소년소녀가족, 공동체가족, 다문화가족 등 다양한 가족형태를 들 수 있는데, 이에 대한 내용은 다음과 같다(Barker, 1999; 김영호 외, 2010; 이영실 외, 2011; 최덕경 외, 2013; 사회복지교육연구센터, 2013).

(1) 핵가족

핵가족(nuclear family)은 부부와 그들의 미혼 직계자녀로 구성된 2세대 가족으로서 현대 산업사회의 사회경제적 구조에 가장 적합한 가족형태로 간주된다.

핵가족의 가족구성은 부모와 자녀의 2세대로 한정되는 가장 간단한 형태로 가장 보편적으로 쓰이는 용어이며 핵가족은 개별가족, 단순가족, 요소가족, 부부가족이라고도 표현한다.

(2) 확대가족

확대가족(extended family)은 핵가족이 확대되거나 복합된 형태의 가족으로 한 집에 여러 세대가 사는 가족을 의미한다. 즉, 핵가족이 종적(직계) 또는 횡적(방계)으로 연결되어 형성되며, 자녀가 결혼 후에도 부모와 동거하는 가족형태를 말한다.

(3) 노인가족

노인가족(elderly family)은 65세 이상의 노인이 자녀나 친척과 동거하지 않고 독신 혹은 부부로서 독립된 가구형태로 생활하는 가족을 말한다. 또한 노인가족은 산업화에 따른 사회구조와 가치관의 변화로 핵가족화 되면서 노인만으로 구성된 가족이 증가하고 있다.

(4) 한부모가족

한부모가족(single-parent family)은 점차 증가하는 가족형태로, 별거, 이혼, 사망, 유기, 가출 등으로 배우자 중 한 명이 부재한 경우로 부모 중 한 사람과 자녀로 이루어진 가족을 말한다. 한부모가족의 경우 한쪽부모의 역할부담으로 인한 자녀양육, 심리적·경제적 문제 등 어려움이 발생할 수 있다.

(5) 계부모가족

계부모가족(step families)은 재혼가족이라고 하며, 재혼으로 서로 다른 가족구성원이 함께 살게 된 일차집단을 말한다. 즉 재혼가족은 배우자 한쪽이나 양쪽 모두가 재혼한 가족으로 자녀가 있거나 없으면서, 하나의 가구를 유지하는 가정을 말한다.

(6) 혼합가족

혼합가족(blended family)은 공동체 가족으로서 인척이나 혹은 인척이 아닌 사람들이 함께 동거하면서 전통적인 가족 역할을 수행하는 형태의 가족을 말한다. 즉 결혼과 혈연에 기반을 둔 기존의 가족형태에서 벗어나 개별가족이 수행하지 못하는 공동체적 기능을 회복하고, 동시에 핵가족이 가질 수 있는 문제점을 극복하려는 개인과 가족의 복합체를 말한다.

(7) 다문화가족

다문화가족(multicultural family)은 국제결혼을 통해서 서로 다른 국적 인종의 상대를 만나 결합한 가정을 의미하는 것으로 한국인과 외국인이 결혼하여 구성한 가족이다. 다문화가족 유형은 크게 한국인과 미군의 국제결혼, 한국인과 이주노동자의 국제결혼, 결혼이민자, 국내거주 이주노동자 간의 결혼, 한국화교, 그리고 북한이탈주민(새터민) 등에 의해서 형성되었다.

3) 가족생활주기

발달과업은 가족생활주기에 따라서 단계적으로 적절히 수행되어야 가족이 안정되고 충족감을 느끼며 살아갈 수 있다. 발달과업은 특정한 시기에 반드시 이루어져야 할 결정적인 때가 있기 때문에 가족생활의 각 단계에 따른 발달과업은 신중히 계획되어야 한다.

가족생활주기가 어떻게 구성되며 각 단계의 과업에 대해서는 학자에 따라 다소 차이가 있다. 가족생활주기의 대표적 학자인 Duvall(1971)은 가족생활주기를 8단계로 구분하여 2세대 핵가족을 중심으로 가족생활주기를 개념화하였고, Carter와 McGoldrick(1980)은 6단계로 구분하여 3세대 이상의 대가족체계를 중심으로 가족생활주기를 개념화하였다(〈표 8-1〉, 〈표 8-2〉).

〈표 8-1〉 Duvall의 가족생활주기단계와 발달과업

단계	발달과업
제1단계 자녀가 없는 부부	• 상호 만족스러운 결혼생활의 확립, 임신과 부모역할에 대한 적응 • 친족망과 조화 이루기
제2단계 자녀임신가족(신혼기)	• 유아의 발달에 적응하기 • 부모와 유아가 만족하는 가정의 확립
제3단계 취학 전 자녀가족	• 취학 전 자녀의 주요욕구와 관심격려 및 성장을 증진하도록 적응 • 에너지 고갈과 프라이버시 부족에 대처
제4단계 학령기 자녀가 있는 가족	• 건설적 방법으로 학령기 아동을 가진 가족집단에 적응 • 학령기가족의 지역사회의 조화, 자녀의 교육성취에 대한 격려
제5단계 10대 자녀 가족	• 10대 성숙을 위해 책임과 자유의 균형을 이루도록 하고 스스로 해방 • 부모역할을 마친 후의 관심과 진로확립
제6단계 성인 초기 자녀를 독립시키는 가족	• 적절한 의뢰와 지원으로 초기 성인독립 • 지지적 가정 기반의 유지
제7단계 중년부모	• 결혼관계의 재정립 • 젊은 세대와의 관계유지
제8단계 노년가족구성원	• 사별과 혼자 사는 것에 대처하기 • 노년/은퇴에 대한 적응

출처: Duvall, 1971.

〈표 8-2〉 Carter와 McGoldrick의 가족생활주기단계와 발달과업

단계	발달과업
제1단계 미혼의 젊은 성인	• 원가족에서 분리하는 경험으로 결혼 이전의 성인과 관련이 있음 • 이 단계에서는 개인의 정체감을 확립하고 새로운 대인관계를 발전시킴 • 가족으로부터 분화하여 새로운 가족체계를 형성하기 이전에 독립함
제2단계 신혼부부	• 결혼하여 두 사람이 생활의 기쁨과 책임을 재편하는 시기임 • 신혼부부와 각각의 가족은 그들의 관계를 새로 설정해야 함
제3단계 어린아이를 둔 가족	• 자녀를 낳아 자녀의 욕구를 충족시키는 것과 관련됨 • 부모는 과도한 개입과 관심이 부족한 개입 사이에 세심한 균형을 이루어야 함
제4단계 청소년을 둔 가족	• 청소년기 자녀를 둔 시기로, 자녀가 어렸을 때와는 다른 상호작용, 즉 청소년 자녀의 독립에 대한 욕구와 갈망을 다룸 • 이 단계는 또한 부부 간의 관계에 다시 초점을 맞추고 늙어 가는 부모로서의 역할을 강조함
제5단계 자녀의 독립시기	• 자녀를 새로운 관계로 떠나보냄 • 중년의 문제에 좀 더 집중함 • 자신의 부모가 점차 나이 들어 사회에서 기능하지 못하게 되는 것에 대처하는 것이 주된 과업임
제6단계 노년기의 가족	• 노화에 적응하고 죽음의 불가피성을 명확히 하는 시기임

출처: Carter & McGoldrick, 1980.

2 집단체계

1) 집단의 개요

집단의 개념, 집단의 성립요건, 집단의 상호작용, 집단결속력, 집단의 목적 등 집단의 개요를 살펴보면 다음과 같다(Hartford, 1971; Konopka, 1972; Toseland, 1984; Norlin & Chess, 1997; 이영실 외, 2010, 2011; 사회복지교육연구센터, 2013).

(1) 집단의 개념

학자들에 따라 집단의 개념정의가 다르다.

Konopka(1972)는 개인은 개별적 존재가 아니라 다른 사람과 집단에서 상호관계를 가지며 살아가는 전체적 개인이라고 하였고, Norlin & Chess(1997)에 의하면 체계로서 집단은 구성원에 대한 의식을 공유하고, 구성원들의 행동에 의해 영향을 받으며, 두 명 이상으로 구성된 사회조직의 한 형태로 정의된다.

Hartford(1971)에 의하면 집단은 적어도 두 사람 이상이 모여서 상호작용과 교류를 통하여 공동목적 및 관심을 공유하고 집단규범과 문화를 형성하며 구성원간 응집력을 발달시키는 것으로 정의된다.

이러한 정의를 종합해 보면, 집단은 서로 같은 집단에 소속하고 있다는 집단의식과 공동의 목적이나 관심사가 있으며, 이들 목적을 성취함에 있어서 상호의존적인 특성과 의사소통, 인지 및 반응을 통한 상호작용, 단일한 행동을 할 수 있는 2인(혹은 3인) 이상의 사회적 집합체라고 할 수 있다.

(2) 집단의 상호작용

집단 내에서 이루어지는 사회적 상호작용은 힘의 역동적인 교환행동이다. 집단과정에 참여한 사람들은 접촉을 통하여 참여자의 사고, 감정, 행동 그리고 태도를 변화시키는 결과를 낳는다. 이러한 상호작용의 유형은 다음과 같다.

첫째, 기둥형으로, 지도자가 중심적 위치를 차지하고, 구성원과 지도자 양자간의 의사소통이 원활히 이루어지는 유형이다.

둘째, 순번형으로, 집단구성원들이 돌아가면서 이야기하는 유형이다.

셋째, 뜨거운 자리형으로, 다른 구성원들이 지켜보는 가운데 지도자와 한 구성원만이 의사소통을 하는 유형이다.

넷째, 자유부동형으로, 집단구성원들이 자유롭게 이야기할 수 있는 유형이다.

(3) 집단결속력

집단에는 집단 내에 남아 있도록 하는 구심력과 집단으로부터 벗어나도록 만드는 원심력이 존재하는데, 이 모든 힘의 결과를 집단결속력이라고 한다.

결속력이 강한 경우는 구성원들이 함께 있으려고 하고 집단에 소속되려는 경향이 강한 반면, 결속력이 약해지는 경우에는 집단에 더 이상 소속되기를 원하지 않는다.

(4) 집단의 목적

집단의 목적은 그 집단에 관여한 모든 사람들의 기대가 융합된 것으로 집단의 존립 이유, 기대, 희망 등을 포함하여 하나일 수도 있고 복합적일 수도 있으며, 여러 개의 하위목표를 가질 수도 있다. 또한 집단목적이 분명하고 상호 간 같은 기대를 반영함으로써 집단구성원이 결속하여 집단목표를 달성할 수 있다.

전체집단의 목적은 구성원의 개인적 목적, 기관의 서비스 목적, 그리고 사회복지사의 목적이 통합되어 전체집단이 공동으로 추구하여 나타나는 집단활동의 바람직한 결과를 의미한다.

2) 집단유형

Toseland & Rivas(1955)는 집단의 유형을 크게 치료집단(treatment group), 과업집단(과제집단, task group), 자조집단(self-help group) 등 목적에 따라 분류하고 치료집단에는 지지집단, 교육집단, 성장집단, 치유집단, 사회화 집단 등이 포함된다고 했다. 그리고 사회적 관계에 기초한 집단유형 등이 있다.

집단유형에 대한 내용을 살펴보면 다음과 같다(Herry, 1992: Toseland & Rivas, 1995; 한국임상사회학회, 2008; 이영실 외, 2010).

(1) 치료집단

치료집단(treatment group)은 집단구성원의 사회정서적 욕구에 대한 만족을 증가시키려는 광범위한 목표가 있다. 치료집단의 목적은 집단구성원 교육, 성장, 치료, 사회화 등 행동변화, 사회화의 욕구충족 등에 있고 사회복지사의 역할은 상호작용을 통해 집단을 발달시키는 데 있다.

치료집단의 특성은 개방적이고 의사소통이 공개적으로 이루어지고 자기노출이 낮으며, 집단 각 구성원에 의해 주제에 따라 의사소통양식이 다르며 집단절차는 집단에 따라 융통적이라는 것이다. 그리고 집단구성원의 구성은 공동관심사, 문제, 특성에 근거한다. 여기에 해당하는 치료집단의 유형에는 지지집단, 교육집단, 성장집단, 치유집단, 사회화집단 등으로 다시 나눌 수 있다.

① 지지집단

지지집단(support group)은 집단구성원들이 현재 생활 속에서 일어나는 상황에 잘 대처하고 효과적으로 적응할 수 있도록 돕는 데 목적을 두고 앞으로 살아가면서 일어날 사건에 대하여 좀 더 효과적으로 대처하기 위한 기술을 발전시킴으로써 생활의 위기에 잘 대처할 수 있도록 돕는 집단을 말한다.

또한 지지집단은 유사한 문제나 경험을 갖고 있는 사람들로 구성되기 때문에 지역사회의 편견과 낙인으로부터 벗어나 집단 안에서 안정과 위로를 찾을 수 있으며 유대감 형성이 쉽고 자기개방수준이 매우 높다.

지지집단의 예를 들면, 한부모집단, 암환자 가족집단, 정신장애인 집단 등이 있다.

② 교육집단

교육집단(educational group)은 집단구성원들이 그들 자신과 사회에 대해 지식과 기술을 배우고 향상하는 데 목적을 둔 집단이다.

또한 교육집단은 집단구성원과 정보를 주고받기도 하지만 전문가의 강의형태로 정보제공이 많이 이루어지며 집단구성원 간의 토론 등도 많이 활용된다. 그리고 교육집단구성원의 자기개방은 비교적 낮은 편이어서 구성원의 지식, 기술, 경험 등을 고려하여 모든 구성원이 최상의 학습효과를 얻도록 해야 한다.

교육집단의 예를 들면 사춘기의 성별집단, 예비부부집단, 신혼부부집단, 위탁가정 부모집단, 장애인 자녀를 둔 부모집단 등이 있다.

③ 성장집단

성장집단(growth group)은 집단구성원의 능력과 자아의식을 넓히고 개인적인 변화들을 이끌어낼 수 있는 기회들을 그들에게 제공하면서 자아향상을 강조하는 집단이다.

또한 성장집단은 심리사회적 병리를 치료하기보다는 심리사회적 건강을 증진시키거나 향상시키는 데 초점을 두고 집단을 성장기회로 활용하려는 사람들로 구성된다. 성장집단은 집단구성원의 자기개발, 잠재력 개발, 인간관계개선 등의 목적이 있기 때문에 다른 집단에 비해 자기개방을 많이 하는 편이다.

성장집단의 예를 들면 가톨릭의 참부부집단, 여성을 위한 의식향상집단, 감수성훈련집단, 청소년을 위한 진로탐색집단, 은퇴 후의 노인집단, 부부를 위한 결혼생활 향상집단 등이 있다.

④ 치유집단

치유집단(therapy group)은 구성원들의 행동변화와 개인적인 문제의 해결 및 상실된 기능의 회복을 돕는다. 즉 집단구성원들 스스로 자신의 행동을 바꾸고 개인적 문제들을 완화하거나 거기에 대처하고 혹은 사회적 외상이나 건강상의 외상 이후에 스스로 원상 복구시킬 수 있도록 돕는 집단이다.

또한 치유집단의 특성은 개방적이고 자기노출이 낮으며, 집단 각 구성원에 의해 주제에 따라 의사소통양식이 다르며, 집단절차는 집단에 따라 융통적이라는 것이다.

치유집단의 예를 들면, 비행청소년집단, 마약 및 약물중독자 치료집단, 정신질환자집단, 심리치료집단, 단주집단, 도박집단, 금연집단 등이 있다.

⑤ 사회화집단

사회화집단(socialization group)은 사회관계에 어려움이 있는 집단구성원들이 사회생활에 필요한 사회적 기술을 습득하고 사회적으로 수용되는 행동유형을 학습함으로써 지역사회의 생활에서 효과적으로 기능하기 위해 필요한 사회기술을 배우거나 증진시키는 것이 목적이다.

또한 사회화집단은 프로그램 활동에 참여함으로써 개인기술을 향상시키는 집단이기 때문에, 사회적으로 수용될 만한 행동이나 사회적 기술을 배우고자 하는 사람들로 구성된다. 이런 집단들은 종종 프로그램 활동, 구조화된 실천, 역할기법, 야외활동, 게임 그리고 이와 비슷한 것 등을 사용한다.

사회화집단의 예를 들면 주의력결핍과잉행동 아동을 대상으로 한 활동집단, 퇴원 정신장애인을 위한 사교집단, 독신자를 대상으로 하는 사회활동집단, 이전에 공공시설에 수용됐던 사람들을 위한 사교클럽 등이 있다.

(2) 과업집단

과업집단(task group)은 과업의 달성과 성과물을 산출해 내기 위해서 목표를 달성하고자 하는 목적 지향적 집단이다. 과업집단에서의 의사소통은 특정과업에 대한 논의에 집중되어 있다.

또한 과업집단은 조직이나 기관의 문제에 대한 해결책 모색, 새로운 아이디어 개발, 효과적 원조전략 수립 등의 과업수행을 목적으로 하는 집단이다.

과업집단의 예를 들면 치료회의 팀, 직원발전집단, 이사, 대표위원회, 각종 위원회, 자문회의, 협의회 및 이사회, 사회행동집단 등이 있다.

(3) 자조집단

자조집단(self-help group)은 공통된 쟁점에 대해 개인 또는 환경에 바람직한 변화를 가져오기 위해 뜻을 함께 하는 사람들로 구성되며, 공통의 이익을 도모하기 위해 서로 돕거나 공통의 문제를 함께 해결하려는 집단이다.

또한 자조집단은 대인 간의 상호지지, 집단구성원 간 공통문제 해결, 집단구성원 상호 간 문제상황에 대처할 수 있는 능력을 향상시키는 데 있다. 그리고 자조집단은 마약이나 암 또는 비만과 같은 핵심적인 공동관심사가 있다는 점에서 과업집단과 구분되지만 치료집단과는 유사하다.

자조집단의 예를 들면, 치매노인 가족집단, 자폐아동 부모집단, 단주친목모임(A. A), 비만조절집단, 정신질환예방집단, 도박중지집단 등이 있다.

3) 집단발달단계

집단지도자는 집단발달의 각 단계를 파악함으로써 각 단계에서 다루어할 독특한 행동을 예측 할 수 있고 집단에서 발생하는 행동의 중요성을 인지할 수 있다. 나아가서 집단발달과 목적을 달성하도록 규범적 행동을 강화할 수 있는 적절한 개입방법을 사용할 수 있다.

특히 여러 집단에 공통적으로 적용 가능한 갈랜드의 5단계 모델(Garland, Jones & Kolodny, 1965)의 발달단계는 다음과 같다.

(1) 1단계: 친밀 전 단계(접근과 회피행동)

이 단계는 접근과 회피행동이 동시에 나타나는 단계로 집단구성원들은 집단에 소속되는 것에 대해 양립된 감정을 가진다. 집단구성원들은 거리감을 유지하려고 하고 집단으로부터 무언가를 얻으려고 하며 책임지기, 타인과의 상호작용, 프로그램 활동과 사건에 대해 망설이는 것 등으로 집단에 속하기를 주저한다.

(2) 2단계: 권력과 통제단계(변화의 시간)

이 단계는 집단에서의 투쟁을 거쳐, 집단구성원들은 다른 구성원과의 관계에서 '서열'에 신경을 쓰게 되고 구성원들을 통제하기 위한 권력투쟁도 일어난다. 또한 이 단계는 집단발달단계의 과도기로 집단이나 지도자의 일차적 통제가 있다. 낮은 지위에 있는 집단구성원에 대한 언어적 침해, 공격, 거부 등도 자주 나타나며, 하위집단에 속하지 못한 고립된 구성원은 다음 모임에 참석하지 않을 수도 있고 동시에 반항하기도 하며 집단을 탈퇴하기도 한다.

(3) 3단계: 친밀단계(친밀한 관계 발전)

이 단계는 갈등은 사라지고 집단구성원 간 친밀한 관계가 발전되면서 인간적 관계가 강화되며, 개인적 소속감이 강해지며, 집단경험에 대해 중요하게 인식한다. 또한 집단에 대한 느낌이 좀 더 개방적으로 표현되고 토론되며 구성원 각자의 독특성을 인지하기 시작하면서 상호신뢰하기 시작한다.

(4) 4단계: 분화단계(집단정체성 발달과 내적 준거틀)

이 단계는 집단응집력과 조화로 표현되며 개별화, 분화, 차별화가 이루어진다.

이 단계에서는 집단구성원들은 더욱 자유롭게 새로운 행동유형을 탐색할 수 있고 개인의 권리와 요구를 인식하고 효과적으로 의사소통한다. 또한 집단구성원 간의 개인적 차이를 수용하게 되고 사회복지사를 전문가로 인식하게 된다. 그리고 집단구성원들 간에 상호의존성과 상호성이 증가하게 된다. 집단중심의 기능이 이뤄지면, 개인과 집단의 욕구는 조화를 이루게 된다.

(5) 5단계: 종결단계(헤어짐의 시간)

이 단계에서는 집단의 목표가 성취되고 구성원들은 새로운 행동유형을 배우는 마지막 단계이다. 특히 이 단계에서는 해결하지 못한 과제를 해결해야 하고, 피드백을 주고받으며, 집단에서 달성한 것을 평가하고 숙고하며 배운 것을 공고히 하는 시간이다. 구성원들은 이별할 시간을 알면서 종결을 꺼려 다양한 정서적 반응을 보인다.

4) 집단구성원 역할

집단구성원 역할은 크게 과업역할과 사회정서적 역할, 개인적 역할 등 세 가지로 나누는데, 이에 대한 내용은 다음의 〈표 8-3〉과 같다(이영실 외, 2010).

〈표 8-3〉 집단구성원의 역할

과업역할	사회정서적 역할	개인적 역할
집단이 과업을 달성하는 데 초점	집단 내의 대인관계 및 심리적인 측면에 초점	집단의 과업달성이나 대인관계에는 관심없고 오직 개인적 문제에만 초점
발기자, 정보탐구자·제공자, 여론탐구자·제공자, 명료자, 조정자, 진단자, 방향지시자, 활력제공자, 진행보조자, 기록자, 평가자,	변화자, 조화자, 타협자, 인도자, 추종자, 기준설정자, 긴장감소자, 감정표현자, 지지자·격려자, 관찰자와 논평가	광대, 독재자, 고백자, 공격자, 방해자, 무관심자, 원조추구자, 인정추구자, 특별관심사, 탄원자,

3 사회복지실천과의 연관성

미시체계 수준의 실천에 있어서 사회복지사가 개입하는 목적은 가족· 집단의 사회적 문제와 욕구를 스스로 해결하도록 도와줌으로써 사회적 기능을 향상시키는 데 있다.

미시체계(가족체계와 집단체계)에 있어서 사회복지실천과의 연관성은 다음과 같다.

1) 가족체계와 사회복지실천과의 연관성

가족체계는 가족 구성원 개개인뿐만 아니라 집단, 조직, 지역사회 등 그들이 상호작용하는 광범위한 환경체계에까지 영향을 미치므로 상호작용을 고려하여 사회복지실천이 이루어져야 한다.

사회복지실천에 있어서 사회복지사는 가족 대상에 대해 다음과 같이 개입한다.

첫째, 가족체계적인 관점에서 부부문제, 자녀문제, 가족폭력 등 가족문제를 가족구조, 가족기능, 생활주기 등에 기초하여 사정하며 가족의 변화와 성장의 목표 중심으로 다양한 서비스를 제공한다.

둘째, 가족문제에 대한 해결방안에 있어서 개입표적은 가족체계이며 가족이 하나의 체계라는 개념에 근거한 가족치료이론을 활용하여 사회복지사는 가족구성원 간의 의사소통과 상호작용을 향상시키고 변화를 위해 가족체계에게 개입한다.

셋째, 사회복지사는 가족문제가 가족의 기능적 측면에서 기인되었을 경우, 가족의 경제적 기능, 성관계를 통한 세대유지의 기능, 자녀의 양육과 사회화의 기능, 정서적 지지의 기능, 교육적·종교적 기능 등에서 어떤 기능이 문제가 야기되었는지 자료수집, 사정, 계획을 세워 개입을 한다.

넷째, 사회복지사는 가족문제 사정 시 가족유형이 어떤 유형인지를 조사하고 동시에 생태도를 활용함으로써 그 가족 내에 존재하는 결속, 긴장, 지지뿐 아니라 가족과 외부체계 사이에 존재하는 자원의 부족과 결핍, 자원의 흐름, 자원의 유용성을 사정한다.

다섯째, 사회복지사는 가족체계를 사정하기 위해 가계도를 활용한다. 가계도를 통해 가족에 대한 정보를 도식화함으로써 복잡한 가족유형의 형태를 사정하고 동시에 현재의 클라이언트의 문제가 가족체계와 어떻게 관련되는지, 그리고 그 문제가 가족 안에서 과거로부터 현재까지 어떻게 발전되어 왔는지를 파악하여 클라이언트의 상황에 맞는 서비스를 제공해 준다.

2) 집단체계와 사회복지실천과의 연관성

사회복지실천에서 집단체계에 대한 접근은 모든 집단이 사회적 체계라는 사고에 근거한다. 집단체계는 지역사회나 사회가 형성될 수 있는 공식적 또는 비공식적 구조를 제공해 주는 기본적 사회단위이며 각 개인에게 주요 타인과의 관계를 형성·유지할 수 있는 수단을 제공해 준다.

사회복지실천에 있어서 사회복지사는 집단대상에 대해 다음과 같이 개입한다.

첫째, 사회복지사는 의도적으로 집단의 경험을 제공하고 집단구성원 상호 간에 영향을 끼치게 함으로써 집단구성원의 다양한 욕구를 충족시키고, 구성원 개인의 문제해결 및 자기성장을 가져오도록 서비스를 제공한다.

둘째, 사회복지사는 집단규범이 집단과정에서 미묘하게 얽혀있으므로 집단행동을 통해서 집단규범을 분석할 수 있어야 하며 집단구성원에게 집단규범에 대해서 설명하고 구성원들의 활동에 영향을 미치는 지도규칙을 확인하고 가르치는 역할을 수행한다.

셋째, 사회복지사는 안정된 집단을 유지하기 위해서는 집단구성원이 협력적으로 집단규범을 따르도록 집단통제를 하며 집단규범관련 안내 및 교육서비스를 제공한다.

넷째, 사회복지사는 다양한 집단과 일을 할 때, 집단구성원들의 요구와 목적에 따라 자연집단을 활용하거나 혹은 이차집단이나 형성집단을 만들어 개입함과 동시에 집단욕구에 맞는 지지집단, 교육집단, 성장집단, 치료집단, 사회화 집단 등을 선택하여 집단과정을 잘 수행하는 역할을 한다.

다섯째, 사회복지사는 가족의 자료수집과 사정에 관련 기술 및 지시하기, 조언제안·교육하기, 직면하기, 재구성 및 재명명하기, 집단구성원 간 의사소통연결하기, 모델링·역할극·실연·코치하기, 자원 제공하기, 갈등 해결하기 등 사회복지사의 행동기술을 사용함으로써 집단목적과 과업에 맞는 역할을 수행하도록 한다.

여섯째, 사회복지사는 집단과정에서 집단구성원의 집단참여촉진, 집단구성원에게 집중, 집단의사소통 초점유지, 집단과정의 명확화, 집단의 상호작용촉진, 집단구성원의 생각이나 느낌을 자유롭고 편안하게 표현하는 것 등 집단과정촉진기술을 사용함으로써 집단구성원 간의 이해증진, 개방적 의사소통향상, 신뢰감 구축에 도움을 준다.

CHAPTER 09

사회환경의 수준: 중간체계

1 조직체계

1) 조직의 개념

조직이란 특정한 목적을 달성하기 위해 의도적으로 구성된 체계로서 일정한 크기와 구조를 가지며, 구성원들은 업무에 의해서 상호 관련된 사회적 단위로 보고 있다. 조직은 위원회, 클럽, 노동조합, 정당의 형태를 취하면서 합당한 권위를 행사할 수 있는 체계를 갖춘 사람들의 집합체 등으로 정의하고 있다.

체계적 정의에는 합리적 체계, 자연적 체계, 개방적 체계가 있다. 그 주된 정의는 다음과 같다(Mills, 1956; Parsons, 1960; Weic, 1990; Baker, 1994; Holland, 1995).

(1) 합리적 체계로서의 조직

합리적 체계(rational system)로서의 조직이란 주어진 특정한 공식적 목표를 달성하기 위한 하나의 집합체로 정의한다. 이러한 조직은 그 목표달성에 적합한 여러 인적·물적 수단들이 논리적이며 체계적으로 연결되고 조정되는 합리성을 추구하고 있다.

(2) 자연적 체계로서의 조직

자연적 체계(naturel system)로서의 조직이란 자연적 체계(natural system)로서의 조직이란 생존과 유지를 추구하는 유기적인 체계로써 공통의 이해관계를 공유하며, 비공식적으로 구조화된 집단활동에 종사하는 하나의 집합체라고 정의한다. 이러한 조직은 구성원의 능력과 관심을 자연적으로 조직에 투입토록 함으로써 집합체가 성원의 인적자원으로부터 자발적인 유익을 얻도록 한다는 점에서 매우 바람직하다.

(3) 개방적 체계로서의 조직

개방적 체계(open system)로서의 조직은 그 자체가 하나의 체계인 동시에 외부의 여러 환경(거시적, 미시적 환경)들과 상호의존하고 상호작용하는 하나의 집합체로 정의한다. 즉 외부환경과 경쟁, 연합 및 협상을 전개하면서 목표를 세우고 바꾸기도 하며 그 구체적인 관리작용을 추구하는 것이다.

개방체계로서 조직에서는 조직의 적응, 환경적합, 자원투입 및 산출에 특히 관심을 갖는다.

이와 같이 조직개념을 일반적 정의, 학문적 정의, 체계적 정의로 살펴보았는데, 이러한 조직의 개념적 정의를 근거로 하여 사회복지조직에서는 조직을 인간서비스 조직으로 부르고 있다. 그 이유는 사회복지서비스를 클라이언트에게 직접 제공하거나 계획함으로써 개인적·사회적 문제를 해결하고 완화시키는 기능을 수행하기 때문이다(Baker, 1994). 이러한 사회복지조직에는 사회복지기관 및 사회복지시설, 사회복지단체의 협의회, 사회복지서비스와 관련된 교육조직, 의료조직, 법률조직 등이 포함된다.

2) 조직의 특성

조직은 사회적 실체로서 목표지향적이며, 계획한 구조와 통합적 활동체계들로 구성되어 있어 긴밀한 관계를 유지·발전하며 외부환경과 연관성을 가지고 성장·발달한다. 조직의 특성은 학자들의 시각에 따라 달라질 수 있기 때문에 매우 다양한 측면에서 조직특성이 설명되어지고 있다.

조직은 다음과 같은 특성을 가지고 있다(Gouldner, 1961; Silverman, 1970).

첫째, 조직은 단순한 구성원의 합과는 달리 사회적 실체라는 점에서 사회적 단위이다.

둘째, 조직은 2인 이상의 합동체, 즉 여러 사람으로 구성된 실체로서 기능수행을 위해 상호 간 협동한다.

셋째, 조직은 많은 개인들로 이루어지며, 조직과 개인은 상호작용을 통해 서로에게 많은 영향을 미친다.

넷째, 조직은 목표를 달성하기 위해 존재하므로 공동의 목표달성을 위해 인위적으로 편성된 수단이다.

다섯째, 조직은 인간행동에 중요한 영향을 미치는 체계로서 목표지향적이며 계획된 구조와 통합적인 활동체계들로 구성되며 외부환경과 연관이 있다.

따라서 조직은 계획적인 활동을 통해서 일정한 활동영역을 가지고 있는 관리구조의 특성을 지니고 있다고 본다.

한편 조직은 사회체계로서의 특성을 가지고 있는데, 특히 조직의 각 부분은 전체에 대해 무엇인가 기여하고 있으며 동시에 전체에게 무엇인가 받고 있다. 또한 체계로서 조직이 존속하기 위해서는 만족해야 하는 특정의 요구가 있는데 조직은 끊임없이 그것을 충족하려고 한다.

다시 말하면 체계로서 조직은 스스로 행할 수 있는 능력이 있으며 동시에 조직구성원이 개별적으로 행동할 수 있는 능력도 있다. 그리고 조직체계의 욕구 중 가장 중요한 것은 목표달성이다.

3) 조직의 유형

조직의 유형은 조직의 여러 속성이나 측면이 갖는 차이점에 따라 분류된 조직의 범주를 말한다. 조직을 유형화 하는 이유는 조직현상을 더 잘 이해할 수 있으며, 조직 내의 문제 해결을 쉽게 할 수 있기 때문이다.

조직유형은 대상별에 따라 공공조직, 비공식조직, 영리조직, 사회봉사조직, 상조조직 등으로 나누며 기능이나 조직활동 결과에 따른 조직유형이 있다. 이러한 조직유형의 주된 내용은 다음과 같다(Blau & Scott, 1962; 최옥채 외, 2012; 사회복지교육연구 센터, 2013).

(1) 대상별에 따른 조직유형

① 공공조직

공공조직은 중앙정부 혹은 지방정부의 업무를 수행하는 조직을 말한다. 이 조직은 모든 국민의 포괄적 복지를 위해 존재한다. 그리고 조직 내의 구성원 간 위계질서가 분명하며 정기적 업무이동이 있다.

② 영리조직

영리조직은 최소투자로 최대생산을 강조하기 때문에 조직 안에서 휴머니즘을 기대하기 어려울 뿐 아니라 조직구성원 간 과열경쟁이 나타난다. 조직구성원은 기업주의 인사 관리원칙에 따라 채용된 피고용자들이다. 따라서 조직구성원은 기업주가 원하는 최대산출을 위해 뛰어야 하고 자신의 활동내용에 대해 기업주로부터 철저히 평가를 받는다.

③ 사회봉사조직

사회봉사조직은 조직과 관련하는 자들에게 이익 혹은 도움을 주고자 하는 조직이다. 봉사조직의 중요한 목표는 정부의 불합리한 정책을 개선하는 데 있다. 이 조직은 정부가 주도하는 사회복지사업에 인적·물적 자원을 제공함으로써 정부를 비롯하여 사회복지기관 혹은 시설 등을 지원한다. 사회봉사조직은 사회복지실천현장에서 사회복지사업을 이끌어 가기도 하고, 사회복지실천현장과 서로 도움을 주고받고 있다.

④ 상조조직

상조조직은 조직 구성원의 이익을 위한 조직으로, 정당, 노동조합, 전문가단체 등을 들 수 있다. 이 조직은 시대의 흐름을 반영하고 자발적 참여를 강조하나 실제로는 조직 구성원에 대한 통제규범을 가지고 있다. 상조조직의 구성원들은 조직의 운영과 유지를 위해 기여해야 하고 나아가 자신들의 권익을 조직으로부터 보장받는다.

⑤ 비공식조직

비공식조직은 정규구조 밖에 있는 조직으로 법적으로 인정받는 조직이 아니며 조직구성원의 욕구를 반영하여 형성된 조직이다. 비공식조직은 특별히 정하고 있는 규정이 없기 때문에 조직으로써 정해진 역할과 책임이 없으나 특정 상황에 신속히 대처할 수 있는 강점이 있다. 비록 일정한 규정에 의해 운영되는 조직은 아니지만 사회복지실천현장에서는 이 조직을 중요한 인적자원으로 활용할 수 있다.

(2) 기능, 조직활동 결과에 따른 조직유형

① 사회적 기능에 따른 체계이론을 적용한 조직유형

사회적 기능에 따른 체계이론을 적용한 조직유형은 경제활동을 담당하는 생산조직, 사회의 목적을 달성하는 정치조직, 사회의 질서유지를 담당하는 통합조직, 사회화를 담당하는 잠재적 형태 유지조직 등이 있다.

② 조직활동의 결과에 따른 조직유형

조직활동의 결과에 따른 조직유형에는 조직구성원이 모두 상호이익을 얻는 호혜조직, 조직의 소유자가 이익을 독점하는 기업조직, 조직이용자가 가장 많이 이익을 얻는 봉사조직, 일반대중이 조직활동 대상인 공익조직 등이 있다.

4) 조직의 이론

조직이론은 조직의 현상을 이해하게 하고, 조직의 문제를 분석하고 진단할 수 있게 하며, 조직의 문제를 해결할 수 있는 처방능력을 갖게 하는 것이다. 또한 조직이론은 대부분 경영분야에서 도입한 것으로 기업과 서비스기관은 여러 면에서 공통점이 있다.

조직이론에는 고전이론, 인간관계이론, 구조모델, 체계이론 등이 있는데, 그 주된 내용은 다음과 같다(Taylor, 1911; Mayo, 1933; Weber, 1947; Sarri, 1987).

(1) 고전이론

조직의 고전이론에는 관료제이론과 과학적 관리이론으로 나누어 설명할 수 있다. 먼저 관료제이론은 위계적인 권위구조, 규칙과 규정, 사적감정의 배제, 분업과 전문화, 경력지향성, 실적주의, 능률성 강조를 특성으로 갖는 조직이론이다. Taylor(1911)가 20세기 초기에 물적자원과 인적자원의 능률적인 활용을 통하여 생산성을 향상시키려는 노력에서 비롯된 것이다.

그 다음 과학적 관리이론은 선구자적 연구라 할 수 있는 Taylor(1911)의 공장관리이론에서 찾아볼 수 있다. 이 이론은 기계적 규칙과 통제, 조직의 합리성을 강조하는 것이 특징이며, 생산성을 높이기 위해 시간연구와 동작연구를 토대로 생산의 전 과정을 최소단위로 구분하여, 과업성과에 따라 임금을 지급하는 것을 제시한 조직이론이다.

(2) 인간관계이론

Hawthorne의 연구는 Mayor와 그의 동료들이 1927년에서 1932년 사이에 미국 서부의 전기회사 호오손 공장에서 실시된 연구를 말한다. 이들 연구는 3차에 걸쳐서 행해졌다. 호오손 연구의 결과에서는 조직구성원의 심리적·사회적 욕구가 중요하며 이러한 충족을 통해서만 동기부여가 되고 성과가 높아진다는 것을 발견하게 됨으로써 조직구성원 간 인간관계가 중요하다는 것을 인식하게 되었다. 그 후 조직이론에서 인간관계이론이 부각되기 시작한 것이다.

인간관계이론은 직원은 협동하여 일하고 집단의 결과과정에 참여하며 고용주는 조직의 정책과 실무에서 직원의 참여를 장려할 때만이 조직기능이 효과적으로 나타나며 조직구성원 간 심리사회적 결속력이 강화되는 것을 강조하고 있다.

또한 이 이론은 직원의 근로의욕과 생산성, 만족, 동기, 지도력, 소집단 행동의 역동성 등의 개념을 중시하고 있다.

(3) 구조모델

구조모델은 조직에 있어서 구조와 과정 모두를 강조하며 직원구성원의 생산성을 최대한 활용하기 위해 의견을 신중하게 제안하고 모든 변수를 고려한다.

이 모델은 조직의 합리적인 구조와 그 구조에 관여하는 직원구성원의 비합리적이며 불안전한 행동 모두에 초점을 두며 직원구성원의 생산성을 최대한 활용하기 위해 의견을 신중하게 제안하고 모든 변수를 고려한다.

구조모델에서는 조직의 합리적 구조와 이에 관여하는 직원구성원의 비합리적, 불안전한 행동 모두에 초점을 둔다.

(4) 체계이론

체계이론에서의 조직은 상호작용과 균형 상태에서 기능하는 상호관련된 부분들 또는 하위체계로 이루어진 사회체계로 간주한다. 또한 조직은 체계이론 중 환경체계을 중요시하며 다른 체계의 영향력과 예측과 지속적인 사정 및 적응 등을 강조한다.

5) 조직관점

조직관점은 조직의 환경개념을 이론에 포함시켰는지 여부에 따라 폐쇄체계, 개방체계 관점으로 나누고, 인간에 대한 관점은 인간을 합리적 존재로 가정하는지 아니면 사회적(혹은 자연적)존재로 가정하는지에 따라 합리적, 사회적 관점으로 구분하는데, 그 주된 내용은 다음과 같다(Taylor, 1911; Mayo, 1933; Weber, 1947).

(1) 개방체계 관점

조직은 상호교환과 서로의 역학적 균형 상태에서 기능하는 상호 관련된 각 요소의 사회적 체계로서 작용한다. 이와 같은 조직체계는 그 구성단위가 수행하는 기능의 전문성 증가와 함께 복잡하게 성장하는 경향이 있다.

(2) 행동주의 관점

조직에 대한 행동주의적 시각은 조직 내 구성원의 행동과 선택에 중점을 두고 있다. 불확실한 상황, 목표 사이의 갈등, 불완전한 정보, 모호한 결과 등은 많은 조직 특히, 사회서비스 전달조직의 특징을 규정한다.

(3) 경제적 관점

조직에 대한 경제적 관점은 각 행동단계의 비용과 결과의 객관적 비교를 통해 자원의 대안적 사용에서 의사결정자가 가질 수 있는 선택에 중점을 두고 있다.

(4) 문화적 관점

조직의 문화적 관점에서는 조직관계자의 행동을 이해하기 위해 우선시되는 것은 이들의 현재 활동과 사업처리 관습 등을 지지해 주는 기초적 준거틀이라고 할 수 있는 가설 및 가치에 대해 인식을 강조한다.

또한 조직의 문화적 관점에서는 조직구성원이 어떻게 의무감을 인식하고 처리하는가, 왜 그 조직이 현재의 행동습관을 유지하는가, 조직구성원은 각자 자신과 다른 사람들에 대해서 무엇을 간주하고 바라고 있는가 등에 주목한다.

2 지역사회체계

1) 지역사회의 개념

지역사회 개념은 Fellin(1995), Ross(1967), Warren(1978), Rubin & Rubin(1992), Anderson 외(1999), Germain(1973) 등 학자들에 따라 정의가 다를 수가 있지만 이들의 공통적 정의[27]는 지리적 단위체로서의 지역사회, 유대결속형 지역사회, 사회계급에서의 권력공유관계, 사회망, 이익추구형 지역사회, 생활공간 등으로 정의내릴 수 있다.

종합적으로 지역사회의 개념을 두 가지 측면에서 정의하면 다음과 같다.

첫째, 지역사회란 지리적 조건에 의해 형성된 지역공동체로서, 일정한 지리적 영역을 공유하고 있는 사람들이 사회적 상호작용을 하면서 사회조직을 이루고,

27) 학자들의 공통적 정의: (1) 지리적 단위체로서의 지역사회-지역사회는 특정 지역이나 근린지역, 즉 삶의 일상적 공간에서 생활하는 주민집단임. (2) 유대결속형 지역사회-공동체적 유산을 함께 나누는 지역사회를 말한다. 공통의 유산이 종교, 민족, 문화, 국적, 또는 그 무엇이든 간에, 이러한 것들은 구성원에게 강한 정체감을 부여하고 또한 공통된 가치와 신념체계를 전달하는 것 (3) 사회계급-권력공유관계: 수입, 교육, 재산 소유를 기초로 형성된 사회계급은 개인, 가족, 지역사회로 하여금 어떤 기회와 자원에 접근 가능한지를 가늠하는 다양한 수준들을 결정하는 변수임. (4) 사회망(social networks)-Rubin & Rubin(1992)은 사회망을 '원조와 정보를 특정 쟁점으로 흐르게 하는 연결관계 유형'이라고 정의했다. 이러한 망은 가족과 친지, 친구, 직장동료, 교회공동체, 또는 관심사를 공유하는 사람들로 구성됨 (5) 이익추구형 지역사회-많은 지역사회는 지리적 공유가 아닌 관심의 공유로 정의된다. 이처럼 공간적 근접성 없이 형성된 지역사회는 이익의 공유, 공통된 욕구를 근간으로 조직됨. (6)생활공간-흔히 적소(niche)로 묘사되는데, 이는 개개인의 경험, 지각, 성격, 문화, 기회구조에 따라 형성되는 세계 내 위치의식을 의미함.

문화를 공유하면서 지역공동의식을 가지고 생활하는 공동체를 의미한다.

둘째, 공동체의식을 가지고 상호교류하며 생활하는 인간집단으로 가족, 집단, 조직과 같은 하위체계와 사회나 문화와 같은 상위체계사이의 중간체계로서 클라이언트들에게 영향을 미치는 사회체계라고 할 수 있다.

2) 지역사회의 특성

지역사회는 일정한 경계를 갖는 공간적인 지역, 생활터전인 생활공간, 지역사회 내에서 생활하는 사람들인 지역사회주민, 지역사회 내 하위공동 목표를 갖는 사람들의 집합인 조직, 그리고 지역사회주민들이 문화를 공유하는 상호작용 과정 등으로 구성된 지역사회 특성을 가지고 있다.

Norlin과 Chess(1977)는 지역사회개념을 바탕으로 하여 지역사회의 특성을 다음과 같이 제시하였다.

첫째 지역사회는 물리적 또는 지리적 장소에 의해 제한된 사회적인 조직형태이다.

둘째, 지역사회는 공동의 장소에 거주하거나 그곳에서 동일시된 사람과 그들의 사회조직에 초점을 둔다.

셋째, 지역사회는 함께 거주하는 사람들의 삶의 질 향상을 최우선시한다.

넷째, 지역사회는 주민의 공통욕구와 문제, 성장과 발달의 기회와 연결된 상의존적 사회체계이다.

다섯째, 지역사회는 전체사회의 하위체계로서, 개인이 사회와 관계를 맺고 사회가 개인의 연관된 중요한 중간체계 및 중간단계이다.

특히 사회복지실천과 관련된 지역사회의 특성을 역동성, 변화성, 서비스, 요구성, 변화능력, 다양성, 시민변화를 위한 최적 단위 등으로 보고 있다(Jones, 1979).

3) 지역사회의 기능

Warren(1978)은 지역사회를 지역성과 관련된 중요한 사회적 기능을 수행하는 사회적 단위와 체계의 결합이라고 하였으며, 지역사회는 크게 생산·분배·소비의 기능, 사회화의 기능, 사회통제의 기능, 사회참여의 기능, 상부상조의 기능을 수행한다고 하였다. 그 내용을 살펴보면 다음과 같다(Warren, 1978; 황철수 외, 2011; 최옥채 외, 2012; 최덕경, 2013).

(1) 생산·분배·소비의 기능

생산·분배·소비의 기능은 지역주민이 요구하는 재화와 서비스를 만들어 내고 주민에게 적절히 나누어 주며, 주민이 욕구충족을 위해서 재화와 서비스를 활용하는 과정이며, 지역사회의 산업체 등 다양한 전문기관을 통해서 이루어지는 기능이다. 또한 지역사회 구성원들은 상품과 서비스를 생산하고 분배하며 소비하는 과정에서 기능한다.

(2) 사회화의 기능

사회화는 사람들이 태어나면서부터 사회의 문화를 배우고 사회의 가치를 내면화 시키는 과정을 뜻한다. 즉 사회화는 지역사회의 제도 특히, 가족과 사회가 구성원에게 지식, 기술, 사회의 가치, 행동패턴을 전수하는 과정의 기능을 가지고 있다.

(3) 사회통제의 기능

사회통제는 사회규범의 위반을 예방하고 사회통합을 유도하기 위해 규범을 집행하려는 노력이다. 즉 지역사회가 지역주민구성원들에게 사회규범에 순응하도록 행동을 규제하는 기능을 가지고 있다.

(4) 사회참여의 기능

사회참여는 지역사회가 사회적 목적을 성취하거나 지역주민의 개인적 발전을 위해, 이들에게 제반활동에 자발적으로 참여할 수 있도록 기회를 제공하는 기능을 말한다. 이러한 기능을 수행하는 대표적인 예는 종교조직, 민간조직, 가정, 학교, 사회단체, 비공식 집단 등이 있다.

(5) 상부상조의 기능

상부상조는 지역주민들이 자신들의 욕구를 충족할 수 없는 상황에서 상부상조한다. 즉, 지역사회의 공식·비공식 지원체계로부터 필요한 서비스를 받는 사회적 기능을 가지고 있다. 공식적 지원체계는 보건소, 병원, 사회복지시설과 기관, 각 종 사회복지 협의체, 사회단체 등이 있고 비공식적 지원체계는 가족, 친척, 친구, 동창회, 종교단체, 자원봉사자 등이 있다.

4) 지역사회의 모델

Rothman(1995)은 지역사회의 세 가지 모델인 지역사회개발모형, 사회계획모형, 사회행동모형을 제시했는데, 그 내용은 다음과 같다(Rothman, 1995; 이영실 외, 2010, 2011).

(1) 지역사회개발모델

지역사회개발모델(community development model)은 지역사회의 변화가 지역사회수준에서 다양한 사람들의 자발적이고 폭넓은 참여로 이루어지는 것을 말한다. 이 모델은 지역주민들이 문제를 발견하고 해결하는 데 있어서 다양한 계층의 사람들을 포함한다. 여기서 강조되는 것은 민주적 절차와 합의, 자발적 협조, 토착적인 지도력 개발, 자조 등이다.

또한 이 모델은 지역사회서비스 프로그램, 폭력예방과 같은 자조활동, 다른 사람들과의 사회적 관계망 증진 등을 통해 지역사회수준에서 주민의 참여와 능력을 고양시키는데 초점을 둔다. 예를 들면, 지역개발사업, 자원봉사운동, 새마을 운동 등이 대표적이다. 그리고 사회복지사의 역할은 주로 조력자, 분석가, 조정자, 문제해결 기술과 윤리적 가치를 교육하는 교사역할 등이다.

(2) 사회계획모델

사회계획모델(social planning model)은 문제해결의 기술적 과정을 강조한다. 이 모델에서는 복잡한 산업사회에서 지역사회의 변화를 위해서는 숙달되고 전문적인 계획가 및 전문가가 필요하며, 계획가는 정보를 수집하고 자료를 분석하며 프로그램을 설계·실행하고 활성화하는 역할을 한다.

예를 들면, 비행, 소득, 주택, 정신건강, 교육, 복지, 정신장애 등과 같은 근본적인 사회문제에 관해 그 해결책을 지향하는 지극히 기술적인 과정이다.

(3) 사회행동모델

사회행동모델(social action model)은 민주주의와 사회정의에 따라 자원과 처우가 향상되도록 지배계층에 압력을 가하는 것으로, 소외된 집단을 조직하는 것을 강조한다. 이 모델은 지역사회의 기준 제도(교육, 취업, 복지, 보건, 가치관 등)와 현실에 대한 근본적인 변화 및 공공기관의 기본 정책이나 제도에 대한 변화를 추구한다.

또한 이 모델은 주요제도나 공공조직의 기본정책을 바꾸는 것으로, 흔히 힘과 자원의 재분배를 요구한다. 지역사회개발가가 통합된 지역사회를 기대하는 반면, 사회행동가는 행동목표인 지배계층과 대립한다.

사회복지사의 주된 역할은 사회행동가이다. 예를 들면, 환경보호운동, 소비자보호운동, 여성신장운동, 노동운동, 학생운동, 복지권운동 등의 사회행동가로서 역할을 한다.

3 사회복지실천과의 연관성

중간체계 수준인 조직과 지역사회의 사회복지실천에 있어서 사회복지사는 변화되어야 할 클라이언트와 직접 접촉하여 활동하는데, 이때 사회복지사의 숙련성과 전문성을 통한 다양한 역할이 무엇보다도 중요하다.

다음은 중간체계인 조직체계와 지역사회체계에 있어서 사회복지실천과의 연관성은 다음과 같다.

1) 조직체계와 사회복지실천과의 연관성

조직체계에 있어서 사회복지실천과의 연관성은 다음과 같다.

첫째, 사회복지실천에서 사회복지사는 사회복지기관의 변화에 영향을 미치는 역할을 담당해야 한다. 즉, 서비스전달을 방해하는 조직문제를 규정하고 가능한 해결책을 정확히 사정하며 사회복지조직변화를 위한 변화전략을 개발하고 선택·진행하며 모니터링 평가를 개정해서 변화를 제도화 한다.

둘째, 사회복지실천에서 사회복지사는 조직체계의 사회복지실천-문제규정-기관에 대하여 파악해야 한다. 이를 위해서는 클라이언트 중심의 문제가 구조적인지, 기술적인지, 직원과 관련된 것인지를 서술함으로써 문제를 밝혀서 가능한 해결책을 제시해야 한다.

셋째, 사회복지실천에서 사회복지사는 자신이 근무하고 있는 사회복지시설이나 기관의 조직구조 및 기능 등에 대해 정확한 파악을 하여 조직문제를 어떻게 인식하고, 변화를 위한 제안에 어떻게 반응할지에 대해 확인을 해야 한다.

넷째, 사회복지실천에서 사회복지사는 조직체계의 사회복지실천-해결책 제시-변화전략선택을 해야 한다. 해결책을 제시할 경우, 기관조직의 저항을 줄이고, 다양한 방법으로 제안된 해결책의 실현가능성을 높여야 한다. 또한 변화전략을 선택할 경우, 개별적으로 개입을 해야 할지 혹은 집단으로 개입해야 할지를 결정해야 하며 협력적·중재적·갈등적 전략 중 어느 것을 사용할지 결정해야 한다. 그리고 전략의 모니터링·평가·수정을 해야 한다.

2) 지역사회체계와 사회복지실천과의 연관성

지역사회체계에서는 지역사회개발모델, 사회계획모델, 사회행동모델을 적용한 사회복지실천과의 연관성은 다음과 같다.

(1) 지역사회개발모델을 적용한 사회복지사 개입

첫째, 사회복지실천에서 사회복지사는 안내자로서의 역할로, 이는 지역사회로 하여금 문제해결에 따른 목표를 정하고, 이를 해결하는 방안을 강구하도록 도와주는 것이다. 여기에서 사회복지사는 주민들이 다양한 요소를 감안해서 올바른 방향으로 목표를 설정하도록 도와주는 것이다.

둘째, 사회복지실천에서 사회복지사는 조력자로서의 역할로, 이는 지역사회의 조건을 변화시키기 위한 조직화는 지역주민들의 불만을 집약하는 일부터 시작한다. 지역사회주민들이 그들의 불만에 대해 서로 논의하게 하고, 이들 불만의 우선순위를 결정하고, 이를 해결하기 위한 조직을 결성하도록 도움을 주어야 한다.

셋째, 사회복지실천에서 사회복지사는 전문가로서의 역할로, 이는 지역사회의 구조와 특성, 공동사업의 추진을 방해하는 장애요인 등에 대한 분석 및 진단을 실시하며 과학적이고 체계적인 조사방법에 대한 지식과 기술을 활용한다. 또한 다른 지역사회에서 행해진 조사, 연구, 그리고 시범사업 등에 대한 정보를 주며 지역주민들이 조직을 결성하는 방법과 절차에 대한 전문가적 지식을 활용한다.

넷째, 사회복지실천에서 사회복지사는 사회치료자로서의 역할로, 이는 적절한 사정을 통해 규명된 성격과 특성을 주민들에게 제시하여 그들의 이해를 도우며 주민들이 문제에 대한 성격을 이해함으로써 긴장을 해소하게 하며 협력적인 작업을 방해하는 요인을 제거하도록 돕는다.

(2) 사회계획모델을 적용한 사회복지사의 개입

첫째, 사회복지실천에서 사회복지사는 분석가로서의 역할로, 이는 지역사회 사정을 통해 밝혀진 지역사회의 욕구는 중앙정부, 지방자치단체, 다양한 사회복지기관에서 정책의 입안 및 개선, 새로운 서비스에 대한 지원을 위해 기본적인 근거자료로 활용된다.

둘째, 사회복지실천에서 사회복지사는 계획가로서의 역할로, 이는 사실발견과 분석의 결과를 바탕으로 사회문제의 변화를 목표로 하는 계획을 수립하게 된다. 이러한 계획 수립에 있어서 사업의 목표를 달성하기 위한 제반여건을 파악해야 한다.

셋째, 사회복지실천에서 사회복지사는 조직가로서의 역할로, 이는 지역주민이나 단체를 지역사회 행동체계에 참여시키기 위해 그들의 역할을 효과적으로 수행할 수 있도록 훈련시킨다. 또한 주민들의 참여의식을 고취시켜 스스로 추진할 수 있도록 사기를 진작시키고 능력을 격려한다.

넷째, 사회복지실천에서 사회복지사는 행정가로서의 역할로, 이는 계획을 수립하고 지역사회가 수용하는 다양한 프로그램을 운영한다. 또한 계획에서 설정한 목표의 효율적·효과적 달성을 위하여 인적·물적 자원을 적절히 관리한다. 그리고 프로그램 운영과정에서 여러 가지 행정적인 문제가 발생하므로 이에 능동적으로 대처하는 융통성을 발휘한다.

(3) 사회행동모델을 적용한 사회복지사의 개입

첫째, 사회복지실천에서 사회복지사는 조력자로서의 역할로, 이는 주민들의 욕구분석을 토대로 주민들 스스로 목표를 설정하여 추진할 수 있도록 조력하며 격려하는 서비스를 제공한다.

둘째, 사회복지실천에서 사회복지사는 교육자로서의 역할로, 이는 주민들이 스스로 필요로 하는 자원들이 어디에 있고 어떻게 접근할 수 있는지 교육하고 가르쳐주는 등의 서비스를 제공한다.

셋째, 사회복지실천에서 사회복지사는 옹호자로서의 역할로, 이는 필요한 정보를 끌어내고, 주민들 입장의 정당성을 주장하며, 기관의 입장에 도전할 목적으로 지도력과 자원 등의 서비스를 제공한다.

넷째, 사회복지실천에서 사회복지사는 행동가로서의 역할로, 이는 주민조직과 함께 지역사회 환경을 개선하고 서비스를 요구하기 위한 집단행동에 있어서 리더십을 발휘하여 행동에 동참하는 등의 서비스를 제공한다.

C·H·A·P·T·E·R 10

사회환경의 수준: 거시체계

1 문화의 정의 및 주요 개념

1) 문화의 정의

문화(文化, culture)는 인간행동에 매우 중요한 사회적 환경으로서, 음악, 미술, 문학, 연극, 영화와 같은 예술분야에서 두드러지게 나타난다. 사람들은 상품으로서 대중문화, 유행가와 같은 것들을 소비함으로써 문화를 접하기도 한다. 인류학 사회전반의 기술, 예술, 관습, 양식 등 보다 광범위한 것들을 가리키는 용어로서 문화를 정의한다. 그러나 현대사회에서 소비재로서의 문화상품은 문화의 다른 분야에 막대한 영향을 미치고 있다.

문화는 특정한 인간집단이나 지역에서 특징적으로 나타나는 생활양식으로서, 후천적으로 특정한 사회에서 성장하는 과정 속에서 익히는 것이다. 문화는 인간의 생존을 위한 필수요소이며, 거의 무의식적으로 인간의 행동과 사고에 영향을 미친다. 또한 문화는 어떤 사회의 전체생활양식으로서, 특정한 민족이나 사회가 오랫동안 수많은 시행착오를 거듭하면서 이룩한 역사적 산물이며, 생활의 지혜이며 사회구성원으로서 인간이 습득한 모든 능력과 습관의 복합적 총체이며, 인간의 생활양식으로 세대 간에 전승되면서 사회구성원들에게 내면화 되어 인간행동에 영향을 미치는 사회체계이다.

문화의 학문범위는 생물학, 언어학, 심리학, 동물행동학, 인류학 등에서 폭넓게 정의 되고 있다. 이는 인간이 접하는 모든 것이 문화라고 할 정도로 문화자체는 인간의 일상생활과 밀접한 관계를 유지하고 있다.

문화의 정의는 시대에 따라 변하며, Tylor(1958), Neufeldt(1988), Berry(1997), Fagan(2000) 등 학자들마다 다양한 견해를 나타내는데, Tylor(1958)는 문화란 지식, 신념, 예술, 도덕, 법률, 관습 그리고 기타 사회구성원으로서 인간에 의해 획득된 모든 능력과 습관들을 포함하는 복합적 총체라고 했으며, 여기에는 사상, 언행, 인위적인 결과를 포함하고 있다. 그리고 Neufeldt(1988)는 문화란 인간의 학습능력과 다음 세대로 지식을 전달하는 능력에 따라 결정되는 통합된 인간행위의 양식 등으로 정의하고 있다.

이외에도 문화의 일반적 정의를 살펴보면, 문화는 인간의 삶의 모습 또는 생활양식 그 자체를 뜻하는 것으로, 문화를 주어진 자연환경에서 적절한 생존방식을 발전시켜 나가는 과정에서 지역에 사는 사람들이 갖추게 되는 공통적인 행위이며, 통합된 인간행위의 양식, 사고의 양상이라고 정의 할 수 있다.

이와 같이 문화의 다양한 정의를 근거로 하여 문화의 정의를 내리면, 문화란 일반적으로 한 사회의 주요한 행동양식이나 상징체계를 말한다. 문화는 사회사상, 가치관, 행동양식 등의 차이에 따른 다양한 관점의 이론적 기반에 따라 여러 가지 정의가 존재한다. 인간이 주어진 자연환경을 변화시키고 본능을 적절히 조절하여 만들어낸 생활양식과 그에 따른 산물들을 모두 문화라고 일컫는다.

2) 주요 개념

문화와 관련된 주요개념은 문명, 문화마찰, 문화변용, 문화변화, 문화영역, 문화생태학, 문화접촉, 문화진화 등이다. 이러한 문화의 주요 개념은 다음과 같다(Fagan, 2000; 김영호 외, 2005; 최옥채 외, 2012, 최덕경 외, 2013; 사회복지교육연구센터, 2013).

(1) 문명

문명(civilization)이란 사회의 기술적, 물질적 발전에 의해 이루어진 소산이며 인간생활이 발전된 상태를 의미한다. 따라서 문명은 물질적으로 생활이 편리해지고 정신적으로도 발달하여 세상이 진보한 상태로 한정함으로써 보다 포괄적 의미를 갖는 문화와 구별된다고 할 수 있다.

(2) 문화마찰

문화마찰(culture conflict)이란 서로 다른 문화가 접촉하면 역사나 전통 따위의 문화적인 차이에 의하여 사고나 행동양식에 갈등이 발생하는 현상이다.

서로 다른 문화가 접촉하면 사람들은 저마다 자기문화의 기준으로 상대의 문화를 보려는 경향이 있으므로 서로 오해와 마찰이 생겨나는 일이 많다. 이러한 마찰과 갈등을 문화마찰이라고 한다. 예를 들면, 국제 간의 무역마찰이나 정치적 분규도 이러한 문화마찰이 관련되어 있는 일이 많다.

(3) 문화변용

문화변용(acculturation)이란 독립된 문화를 지닌 둘 이상의 사회가 직접적인 접촉에 의해 오랫동안에 지내오면서 한쪽 또는 양쪽의 문화체계에 변화가 일어나는 현상을 말한다. 즉, 문화변용은 서로 접촉하는 집단의 관계에 의해 영향을 받는다.

(4) 문화변화

문화변화(culture change)란 사회와 문화체계가 변화하는 일이며, 여기에는 내부적 요인에 기인하는 것과 외부적 요인에 기인하는 것이 있다. 내부적 요인에는 자연환경의 변화, 경제적 요인, 인구요인 등이 있으며, 외부적 요인은 외부문화로부터 다른 문화요소의 전파에 의한 변화요인이 있다.

(5) 문화상대주의

문화상대주의(cultural relativism)이란 문화의 다양성과 상대성을 인정하는 태도로 의미한다. 즉 어떤 문화를 그 사회의 특수한 환경과 역사적·사회적 맥락에서 이해하려고 노력하는 것이다. 또한 문화상대주의는 고전적인 문화진화주의에 대한 비판의 하나로서, 어떤 문화든 저마다 독자적인 발전을 이루어 왔기 때문에 다른 문화 간의 우열을 결정하는 것은 올바르지 않다고 주장하는 견해이다.

(6) 문화생태학

문화생태학(culture ecology)은 인간사회가 환경에 적응하고 환경을 변형시키는 방식들에 관한 연구를 의미한다. 문화생태학은 인간과 환경 간 관계를 중시한 생태학이론을 근거로 하고 있다. 이는 문화를 환경에 대한 적응체계로 간주하고 문화의 특정 영역이 환경과 밀접한 관계를 맺는다는 점을 강조한다.

(7) 문화접촉

문화접촉(culture contact)이란 다른 문화를 지닌 사람들과의 직접적 접촉을 하거나 전파 등에 의한 접촉을 말한다. 즉, 둘 이상의 다른 문화가 서로 접촉하는 것을 의미한다.

(8) 문화진화

문화진화(culture evolution)란 어떤 문화든지 일정한 단계를 거쳐 진화한다는 것을 의미한다. Steward(1995)는 문화가 진화할 때에는 문화마다 지닌 공통적인 규칙성이 있지만, 그 규칙성을 모든 사회에 적용되어야 할 이유는 없다. 문화진화는 곧 문화가 변화하는 환경에 대한 적응의 결과이다. 이는 문화생태론에 기초한다.

2 문화의 특성 및 기능

1) 문화의 특성

문화의 특성은 인간의 생활양식으로 특정한 민족이나 사회가 지속적으로 간직해온 다양한 분야의 생활모습이며, 인간 생존에 필수적인 요소로서 사회구성원들에게 내면화 되어 인간행동에 영향을 미치는 사회체계이다.

문화는 인간집단의 행동방식을 제시하고 구조화 하여, 그 행동에 의미를 부여하므로 각 문화의 특성 요인들 즉 보편성, 학습성, 상징성, 역동성, 다양성 등을 이해해야한다.

문화의 특성요인들의 내용은 다음과 같다(권순종, 2011; 최옥채 외, 2011; 최덕경 외, 2013; 사회복지교육연구센터, 2013).

(1) 보편성

모든 사회에 공통적인 문화형태가 있다. 즉, 모든 사회에 존재하는 복잡한 체계의 언어, 부부와 자녀 사이에 관련된 가치나 규범이 포함된 가족체계, 혼인제도, 종교 등은 각 나라가 형성하고 있는 보편적인 유형들이다

(2) 공유성

문화는 한 사회구성원들에게 공통적으로 나타나는 행동 및 사고방식이다. 또한 문화는 사회구성원들에게 원활한 사회생활을 위한 공동의 장을 제공한다. 문화의

공유성으로 인하여 사회구성원들 간의 행동 및 사고를 예측하는 것이 가능하다.

(3) 누적성

문화는 상징적 수단인 언어를 통해서 세대 간에 전승되며 축적되어간다. 즉 한 세대에서 이루어진 문화는 다음 세대로 전해지는 것으로 시간이 지남에 따라 각 세대에서 이루어진 문화가 추가되어 계속 쌓여 간다. 문화는 주로 상징적인 수단인 언어와 문자를 통해 세대 간에 전승되며 축적된다.

(4) 전체성

문화란 사회집단이 가진 지식, 신앙, 예술, 도덕, 법률, 제도 등과 같은 수많은 부분들이 상호 긴밀한 관계를 유지하면서 전체적으로 통합적인 체계를 이루고 있다.

(5) 사회성

문화는 사회성을 추구하는 인간에게만 있는 것이고, 사회적 구성물인 정치, 경제, 사회, 역사 등이 상호작용한 결과물이다. 즉, 문화는 초개인적인 사회적 특성을 지닌다.

(6) 학습성

문화는 학습성을 통해 후천적으로 획득되며, 사회화를 통해 개인의 일부가 된다. 즉 문화가 특정한 사회에서 살아온 자들의 삶의 직접적인 결과로서 개인에게 학습됨을 의미한다.

(7) 상징성

문화의 상징성은 모든 문화가 외형으로 드러나는 것 외에 속으로 담고 있는 의미가 따로 있다는 것을 말한다. 그것은 인간이 다른 동물과 비교하여 자유롭게 의미를 창작하고 이를 사물과 행동에 부여하는 능력을 지녔다는 점이다.

(8) 역동성

문화의 역동성은 새로운 기술과 물리적 조건, 시대적 환경에 적합한 방식으로 끊임없이 수정되고 조절되는 것을 뜻한다. 이는 새로운 문화특성이 추가되면서 문화는 변동하고 있음을 의미한다.

(9) 다양성

문화의 다양성은 개인이나 집단의 창조적 사고, 사회발전의 원천으로서 인간에게 반드시 필요한 요소이다. 문화의 다양성에는 언어나 의상, 전통, 사회를 형성하는 방법, 도덕과 종교에 대한 관념, 주변과의 상호작용 등 사람들 사이의 문화적 차이를 포괄한다.

2) 문화의 기능

문화의 기능에는 크게 사회화의 기능, 욕구충족의 기능, 사회통제의 기능, 사회화 존속 기능 등이 있으며 그 내용을 살펴보면 다음과 같다(김완진, 2012; 사회복지교육연구센터, 2013).

(1) 사회화기능

사회화기능은 개인이 사회에서 어떻게 말하며 어떻게 세상을 인식할 것인가를 가르쳐주는 지침이다. 즉 인간이 어떻게 세상을 인식할 것인가를 가르쳐 주는 지침을 통해 개인의 성격을 형성하고 변화시키며, 개인에게 다양한 생활양식을 내면화시켜 개인이 사회에 적응하면서 살아갈 수 있게 한다.

(2) 욕구충족기능

다양한 생활양식을 통해서 의식주와 같은 개인의 기본적인 욕구를 충족시켜주는 기능을 한다.

(3) 사회통제기능

사회통제는 법률 및 규범이나 관습 등으로 개인의 행동에 대한 규제와 사회악의 제거를 통해서 사회통제의 기능을 수행한다.

(4) 사회화 존속기능

사회화 존속기능은 사회를 유지시키고 존속시키는 데 있어 필수 불가결한 요소이다. 사회가 계속해서 존재할 수 있는 것은 사회가 문화를 학습하고 전승하여 새로운 구성원들에게 필요한 생활양식을 전승해 주기 때문이다. 즉, 문화는 사회를 존속시켜주는 기능을 한다.

(5) 사회체계 기능

사회체계 기능은 전체사회 속에 존재하는 개인, 집단, 조직 및 지역사회에 영향을 미치는 거시체계로서 세대 간에 전승되면서 직접적, 간접적으로 사회의 모든 구성원들에게 영향을 미친다. 즉 개별 미시체계가 살고 있는 사회관습이나 습관, 기술, 예술, 가치, 사상, 과학, 종교적·정치적 행동 등을 포괄한다.

3 문화의 유형과 문화체계와 인간행동

Sorokin(1948)는 문화를 물질적 문화, 행동적 문화, 그리고 이데올로기적 문화로 유형화했고, Sumner(1969)가 문화를 물질적 문화, 규범적 문화 그리고 관념적 문화로 구별하였다. 또한 Baldridge(1975)는 문화를 경험적 문화, 규범적 문화, 심미적 문화 등으로 구분하였다.

일반적으로 문화유형을 은둔문화, 하위문화, 절반문화, 주변문화, 민속문화 등으로 나누고 있는데, 그 주된 내용은 다음과 같다(사회복지교육연구센터, 2013).

1) 문화유형

(1) 은둔문화

은둔문화(convert culture)는 외부에서 손쉽게 파악할 수 없는 감추어진 문화이다.

(2) 하위문화

하위문화(subculture)는 전체 문화의 일부분을 이루는 문화이며 한 사회집단 내에서 다른 것과 구분될 수 있도록 다르게 나타나는 생활양식이다.

예를 들면 빈민지역에서 나타나는 특유의 생활양식인 빈곤문화는 빈민들의 하위문화에 해당된다.

(3) 절반문화

절반문화(half culture)는 어느 한 문화가 완전한 의미의 독자적인 형태를 이루지 못하고 다른 문화에 의존하는 것이다. 즉 한 국가 및 지역의 문화가 다른 국가의 문화나 다른 지역의 문화에 의존하여 살아가는 것이다.

(4) 주변문화

주변문화(marginal culture)는 문화의 중심으로부터 멀리 떨어져 문화영역의 경계선 지역에 위치하여 문화특질을 적게 지니고 있음을 의미한다.

(5) 민속문화

민속문화(folk culture)는 어느 한 민족에서 오랫동안 일반 대중들에게 전승되어 온 전통적인 문화이다. 이는 전승된 신앙, 풍습, 의례 등의 형태로서 서민생활에 남아 있는 문화이다.

2) 문화체계와 인간행동

문화체계는 개인에게 영향을 주는 주요 거시체계 중 하나이다. 즉, 개별 미시체계가 살고 있는 사회관습이나 습관, 기술, 예술, 가치, 사상, 과학, 종교적·정치적 행동을 포괄한다. 또한 문화체계는 사회화 과정을 통하여 개인의 성격과 행동에 영향을 미칠 뿐 아니라 민족성 및 인종과 연합하고 체계 및 지역사회와 통합되면서 더 넓고 융통성 있게 형성된다. 개인, 가족, 집단, 조직, 지역사회와 문화체계와의 관계를 살펴보면 다음과 같다.

(1) 개인과 문화

개인은 문화의 창조자인 동시에 문화로부터 지배를 받는다. 따라서 개인을 제대로 이해하기 위해서는 개인이 영향을 받는 문화를 이해 할 필요가 있다.

특히, 문화가 개인의 성격형성에 영향을 미치는 과정은 크게 자녀양육, 사회화, 교육 등으로 볼 수 있다.

(2) 가족과 문화

가족은 개인의 삶의 터전이자 중요한 개인의 활동단위이며 인간의 사회화를 위해 중요한 역할을 한다. 또한 개인은 가족 내에서 자신의 독특한 문화를 형성하므로 문화의 창조자인 동시에 가족문화의 지배를 받는다.

(3) 집단과 문화

집단은 집단구성원 전체가 공통으로 지니는 고유의 문화를 갖는다. 따라서 집단 속의 개인은 가능하면 집단 내 구성원 간 긍정적 관계 및 정서적 지지를 통해서 집단특성에 적합한 문화를 만들어 낸다.

(4) 조직과 문화

조직은 조직 내 구성원들의 행동과 직접적으로 연관된 관계성, 권리, 의무감,

강요, 책임감 등 체계적인 연계망에서 조직 밖의 사람들에게 영향을 미친다.

(5) 지역사회와 문화

지역사회와 문화의 관계를 보면, 공동체지향의식은 공동체로부터 미분화된 개인을 낳게 되며, 미분화된 개인은 다른 구성원과 상호관련 의식을 갖게 하여 이성과 감정, 정치생활과 사회생활, 공적생활과 사생활을 혼동하게 한다. 이와 같은 문화적 성향은 지역공동체를 형성하는 데 걸림돌로 작용하고 있다.

특히 한국 문화가 인간행동 및 가족, 집단, 지역사회 등 환경에 미치는 영향은 다음과 같다.

- 무의식적인 정석적 유대감인 정(情)
- 부당한 처우나 고통을 당했을 때 남게 되는 마음의 상처인 한(恨)
- 사회적으로 바람직하다고 생각되는 가치로 구성된 이미지인 체면(體面)
- 타인과의 관계를 손상시키지 않으려는 소망에서 발달된 눈치
- 개인보다 가정을 중시하는 가족주의의식
- 혈연·지연·학연 등의 연고주의
- 나보다는 너와 나, 즉 우리를 중시하는 동류의식
- 자존감을 유지하고 실패에 대한 책임을 회피하고자 하는 핑계
- 사실과는 관계없이 상대의 입장과 심정을 배려한 의례성이라는 특성

4 사회복지실천과의 연관성

사회복지실천에서 사회복지사는 자신의 문화와 클라이언트와 그의 환경에 관련된 개인·가족·집단·조직·지역사회 문화 등에 대해서도 수용적 태도를 취할 수 있어야 만이 클라이언트와 그의 환경과 관련된 문화에서 오는 문제점을 사정하

고 효과적인 개입을 할 수 있다.

문화체계에 있어서 사회복지실천과의 연관성은 다음과 같다.

첫째, 사회복지실천에서 사회복지사는 클라이언트의 문화를 조사하고 파악함으로써 그에게 미치는 부정적 문화적 요인을 극복할 수 있는 다양한 서비스를 실시한다.

둘째, 사회복지실천에서 사회복지사는 클라이언트의 가족이 독특하게 지니고 있는 가족문화를 사회의 흐름 속에서 이해하고 사정함으로써 클라이언트와 그의 가족에게 다양한 문화적 서비스 및 프로그램 등을 제공할 수 있다.

셋째, 사회복지실천에서 사회복지사는 집단프로그램을 실시할 경우, 집단이 가지고 있는 집단문화의 장·단점을 사정하고 집단문화에 맞는 다양한 프로그램을 개발하고 문화 관련서비스를 집단구성원에게 제공한다.

넷째, 사회복지실천에서 사회복지사는 클라이언트가 관련된 조직구성원의 문화적 특성과 조직의 문화를 적용함으로써 클라이언트가 조직구성원 간 생긴 여러 가지 문화적 마찰 및 갈등 문제를 해결하는데 도움을 줄 수 있다.

다섯째, 사회복지실천에서 사회복지사는 지역사회에 영향을 미치는 문화적 요인을 파악하고 사정함으로써 클라이언트가 속한 학교, 병원 등 지역사회와의 다양한 문화관련 문제를 해결하는 데 도움을 줄 수 있다.

PART
04

생애주기에 따른 인간의 성장과 발달

Human Behavior and Social Environment

C·H·A·P·T·E·R 11

인간의 성장과 발달: 태아기, 영유아기, 학령전기

1 태아기

1) 발달적 특징

태아기의 발달적 특징은 태아의 성장 및 임신기간으로 나눌 수 있는데, 그 주된 내용은 다음과 같다(Zastrow & Kirst-Ashman, 2001; 이영실·이윤로, 2008; 최옥채 외, 2011).

(1) 태아의 성장

① 배란기(발생기, 난체기, 정착기)

배란기(germinal stage)는 수정 후 약 2주간을 말하고 수정란이 자궁에 착상하고 태반이 발달하는 시기이다. 태아에 대한 외부충격의 방지와 적정온도를 위해 양수가 들어 있는 양막주머니가 형성되면서 자궁 내의 환경은 태아의 정상적인 성장을 돕기 위해 변화한다.

② 배아기

배아기(embryonic stage)는 착상 후부터 임신 8주까지 해당되는 시기로 원시적인 형태의 소화기관 발달, 두뇌와 신경계의 구조 등, 중요한 신체기관과 신경계가 형성된다.

③ 태아기

임신 3개월부터 출생까지 이 기간에 성장하는 유기체를 태아(fetus)라고 한다. 이 시기에는 신체기관의 분화는 더 이상 일어나지 않고, 여러 기관이 초보적인 형태에서 벗어나 배아기 동안 형성된 신체 각 기관의 구조가 정교해지고, 기능이 더욱 활발해지는 등 주로 크기와 기능의 변화가 이루어진다.

(2) 임신기간 구분

① 제1단계(임신초기, 임신 1~3개월)

제1단계는 가장 중요한 시기로, 태아의 급속한 세포분열이 일어나므로 태아는 임산부의 영양상태, 약물복용에 가장 영향을 받기 쉽다.

② 제2단계(임신중기, 임신 4~6개월)

제2단계에서는 산모는 태아의 움직임을 느낄 수 있다. 이때 태아는 계속 성장하며 손가락, 발가락, 피부, 지문, 머리털 등이 형성된다. 심장박동이 규칙적이며, 정해진 시간에 자고 일어나기 시작한다.

③ 제3단계(임신말기, 임신 7~9개월)

제3단계는 태아발달이 완성되고 출산 후 자궁 밖에서 생존하기 위한 준비를 마친다. 이 시기는 태아의 발달이 완성되는 시기로 심장박동기를 사용해 태아의 심장박동을 들을 수 있다. 피부의 지방조직이 형성되고 내부기관을 비롯하여 두뇌와 신경계 등 신체조직이 완전히 발달하게 된다.

2) 발달과제

다음은 태아기 발달과제에 영향을 미치는 요인 및 유전적 요인에 의해 발생할 수 있는 태아기의 문제나 주요 장애에 대해 살펴보고자 한다(Werner, 1985; Woolfolk, 1980; Floyd & Widaman, 1995; Fergusson, Horwood & Lenskey, 1993; Dunkel-Schetter, 1999; 권순종 외, 2011).

(1) 태아기의 영향 요인

① 임산부의 영양상태

수정에서 출생까지 태아는 성장에 필요한 모든 영양분을 전적으로 임산부가 섭취하는 영양에 의존하므로 임산부의 영양 상태는 태아의 발달에 가장 중요한 영향을 미치는 태내환경이 된다. 따라서 임산부는 자신과 태아에게 적절한 영양을 공급하기 위해 평상시보다 하루에 300cal이상을 더 섭취해야 한다.

임산부의 영양결핍은 조산, 저체중아의 출산, 신생아 사망률과 연관된다. 잘못된 식이요법은 태아의 중추신경계 발달에 좋지 않은 영향을 미치며, 신생아가 질병에 취약해지는 결과를 초래한다.

② 약물복용과 치료

약물의 부작용 등은 약의 성분 및 용량, 그리고 복용했을 당시의 임신기간에 달려있다. 특히, 임신 1~3개월은 태아가 약물에 가장 취약한 시기이다. 그리고 일반적으로 많이 사용하고 있는 아스피린이나 카페인 같은 약품을 지나치게 복용하는 것도 위험하다.

③ 알코올

임신 중에 알코올을 섭취하는 것은 태아에게 많은 영향을 미친다. 대표적인 것이 태아알코올증후군(FAS, fetal alcohol syndrome)이다.

임신 중에 알코올을 많이 섭취한 임산부의 태아는 특이한 얼굴과 작은 머리, 작은 몸, 선천적인 심장질환, 관절상의 결함, 정신능력의 저하, 그리고 이상한 행동양상을 보인다. 특히, 음주하는 임산부는 태아알코올증후군을 발생시킬 수 있는데, 과도한 음주는 태아 내에서 중추신경계통 장애, 저체중, 안면기형, 소두증, 심장결함 등을 일으키는 증상이 발생할 가능성이 매우 높아진다.

④ 흡연

흡연 관련 여러 연구에서 흡연은 저체중아 출산, 임신기간의 단축, 자연유산의 증가, 임신과 출산에 관련된 문제의 증가, 출생 시 사망과 관련이 있다고 보고되고 있다. 또한 간접흡연도 태아에게는 위험하며 흡연으로 인한 영향은 아동기로 이어질 수 있다.

⑤ 임산부의 나이

임산부의 연령은 임산부와 태아 모두에게 영향을 미친다. 예를 들면, 45세 이상의 임산부는 20세 혹은 21세의 임산부에 비해서 다운증후군이 있는 아이를 출생할 비율이 40배나 더 높다.

⑥ 임산부의 질병

임신초기의 풍진(rubella)은 태아에게 시각장애나 청각장애 등 신체적 장애를 초래하고, 지적장애와 같은 정신적 장애를 초래하며 임신 4개월 이전이 위험하다. 임산부가 당뇨병을 가지고 있으면 건강한 임산부보다 기형아를 낳을 확률이 3배 이상 높다.

후천성면역결핍증(AIDS)은 약 15~30%가 모체로부터 감염되는데, 감염된 태아는 비정상적으로 작은 얼굴과 두개골을 갖게 되며, 특히 임신초기에 감염되었을 경우에는 더욱 심각한 문제를 초래한다. 그리고 임산부가 매독이나 임질과 같은 성병에 감염되었을 경우에는 감염된 태아의 30%가 출산 전에 사망하거나, 기형아 출산이나 시각장애를 초래한다.

⑦ 모자의 혈액 불일치

RH+의 남성과 RH-의 여성이 RH+의 자녀를 임신하게 될 때 둘째 아이부터 치명적인 위험이 발생한다.

RH+의 남성과 RH-의 여성이 RH+의 자녀를 임신하게 될 때 혈액상반현상이 나타나는데, 첫 아이일 때는 태반으로 인해 혈액상반현상이 나타나지 않으나 분만과정에서 피가 섞이게 되면 모체혈액은 RH+인자에 대항하기 위해 항체를 형성한다. 그 결과 둘째 아이는 혈액상반현상이 나타나 적혈구 파괴 및 산소호흡을 방해하여 태아를 유산 및 사산시킨다. 출생하여도 빈혈, 청각장애, 뇌성마비, 지적장애 등을 동반한다. 임신직후부터 로감주사[28]를 주기적으로 맞음으로써 예방이 가능하다.

⑧ 임산부의 분만회수

출산경험이 있는 산모가 첫아이를 임신한 산모보다 자궁과 태반 사이의 혈액의 흐름이 발라 태내환경이 더 좋다.

⑨ 기타요인

적은 수입, 낮은 사회경제적 지위 등 사회적·경제적 요인도 태아의 발달에 영향을 미친다. 또한 풍진, 후천성면역결핍증(AIDS)도 태아에게 기형, 시각장애, 청각장애, 지적장애 등 많은 치명적 발달결함을 초래시킨다. 그리고 방사선(X-ray)

28) 로감주사: 자연 및 치료 유산, 자궁 외 임신, 양수검사, 제대혈검사, 임신 28주, 분만 시 등에서 감작 예방 목적으로 로감주사를 사용한다. 또한 어머니와 아이에 대한 특수검사를 통해 필요하다고 판단되면 생후 며칠 안에 접종하게 된다.

의 영향도 빼놓을 수 없다. 임신 중에 암 치료나 건강진단을 위해, 또는 직업상의 경우로 방사선을 쬐일 경우, 태아가 죽거나, 기형아가 되거나 뇌 상해 또는 특정한 종류의 암에 걸릴 가능성이 높은 것으로 보고되었다.

(2) 유전적 요인에 의한 태아기의 주요 장애

① 다운증후군

다운증후군(Down syndrome)은 23쌍의 염색체 중 21번 염색체 이상에 의해 유발 되며, 일명 몽고증이라고도 불린다. IQ 70이하, 지적장애, 자폐성 장애, 기억과 언어문제, 운동발달의 지체, 질병저항력 약화 등의 장애가 나타난다.

② 터너증후군

터너증후군(Turner syndrome)은 성염색체 이상, X염색체 1개, 전체 염색체 수 45개 이상일 때 나타난다.

외견상 여성이지만 여성 호르몬의 부족으로 2차적 성징이 나타나지 않으며 난소가 기능을 제대로 하지 못하여 생식을 하지 못하며, 이차적 성적발달이 없고 목이 가늘고 키가 작고 정신지체를 가지고 있다.

③ 혈우병

혈우병(hemophilia)은 X염색체 이상, 혈액이 응고되지 않는 선천성 장애이다. 남성에만 발병하며, 질병 저항력이 약화되고 혈액이 혈관 밖으로 나와 일정기간이 경과하여도 응고되지 않고 계속 출현하는 증상을 보인다.

④ 클라인펠터증후군

클라인펠터증후군(Kline felter syndrome)은 XXY, XXXY, XXXXY 성염색체를 가지고 있고 남성의 특성이 약하다. 성적으로는 남성이지만 정소의 발육이 불완전하여 정자 생산이 불가능하다. 또한 사춘기에 가슴과 엉덩이가 커지는 등 여성적인 2차 성징이 나타난다.

고환이 미성숙하여 정자의 생산이 불가능하므로 생식이 불가능하다. 이들의 25% 정도는 정신지체나 정신박약 증상을 가지고 있다.

⑤ 페닐케톤뇨증

페닐케톤뇨증(PKU, Phenylketonuria)은 단백질 분해효소가 결여되어, 소변에 페닐피부르산이 함유되어 배출되는 증상이다. 특징으로는 금발, 백안, 치아 사이가 많이 벌어져 있다. 굽은 자세, 운동과다 등이 있고 출생 즉시 특수한 식이요법을 실시해야 지적장애를 억제할 수 있다.

⑥ 검상적혈구 빈혈증

검상적혈구 빈혈증(sickle-cell anermia)은 헤모글로빈을 암호화 하는 유전자의 염기 하나가 바뀌어 비정상적인 헤모글로빈이 만들어지고, 이것이 적혈구에 축적되어 적혈구의 모양이 낫모양(겸상)으로 되는 유전자 돌연변이다.

⑦ 흑내장성 지진아

흑내장성 지진아(Tay- Sachs Disease)는 안구진탕, 수정체 혼탁으로 시력이 매우 낮고, 전신쇠약증세를 보이며 보통 2~3세에 사망한다.

⑧ 거대남성 증후군

거대남성 증후군(XYY증후군, supermale syndrome)은 남성으로서 Y염색체를 더 많이 가지고 있는 것으로 XY대신에 XYY형을 이룬다. 평균보다 키가 크고 지능이 낮은 경향이 있다.

⑨ 헌팅톤 병

헌팅톤 병(Huntington disease)은 유전자 자체로 인한 이상, 우성인자에 의한 질병이며 신경계의 장애로 정신적, 신체적인 기능이 급격히 저하되는 질병이다.

⑩ 테이섹스 병

테이색스 병(Tay-Sachs disease)은 열성유전자로 인한 질병이며 중추신경계가 쇠퇴하는 악성적 질환으로 이 질환이 있는 경우 출생 후 3~4년 내에 사망하는 경우가 많다.

(3) 태아기 검사

① 초음파 검사

태아를 진단하는 가장 일반적인 방법이다. 태아의 이미지를 TV와 같은 스크린에 형상화하기 위해 초음파를 사용한다. 임신 4주 혹은 5주에 시행할 수 있으며, 태아의 성별과 자궁 내의 자세, 그리고 다양한 신체의 이상을 탐지해낼 수 있다.

② 양수검사

양수검사(amniocentesis)는 임산부의 복강을 통해 자궁에 바늘을 삽입하여 양수를 채취하는 방법이다. 태아의 성별, 염색체 이상을 알아낼 수 있다. 양수에는 태아세포가 포함되어 있기 때문에 다운증후군, 근육영양장애 및 척추이열을 비롯한 선천성 기형을 알아낼 수 있으며, 태아의 성별도 구분할 수 있다.

③ 융모생체표본검사

융모생체표본검사(CVC, chorionic villi sampling)는 태아의 선천성 기형을 진단하는 또 다른 방법이다. 가느다란 플라스틱 관을 통해 삽입하거나 혹은 복강을 통해 바늘을 자궁으로 삽입하는 것이다. 태아를 감싸고 융모막 위의 가느다란 실 같은 모양의 융기 즉 융모생체표본을 채취하여 유전적 이상의 가능성을 분석한다.

④ 산모 혈액검사

산모 혈액검사는 임신 15~20주 사이에서 이루어지며, 이 검사를 통해서 태아의 다양한 상태를 알아낼 수 있다.

3) 사회복지실천과의 연관성

태아기 발달과제에서 태아기의 신체적 문제, 심리·정서적 문제, 사회적 문제, 태아기 관리 문제, 낙태, 불임 등이 있다.

태아기의 발달과제에 따른 사회복지실천과의 연관성은 다음과 같다.

첫째, 사회복지실천에서 사회복지사는 신체적 문제, 즉 임산부의 건강 및 영양 상태, 선천성 장애를 위한 산부인과적 문제의 검토, 임산부의 연령이 매우 많거나 적은 것, 임신에 관련된 여러 문제전력이 있는 것, 유전적 질병이나 만성질환의 존재, 약물사용이나 중독, 유전상담이 필요한 경우 등에 대한 임산부의 신체적 상태를 점검하도록 하고 필요시 의사 등 인적 자원체계를 연결시키거나 임산부의 여러 신체적 문제에 대한 교육 및 상담 등을 실시한다.

둘째, 사회복지실천에서 사회복지사는 심리·정서적 문제, 즉 계획하지 않은 임신에 대한 부정적인 심리적인 반응, 임신기간 중 유발되는 불안·스트레스·정서적 흥분 등의 정서적 변화, 임신 및 출산과정에 대한 지식의 부재, 부모로서의 역할변화와 그에 따르는 책임을 받아들이는 어려움 등에 대한 교육 및 상담 등을 실시한다.

셋째, 사회복지실천에서 사회복지사는 사회적 문제, 즉 빈곤으로 인해 임신기간 중 필요한 영양과 의료적 보살핌을 받지 못하는 것, 물리적 환경이 열악한 것, 직장생활을 하는 임산부의 과도한 업무 부담으로 인한 신체적 과로와 스트레스 등에 대한 상담 및 교육을 실시하고 사회적 자원체계의 연결망을 제공한다.

넷째, 사회복지실천에서 사회복지사는 조산 혹은 저체중아 출산의 위험이 있는 임산부를 발견하도록 하며, 의료·영양·교육 관련 태아기 관리를 위한 심리사회적인 개입을 한다.

다섯째, 사회복지실천에서 사회복지사는 원치 않은 임신을 한 여성을 도울 때 경우에 따라 조력자, 교육자, 중개자, 그리고 옹호자로서 역할을 수행한다.

여섯째, 사회복지실천에서 사회복지사는 불임부부를 돕기 위한 조력자, 중재자, 중개자, 교육자, 분석가 및 평가자, 옹호자 등과 같은 역할을 수행한다.

일곱째, 사회복지실천에서 사회복지사는 임산부 부부에게 유전적 질병, 흡연, 음주, 방사선, 환경오염, 약물복용, 환경오염이나 유독물질에 대한 노출 등으로 인하여 발생할 수 있는 선천성 장애예방방법과 대책방안을 가르쳐주어야 한다. 또한 임산부가 직장생활과 가사활동을 병행할 수 있는 적절한 방법들에 대한 정보를 제공하며 가사분담을 포함한 가족 내 역할 재조정을 원조해 준다. 그리고 태아기의 주요 발달과제에 일어날 수 있는 문제들을 조사·사정하여 임산부 부부에게 맞는 적절한 개별상담 및 치료, 가족교육 및 상담, 그리고 가족치료, 임산부 부부관련 프로그램 등을 실시한다.

2 영유아기

1) 영아기

(1) 발달적 특징

영아기(infancy period)는 출생 후부터 만 1,5세 혹은 2세까지를 말하는데, 생후 1달까지를 특히 신생아기라고 한다.

이 시기는 제1성장 급등기[29]로 신체와 뇌의 성장이 급속히 이루어지는 시기이며, Freud(1949)의 구강기, Erikson(1975)의 유아기, Piaget(1954)의 감각운동기에 해당된다.

특히 Erikson의 심리사회적 발달이론에서는 이 시기를 신뢰감 대 불신감의 시기로 이 시기엔 영아가 첫 사회적 관계를 주로 양육자 모(母)와 형성하게 되는데,

29) 제1성장 급등기는 영아기의 급속한 성장을 의미하며, 제2성장 급등기는 청소년기의 급속한 성장을 뜻한다.

모(母)와의 친밀한 상호작용의 경험이 얼마나 긍정적이냐에 따라 신뢰감과 불신감의 자아를 형성하게 되며 이는 훗날 사회관계의 기초가 된다.

이 시기의 발달과제를 충실히 수행하면 건강한 신체와 정신 및 정서적 안정이 조화롭게 이루어져 건전한 인격체로 성장·발달하는 데 밑거름이 된다.

(2) 발달과제

영아기의 발달적 과제는 신체적·인지적·언어적·정서적·사회적 발달로 나누어 설명할 수 있는데, 그 내용은 다음과 같다(Piaget, 1954; Ainsworth, 1979; Lewis, Sulivan, Stanger & Weiss, 1989; Feinman, 1992; Sigelamn, 1999; Newman & Newman, 2003; 이영실·이윤로, 2008).

① 신체적 발달

신생아의 몸무게는 대체로 2.4~4.5kg이고, 키는 45~55cm이다. 여아가 남아에 비해 몸무게와 키에서 약간 작은 경향이 있다. 또한 신생아는 대부분의 시간을 잠자는데 보낸다.

이 시기 초기에 사람의 얼굴과 풍선을 구별하기 시작하고, 그 후에 사람들의 얼굴을 구별하며 부모의 얼굴을 인식한다. 또한 머리에서 발가락으로 발달이 진행되며 다리보다는 먼저 머리와 팔 같은 상체를 사용하는 법을 배운다.

영아의 반사운동으로는 크게 생존반사(survival reflexes)와 원시반사(primitive reflexes)를 들 수 있는데 생존반사로는 빨기반사(sucking reflex), 탐색반사(젖찾기반사, rooting reflex) 등이 있다. 이는 적응이나 생존을 위해 필요한 반사행동이다. 원시반사로는 모로반사(Moro's reflex), 걷기반사(walking reflex), 쥐기반사(grasping reflex), 바빈스키반사(Babinski reflex) 등이 있는데 이는 생존을 위해 필요한 것은 아니지만 진화론적 관점에서 중요한 반사행동이다(〈표 11-1〉).

〈표 11-1〉 영아기의 주요 반사운동

구분	내용
빨기반사	• 음식물 섭취를 위한 주요반사다 • 무의식 적응으로 젖이나 입 주위의 것을 빤다. • 신생아가 음식을 받아먹을 수 있는 능력을 촉진한다.
탐색반사	• 외부자극에 대한 자동적 움직임을 말한다. • 입 근처 볼에 물건이 닿으면 자동으로 머리를 돌려 빤다. • 자극이 있는 쪽으로 입을 돌려 찾는다.
모로반사	• 껴안는 반사운동으로 경악반사라고도 한다. • 큰소리나 신체적 충격을 받았을 때 자동적으로 팔과 다리를 벌리고 손가락을 펴며, 머리를 뒤로 제치는 반응을 보인다. • 이 반사는 생후 1주일 경에 시작되어 3~4개월이 지나면 자연적으로 사라진다.
걷기반사	• 걸음마반사라고 하며 초보적인 보행모습과 비슷하다. • 영아의 발이 바닥에 닿게 되면 자연스럽게 한쪽 발을 들어 올리려고 하는 것으로 발을 번갈아 짚으며 걷는 것과 유사한 움직임을 나타낸다.
쥐기반사	• 파악반사 혹은 손바닥반사라고도 한다. • 영아의 손바닥에 무엇을 올려놓으면 무조건 꽉 쥔다. • 마치 작은 막대기나 손가락을 쥐는 것과 같은 반응을 보이는 것을 말한다.
바빈스키반사	• 영아의 발가락을 간지럽히면 발가락을 발등 위쪽으로 부채처럼 펴는 경향을 말한다. • 생후 6개월 이후 서서히 사라진다.

출처: 이영실·이윤로, 2008; 사회복지교육연구센터, 2012, 재구성.

② 인지적 발달

가. 감각기관과 운동기관을 통한 세상인식

이 시기에는 Piaget의 감각운동기에 해당하므로 감각운동기의 특징들을 보이며 감각기관과 운동기관을 통해 세상을 인식한다. Piaget에 의하면 모든 영아들이 개인에 따라 속도는 다를 수 있다. 정해진 단계를 순서대로 거쳐 가며 질적으로 다른 인지적 발달을 이룬다고 하였다. 감각운동기로 명명되는 생후 2년 동안의 영아는 외부세계에 대해 감각적인 반응이나 탐색활동을 통해 알게 된다. 감각운동기를 6단계로 나누어 살펴보면 다음의 〈표 11-2〉와 같다.

〈표 11-2〉 Piaget의 영아기 인지발달 6단계

단계	내용
1단계(출생~1개월) - 반사작용단계	• 이 시기에 가장 우세한 도식은 '빨기도식'이다. • 영아는 입에 닿는 모든 것을 빤다. • 영아는 자신의 행위와 대상 그 자체를 구분하지 못하여 모든 대상을 빨기 도식에 동화시킨다.
2단계(1~4개월) - 1차 순환반응	• 순환반응이란 우연히 새로운 경험을 한다. • 그러한 경험을 하기 위해 행동을 반복하는 시기로 영아는 반복행동을 통하여 대상의 특성을 발견한다.
3단계(4~10개월) - 2차 순환반응	• 영아는 자신의 힘으로 외부에 영향을 미쳐 사건을 만들어 내는 것에 흥미를 나타내어 이를 반복하게 된다.
4단계(10~12개월) - 2차 도식 협응	• 이 시기의 영아는 어떤 결과를 얻기 위해 의도적 행동을 한다.
5단계(12~18개월) - 3차 순환반응	• 이 시기의 영아는 전 단계처럼 단순한 반복을 위해서 활동을 반복하지 않는다. • 영아는 외부세계에 대해 명백히 실험적이며 탐색적인 접근을 한다. • 새로운 대상이 제시되었을 때 이를 숨기면 숨겨진 대상을 찾기 위해 여러 곳을 살펴본다.
6단계(18~24개월) - 사고의 시작	• 이 시기의 영아는 주어진 대상에 감각운동적 양상을 적용하는 것이 아니라, 대상의 실체가 존재하지 않더라도 스스로 상징을 만들어 그것에 대해 생각할 수 있는 '대상영속성(object permanence)'의 개념을 파악한다.

출처: Newman & Newman, 2003.

나. 목적지향적 행동

영아자신의 행동과 그 행동에서 나타나는 결과를 예측할 수 있게 되면서부터 자신의 욕구충족을 위해 의도적으로 행동하며, 새로운 목적을 성취하기 위해 의도적으로 익숙한 수단을 사용하기도 한다.

다. 대상영속성

어떤 대상이 시야에서 사라지거나 들리지 않아도 그것이 계속 존재한다고 믿는 것이 대상영속성(object permanence)[30]인데, 9~10개월이 되면 이 개념이 생

30) 대상영속성(object permannence): 어떤 물체가 눈에 보이지 않아도 그 물체가 없어진 것이 아니라 계속

기기 시작한다.

대상영속성 개념이 없는 영아는 대상을 더 이상 지각할 수 없다고 느끼는 순간, 즉 눈에서 보이지 않는 순간부터 그 대상을 즉각 잊어버리지만, 대상영속성이 생기면 대상을 볼 수 없거나 들을 수 없어도 그 대상의 이미지를 생각하거나 활용하여 간단한 문제를 해결할 수 있다. 이 무렵에 분리불안이 나타나는 것도 대상영속성과 관련이 있다. 눈에 보이지 않는 양육자를 잊지 않고, 그 이미지를 계속 생각하고 찾기 때문에 분리불안을 보이는 것이다.

라. 정신적(상징적) 표상 사용

정신적 표상이 가능해지면서 지연모방을 한다. 지연모방은 어떤 행동을 목격한 후 그 행동을 그 자리에서 곧장 모방하지 않고 일정한 시간이 지난 후에 그 행동을 재현하는 것이다. 지연모방은 행동을 정신적으로 표상할 수 있는 능력과 그것을 정확하게 표현할 수 있는 능력을 필요로 한다.

③ 언어적 발달

가. 언어 이전 시기(출생~12개월)

언어발달의 첫 단계는 울음이다. 출생 후 약 1개월까지는 분화되지 않은 반사적인 울음을 울다가 점차 이유를 알 수 있는 분화된 울음으로 바뀌게 된다.

4~5개월경에 옹알이가 나타난다. 옹알이는 영아에게 놀이의 기능을 하며, 이후 모국어 습득의 중요한 기제로 작용한다. 생후 1년이 되면 분명하게 이해할 수 있는 단어를 사용하게 된다.

있다는 것을 인식하게 되는 능력이다. 영아는 눈앞에 보이던 것이 사라지면 그것이 없어졌다고 생각한다. 그래서 엄마가 눈앞에 안 보이면 완전히 사라졌다고 생각해 더 슬피 운다. 갖고 놀던 장난감이 눈앞에서 없어졌을 때 우는 것도 같은 이유다. 그러나 이 시기가 지나 눈에 보이지 않아도 존재한다는 것을 깨닫게 되면(즉 대상영속성을 갖게 되면) 더 이상 이런 이유로 울지 않는다. 즉, 대상영속성을 획득한 영아는 한 장소에서 다른 장소로 인형을 옮겼을 때, 새로운 인형이 나타났다고 느끼지 않고, 옮겨져 있는 곳에 놓인 그 인형이 바로 전 장소에 놓여 있었던 인형이라는 것을 알게 된다. 대상영속성 개념이 발달하게 되면, 미래의 결과에 대해 인식할 수 있고, 또 그 결과를 낳기 위해 의도적인 행동도 할 수 있다.

나. 언어 시기(생후 12~24개월)

생후 1년 반이 지나면, 두 단어를 결합한 의사표현이 가능하고, 2세경이 되면 어휘 수가 증가하여 250~300개의 단어를 이해하며 명사, 동사, 적은 수의 형용사도 구사할 수 있다. 24개월경에는 문장을 만들기 위해 두 개 이상의 단어를 연결시킬 수 있다.

④ 정서적 발달

영아기의 정서적 발달은 성격발달의 기초가 되는 것으로 만 2세까지 성인에게서 볼 수 있는 대부분의 정서가 나타난다. 신생아도 기쁨이나 슬픔 같은 정서를 가지고 태어나지만 분화가 덜 된 정서이며, 연령이 증가함에 따라 점차 분화된 정서를 나타낸다.

영아기 초기에는 기쁨, 슬픔, 놀람, 공포 등 일차정서가 나타나고 첫 돌이 지나서 수치, 부러움, 죄책감 등과 같은 이차적 정서가 나타난다. 6개월이 지나면서 정서를 구분하고 다른 사람들의 정서를 인식하며, 정서를 규제하는 능력도 발달하게 된다.

⑤ 사회적 발달

출생하여 만 2세경에 이르기까지 영아의 사회성 발달은 주로 주 양육자와 관련이 있다. 기본적인 생리욕구가 원활하게 충족되고 긴장 없이 잘 이루어지면 자신과 타인, 세상에 대한 기본적 신뢰가 생겨난다. Erikson에 의하면 생후 1년 동안은 영아를 양육하는 주된 양육자와의 긍정적인 관계가 매우 중요하며, 이 시기의 관계의 질에 의하여 인간이나 사회에 대한 기본적인 신뢰감이 형성되거나 불신감이 형성될 수 있다고 한다. 주양육자인 모(母)를 신뢰할 수 없는 영아는 타인과 세상을 불신하며 자기신뢰를 형성하지 못한다. 불신은 영아의 사회적 상호작용을 위축시킨다.

영아기에 발생하는 가장 중요한 형태의 사회적 발달이 애착이다. 애착은 영아와 양육자 사이에 형성되는 친밀한 정서적 유대관계를 의미한다. 영아는 부(父)와는 주로 놀이를 통해, 모(母)와는 계속적인 상호작용을 통해 부모와의 애착관계를 형성하게 된다. 이러한 애착형성은 영아의 애정이나 사랑과 같은 긍정적인 정서발달에도 도움을 준다.

영아기에 형성된 애착에 관한 연구에는 Ainsworth(1979)의 애착발달 4단계와 Newman & Newman(1992)의 애착발달 5단계 등이 있다. Ainsworth(1979)는 모(母)와의 기본적인 애착은 보통 생후 7개월경에 형성되며, 애착 형성은 생후 1.5개월에서부터 생후 2년까지 확대될 수 있다고 보았다. 2세 이후의 애착 형성은 대단히 어렵다고 보았다(〈표 11-3〉).

〈표 11-3〉 Ainsworth의 애착발달 4단계

제1단계 (출생~3개월)	제2단계 (4개월~6개월)	제3단계 (7개월~2세)	제4단계 (2세 이후)
• 생후 첫 3개월 동안 울음, 발성, 미소, 응시, 시각적 느낌 등으로 양육자와 접촉을 시도함 • 양육자를 자기 곁에 머무르게 하려고 노력함 • 이 시기에 영아는 감각적 접촉에 의해 양육자와의 독특한 특성을 인지함	• 영아의 반응은 부모나 형제 등 친숙한 사람에게 한정 됨 • 영아는 일차적인 양육자 및 친숙한 한 두 사람의 가족이나 사람도 구별 할 수 있음. • 친숙한 사람이 자신 앞에 나타나면 미소 짓고 좋아하며 그가 떠나면 울거나 싫어하는 표정을 지음	• 양육자에 대한 분명한 애착을 형성함 • 다른 가족에 대해서도 애착행동을 나타냄 • 애착대상자에게 능동적으로 다가가고 접촉을 시도함	• 영아는 양육자와 협력자 관계를 형성 할 수 있음 • 영아의 인지능력이 발달함에 따라 친밀한 사람의 느낌이나 원하는 것이 무엇인지를 알려고 하고 예상할 수 있음 • 2세 이후부터는 친밀한 사람과의 사회적 관계를 맺으려고 노력함 • 양육자가 외출을 할 경우, 따라가겠다고 떼를 쓰기도 하지만, 양육자가 자신에게 돌아 올 때까지 기다릴 수도 있음.

출처: Ainsworth, 1979, 재구성.

Newman & Newman(1992)은 영아기의 애착발달에는 다음과 같이 5단계를 거친다고 주장하였다.

- 출생~3개월: 빨기, 젖 찾기, 쥐기, 웃기, 쳐다보기, 껴안기, 눈으로 따라 하기 등을 사용하며 특히 일차 양육자와 가까움을 유지하려고 한다.
- 3~6개월: 낯선 사람보다는 양육자 등 친밀한 사람들에게 반응을 더 보인다. 낯가림이 시작되는 시기이며 애착형성을 하는데 결정적 시기이다.
- 6~9개월: 양육자 등 애착대상에게 접근하여 신체적 접촉을 하려고 한다.
- 9~12개월: 양육자 등 애착대상에 대해 내부적 초상(표상, representation) 즉 애착대상에 대한 모습을 내면적으로 떠올리고 기억하게 되는 것을 형성한다.
- 12개월 이후: 안전과 친밀감 등 욕구를 채워줄 수 있는 방법을 사용하여 양육자 등 애착대상에게 영향을 줄 수 있는 다양한 행동들을 시도해본다.

(3) 사회복지실천과의 연관성

영아기 발달에 있어서 사회복지실천 현장에 있는 사회복지사가 관심을 가져야 할 주요 문제로는 신체적으로 선천성 질병 및 장애의 조기진단, 운동발달 지체의 문제, 감각과 지각발달의 문제, 양육자인 부모와의 부적절한 애착관계 문제 등이 있다.

영아기의 발달과제에 따른 사회복지실천과의 연관성은 다음과 같다.

첫째, 사회복지실천에서 사회복지사는 영아의 잠재적인 발달지체나 발달상의 문제를 조기에 사정할 수 있고, 앞으로 발생할 어려움을 최소화하거나 예방하기 위하여 영아의 발달특징 및 발달상의 과제에 대한 부모상담 및 부모교육을 제공해준다. 둘째, 사회복지실천에서 사회복지사는 영아의 감각 및 지각발달정도에 따라 선천성 질병이나 지적장애 및 정신지체 등을 보이는 영아에게 정확한 의료진단과 조기치료를 받을 수 있도록 도와줘야 하며 부모나 가족에게 정서적 지지 및 지원을 제공한다.

셋째, 사회복지실천에서 사회복지사는 영아의 운동장애는 인지 또는 정서발달에 많은 영향을 미치게 되므로 영아의 운동발달의 상태를 평가하고 필요시에는 의학적 진료나 서비스를 받을 수 있도록 연계한다.

넷째, 사회복지실천에서 사회복지사는 맞벌이 부부를 대상으로 영아와의 효과적 애착관계 형성을 위한 양육기술 교육 및 정보를 제공해주며 영아와의 분리문제에 대한 부모교육 및 상담을 제공해준다.

다섯째, 사회복지실천에서 사회복지사는 영아가 이용하는 보육시설의 질적 서비스를 높이기 위하여 영아 관련 프로그램을 개발하고 영아가 인지적·언어적 발달을 보다 안정적으로 이루어지도록 원조한다.

2) 유아기

(1) 발달적 특징

유아기(幼兒期)는 걸음마기라고도 하며 만 4세까지의 시기로 걸음걸이가 아직 완전히 안정되지 못하지만 활동성이 강해지는 시기이며 꾸준히 신체발달이 이루어지고 인식적 성장과 언어발달이 빠른 속도로 이루어진다.

이 시기는 Freud(1949)의 발달단계 중 항문기에 해당하므로, 대소변의 배출과 보유를 통해서 현실거래를 하고 상당한 쾌감과 만족감을 얻게 된다. 또한 Erikson(1975)의 발달 2단계인 초기아동기로, 자율성대 수치감과 회의(의심)의 시기이다. 그리고 Piaget(1954)의 전조작기 전기(전 개념적 사고단계)로서 유아는 자기중심적이다. 영아기에 발달한 도식이 내적인 표상으로 바뀌는 시기로서 사물을 상징적으로 조작할 수 있다. 추상능력이 발달하여 모방, 상징놀이, 언어기술의 획득이 가능해진다.

(2) 발달과제

유아기의 주요한 발달과제는 자기중심적인 독립성을 확립하고 공격적인 충동

억제 및 조정능력을 획득하는 것이다.

이 시기에 발달과제는 신체적·인지적·정서적·사회적 영역으로 나눌 수 있는데, 그 내용은 다음과 같다(Allgood-Merten & Stockard, 1991; 이영실·이윤로, 2008).

① 신체적 발달

유아기는 영아기에 비하면 신체성장 비율은 감소되지만 그래도 꾸준히 성장한다. 신체적 발달은 머리 부분에 집중되어 있으나, 점차 신체 하부로 확산되어 신체비율의 변화가 생긴다. 여전히 머리가 신체에 비해 큰 편이지만 하체의 길이가 길어지고 가늘어진다.

유아는 3세 정도가 되면 걷는 능력이 정교해 지고 달리기와 뛰기 등 운동능력이 발달한다. 또한 손과 팔을 사용해서 기어오르거나 혼자서 옷을 입을 수도 있으며 직선으로 걷거나 뛸 수도 있고 두 발을 이용해 마루로 뛰어내릴 수도 있다. 운동능력이 보다 정교화 되고, 뒤로 달릴 수도 있다. 이러한 유아의 운동발달의 속도와 질적 특성은 신체적 성숙, 동기, 학습 및 학습기회, 연습, 성인의 적절한 지도방법 등에 의해 차이가 난다.

유아가 4세 경 말엽이 되면 팔과 어깨를 이용하여 공을 던지고, 팔꿈치를 구부려 가슴으로 공을 받을 수 있게 된다. 수영, 썰매 등의 다양한 형태의 보행이 가능해 지며, 세발자전거를 즐겨 탄다. 이 시기의 유아는 손가락의 운동이 발달하게 된다. 연필이나 크레파스를 사용하여 단순한 형태의 그림을 그리기 시작하고, 선을 따라 가위로 모양을 오려낼 수 있다.

② 인지적 발달

유아기의 인지발달은 Piaget의 인지발달단계 중 전 조작적 전기단계인 전 개념적 사고단계(2~4세)에 해당한다. 이 시기는 환경 내의 대상을 상징화 하고 이를 내면화시키는 과정에서 성숙한 개념을 발달시키지 못한다.

이 시기에는 모방, 심상, 상징화, 상징놀이, 언어기술과 같이 상징적으로 사물을 조작할 수 있는 표상기술을 익힌다. 그리고 사회, 신체 및 내적 세계를 실험하고 이해하며, 현실적으로 불가능한 것도 다룰 수 있게 되고 언어적 한계를 보충할 수 있다.

Piaget 이론에 의하면, 상징적 사고, 자기중심적 사고, 물활론적 사고, 인공론적 사고, 전환적 추론을 하게 되는데, 이러한 특징을 살펴보면 다음과 같다.

가. 상징적 사고

유아의 상징적 사고란 더 이상 자신의 행동이나 감각에 의존하지 않고, 여러 형태의 상징으로 표현하거나 정신적 표상을 만들어 내는 추상능력을 말한다. 이러한 상징적 사고는 감각운동기 말기에 시작되지만 언어를 습득하고 상상력이 풍부해지는 전조작기에 대부분 이루어진다.

이 시기에 상징적 사고가 가능해짐으로써 유아는 가상적인 사물이나 상황을 실제 사물이나 상황으로 상징화하는 가상놀이(상상놀이, 상징놀이)를 즐기게 된다. 예를 들면, 긴 막대를 총이라고 하면서 노는 것은 가상놀이에 해당된다.

걸음마기 초기에는 부모행동을 모방하거나 친숙한 사물을 상징화 하여 단순한 놀이를 하지만, 책이나 텔레비전에서 보고들은 이야기들을 상징하여 놀이로 확대한다.

나. 자기중심적 사고

전조작기에는 자신과 타인을 구별할 능력이 생기지만 타인의 입장은 생각할 수 없다. 이를 자기중심성이라 한다. 이 시기의 유아는 자기중심성 때문에 다른 사람의 관점을 고려하지 못하며 다른 사람의 입장에서 사물을 볼 수 없다.

이러한 자기중심성은 다른 사람의 욕구와 관점을 인식하지 못하는 것으로 이기적인 것과는 다른 의미이다. 또래들과 상호작용을 통해 극복될 수 있다.

다. 물활론적 사고

물활론적 사고는 생명이 없는 대상에게 감정과 생명을 부여하는 것을 말한다.

전조작기의 유아가 생물과 무생물을 구분하는 방식은 성인의 경우와 다르다. 이 시기 유아들은 물활론적 사고를 한다.

라. 인공론적 사고

유아는 인공론적 사고를 하게 되는데, 이러한 사고는 세상의 모든 사물이나 자연현상이 자신의 목적에 맞도록 쓰려고 만들어진 것이라고 믿는 사고이다. 예를 들면, 세상을 비추기 위해 해와 달을 사람이 하늘에 만들어 두었다고 믿는 생각 등이다.

마. 전환적 추론

전개념적 사고단계의 유아는 귀납적 추론이나 연역적 추론을 하지 못하고 여러 가지 특정사건으로부터 다른 특정사건을 추론하는 전환적 추론(혹은 비약적 추론, 전도추리)을 한다. 이 두 가지 사건이 시간적으로 근접해서 발생하며, 두 현상 간에 아무런 관계가 없는데도 인과관계가 있다고 생각한다. 예를 들면 자기가 동생을 미워해서 동생이 아파졌다고 두 사건 간의 인과관계를 연결하는 생각 등이다.

③ 정서적 발달

유아기에는 정서분화가 두드러지게 나타난다. 이 시기에 공포, 분노, 슬픔, 애정, 질투 등 여러 가지 감정을 다루고 적절한 방식으로 표현하며, 충동이나 사회적 요구 간에 균형을 유지할 수 있는 방법을 배우게 된다. 또한 정서의 지속기간이 짧고, 강렬하며, 변화가 쉽고, 자주 나타난다.

3~4세에 이르게 되면, 유아 자신의 감정을 다루는 방법을 배우게 된다. 자신과 타인의 감정을 구분하여 느낄 수 있으며, 타인의 감정에 공감할 수 있는 능력도

점점 발달한다. 유아는 다양한 울음을 통해서 정서를 표현하는데, 울음의 형태, 배고픔을 알리는 울음, 화가 나서 우는 울음, 고통스런 울음, 좌절의 울음 등이 있다.

이 시기에 유아는 또한 미소와 웃음으로 정서를 표현한다. 부모 앞에서 유아가 짓는 미소와 이에 반응하는 부모의 미소는 아이와 부모 사이에 친밀한 관계를 촉진하는 중요한 수단이 된다.

④ 사회적 발달

유아기에는 자율성 및 자기통제 발달, 성역할 발달 등 사회적 발달이 점차로 증가되는 시기이다.

가. 자율성 발달

유아기에서 유아는 부모와 자신이 분리된 별개의 존재라는 사실을 인식하기 시작하기 때문에 많이 달라고 요구하고 자신이 원하는 방식대로 하려고 한다. 특히 부모로부터의 행동제한, 또래나 형제·자매와의 경쟁에서 자기주장적이고 반항적인 행동을 수시로 하게 되는데, 이는 3~4세에 절정에 달하게 되며 이를 제1 반항기라고 한다. 이러한 자기주장적이고 반항적 행동을 통해 유아의 자율성이 발달한다.

이 시기의 유아의 자율성과 자기통제능력은 대소변 훈련에서 시작된다. 대소변 훈련은 개인의 자율성과 사회적 요구의 갈등이 최초로 일어나는 장으로서, 이러한 갈등의 성공적 해결은 자기통제력의 발달에 기여한다.

나. 자기통제 발달

자기통제란 외부의 요구에 자신을 일치하는 능력, 상황에 따라 행동을 수정하는 능력, 다른 사람의 지도나 지시를 받지 않고 사회적으로 바람직한 방식으로 행동하는 능력을 의미한다.

유아기의 자기통제는 자의식이 성장하면서 발달하며, 자기통제능력 획득은 대소변 훈련에서 시작된다. 이러한 자기통제능력은 성장하는 자아의 표현으로서 상황을 평가하고 어떻게 행동할 것인가를 이전 상황에 비춰 해석하는 인지능력을 의미한다. 충동을 억제하고 만족을 지연시킬 수 있는 것은 기본적으로 부모에 대한 신뢰감을 바탕으로 하여 발달한다. 따라서 유아기의 자기통제는 충동을 조절하고 통제하는 능력과 환경을 지배하는 능력이라는 두 가지 방향으로 발달한다.

다. 성역할 발달

성역할이란 생물학적인 의미를 넘어서 사회화 과정에서 습득된 것으로, 그 사회에서 기대하는 남녀의 생활 및 행동양식이나 규범을 의미한다. 즉 유아 자신이 소속된 문화권내에서 특정성에 적합하다고 인정되는 행동, 태도, 가치 등을 획득해 가는 과정이다.

유아는 자신의 성이 남자인지 여자인지를 인식하는 성정체감 형성으로부터 시작하여 성역할 고정관념과 유형화된 성적 행동양식을 발달시켜 나간다. 또한 성정체감이 형성되기 시작하여 자신의 성을 구분할 줄 안다. 나아가 남녀 간 성 차이를 어렴풋이 이해하기 시작한다.

Freud는 이시기를 남근기로 분류하고 아동의 리비도가 더욱 강해지며 성기에 집중되는 시기로 보았다.

(3) 사회복지실천과의 연관성

유아기 발달에 있어서 사회복지실천 현장에 있는 사회복지사가 관심을 가져야 할 주요 문제로는 영양결핍과 질병 및 전염병 등 신체적 발달문제, 자폐증 및 야뇨증 등 심리적 발달장애, 부모의 양육태도 문제 등 사회성 발달 문제 등이다.

유아기의 발달과제에 따른 사회복지실천과의 연관성은 다음과 같다.

첫째, 유아의 중요한 발달과제인 자율성을 확립하고 자기주장적인 독립성을 확립하며, 공격적인 행동을 억제하고 그것을 조절할 수 있는 능력을 획득하기위해서는 올바른 부모의 양육태도와 자녀와의 올바른 관계형성을 위한 프로그램을 실시하며, 특히 일관적이고 성숙된 부모의 양육을 위한 집단모임과 아동교육을 위한 부모역할 훈련프로그램이나 훈육프로그램을 개발하여 실시하도록 한다.

둘째, 사회복지실천에서 사회복지사는 유아가 외부에는 거의 관심을 두지 않고 강하게 내부에만 몰두하는 상태로서 자폐증인 경우, 자폐증 관련 정보제공, 개입기관 소개, 부모에 대한 정서적 원조, 경비지원 서비스, 자조모임 원조 등의 역할을 수행한다.

셋째, 사회복지실천에서 사회복지사는 유아들에게 감염성 장애로 자주 걸리는 수두, 디프테리아, 홍역, 볼거리, 백일해, 소아마비, 풍진 등 예방 접종을 철저히 수행하기위해서 예방접종 관련 정보제공과 부모에 대한 교육 및 정서적 원조, 치료기관 소개 등의 서비스를 실시한다.

넷째, 사회복지실천에서 사회복지사는 부모의 빈곤이나 무지 등으로 발생하는 영양결핍을 예방하기 위해서 유아의 영양상태를 파악하여 적절한 영양 공급이 이루어질 수 있도록 부모에게 다양한 자원과 정보를 제공하고 부모교육을 실시해야 한다.

다섯째, 사회복지실천에서 사회복지사는 유아를 학대 또는 방임하는 가족에 대한 가족교육 및 가족상담의 서비스를 제공하며, 필요한 경우 아동복지 전문기관에 의뢰하도록 중재자 및 안내자의 역할을 수행한다.

3) 학령전기

(1) 발달적 특징

학령전기는 4세부터 6세까지를 말한다. 이 시기는 Freud(1949)의 심리성적 발달단계 중 가장 중요한 시기인 남근기에 해당된다. 이 시기는 리비도(libido)의 관심이 성기로 집중되며, 남근기(phallic stage)라고도 한다.

남아는 오이디푸스 콤플렉스(oedipus complex)를 해결해 나가는 과정에서 도덕, 규범, 가치관, 성에 관련된 행동 등을 배우고 여아는 엘렉트라 콤플렉스(electra complex)를 통해 아버지가 사랑하는 어머니의 모든 것을 모방하는 동일시를 시작함으로써 여자다움을 배운다.

Erikson(1975)의 심리사회발달단계의 3단계인 학령전기에 해당되며, 주도성(솔선형) 대 죄의식이 형성되는 시기이다. Erikson은 주도성과 죄책감이라는 발달과제를 달성하여 이 시기의 심리사회적 위기를 극복하면 목표의식을 성취할 수 있다고 보았다.

Piaget(1954)는 이 시기의 직관적 사고단계 특징을 자기중심성, 직관적 사고, 비가역적 사고(irreversible thinking)[31] 등으로 제시한 바 있고, 이 시기 도덕성 발달은 타율적 수준에 머무른다고 보았다.

이 시기에 대한 Kohlberg(1976)의 이론에 의하면 학령전기 도덕성은 전인습적 수준(preconventional level)에 머문다. Erikson은 주도성과 죄책감이라는 발달과제를 달성하여 이 시기의 심리사회적 위기를 극복하면 목표의식을 성취할 수 있다고 보았다. 그 외의 주요한 특징으로 성안정성과 성향상성의 확립[32], 집단놀이 등이 있다.

(2) 발달과제

학령전기의 주요한 발달과제는 Piaget의 전조작기의 직관적 사고단계인 상징적 사고, 자기중심적 사고, 직관적 사고, 보존개념 획득의 어려움 등이다.

이 시기에 발달과제는 신체적·인지적·정서적·사회적 영역으로 나눌 수 있는

31) 비가역적 사고: 정신과정을 가역적으로 조작하는 능력이 없는 전조작기 학령전기의 사고 중 하나이다. 비가역적 사고는 고정적 사고와도 상당히 밀접한 관련성을 가지고 있다.

32) 성안정성과 성항상성의 확립: 학령전기에는 성안정성과 성항상성 개념이 확립된다(•성안정성-남아는 자라서 남자 어른이 되고 여아는 자라서 여자어른이 된다는 사실을 받아들이는 것을 의미한다. •성항성성-학령전기 유아의 행동이나 겉모습이 달라지더라도 성은 변하지 않는다는 것을 의미한다).

데, 그 내용은 다음과 같다(Freud, 1949; Piaget, 1954; Erikson, 1975; Kohlberg, 1976).

① 신체적 발달

학령전기에서 신체의 양적인 성장은 영아기나 걸음마기처럼 두드러지지는 않지만 지속적으로 이루어진다. 5세가 되면 출생 시보다 5배 정도로 체중이 증가하고 신장도 2배 정도가 되며 6세경에 뇌의 무게는 성인의 90~95%에 달한다.

운동기능은 더욱 발달하여 사각형과 삼각형을 그릴 수 있을 정도로 근육이 정교해 지며, 공을 주고받을 수 있게 된다. 유치가 빠지고 보통 6세가 될 때까지는 영구치가 나오지 않는다. 또한 근육과 골격의 발달은 계속 진행되며, 머리 크기는 성인의 크기가 되고 신경계의 전달능력도 향상된다.

② 인지적 발달

가. 상징적 사고

감각운동기까지의 인간은 자신의 행동이나 감각에 의존하여 생활한다. 그러나 감각운동기의 말기가 되면 점점 정신적 표상이 형성되기 시작한다. 여기서 정신적 표상은 언어의 발달이 가속화하는 특징이 있다. 전조작기 아동은 자신이 가지고 있는 표상들을 그림이나 언어 등의 형태로 표현한다.

나. 자기중심적 사고

이 시기의 아동들은 남을 배려하지 못한다. Piaget는 그 원인을 자기중심적 사고에서 찾는다. 전조작기의 아동들은 타인의 생각, 감정, 지각, 관점 등이 자신과 동일하리라고 생각하는 특성을 가지게 되는데, 유명한 세 산 실험의 결과에서 그 내용을 찾을 수 있다. 예를 들면, 아동들에게 비대칭적인 산 모양을 보여준 후, 아동이 앉아 있는 위치와는 다른 위치에서 관찰자가 그 광경을 보았을 때 무엇을 볼 것인가를 물어보았다. 일반적으로 3, 4세의 아동은 타인도 자기가 보았던 것을 볼 것이라고 예상한다.

다. 직관적 사고

직관적 사고(intuitive thinking)란 크기, 모양, 색깔과 같은 한 가지 두드러진 속성에 근거하여 대상을 이해하려는 사고를 말한다. 즉, 지각적인 특성에만 의존하게 된다는 것인데 이러한 사고의 특성으로 전조작기 아동은 보존개념을 획득할 수 없게 된다. 즉 어떤 사물을 볼 때 대상이나 상태가 갖는 여러 속성들 중에서 가장 두드러진 지각적 속성에 의해 판단하는 것이다.

이 시기의 아동은 지각적 특성에 기반을 두어 판단하기 때문에 보존개념 형성이 어렵다. 예를 들면, 물의 양을 비교하는 실험에서 높이나 너비라는 두 속성을 한 번에 고려하지 못하고, 높이나 너비 중 더 두드러진 지각적 특성 하나만을 비교하여 물의 양을 판단한다.

이 시기의 아동은 직관적 사고를 하기 때문에 보존개념이 형성되지 못하며, 연역적 사고를 가능하게 하는 서열화, 같은 모양의 구슬을 보고 쇠구슬과 유리구슬을 구분할 수 있게 되는 분류화(유목화)를 할 수 없다. Piaget는 구체적 조작기(7~11/12세)에 보존개념을 획득하게 되면 직관적 사고를 탈피할 수 있다고 보았다.

라. 보존개념 획득의 어려움

보존개념이란, 어떤 사물을 볼 때 대상이나 상태가 갖는 여러 속성 중에서 가장 두드러진 지각적 속성에 의해 판단하는 것이다. 즉, 물체의 외형이 변하더라도 그 물체에 더하거나 빼지 않는다면 그 물체의 양은 그대로 보존된다고 할 수 있는 능력이며 이것은 직관에 의해 사물을 파악하는 것이다. 예를 들면, 모양이 넓은 같은 모양의 컵에 같은 양의 우유를 보여준 뒤, 한 컵의 우유를 모양이 다른 긴 컵에 부어도 긴 컵과 넓은 컵의 우유의 양은 같다는 것을 이해하는 것이다.

학령전기의 전조작기 아동은 같은 양의 진흙으로 만든 두 개의 공을 보여준 뒤 아동 앞에서 하나를 핫도그처럼 길게 만들면 어느새 양이 달라졌다고 생각하지만 보존개념을 획득한 구체적 조작기에는 모양이 달라져도 그 양이나 수는 보존된다는 개념을 획득한다.

마. 비가역적 사고

가역성(reversibility)이란, 어떤 변화가 일어났을 때 이것을 먼저 상태로 돌려놓는 것이며, 사고의 가역성이란 사고가 진행되어온 과정을 거꾸로 되밟아서 사고하는 것이다.

학령전기 아동(직관적 사고기)은 비가역적 사고(irreversible thinking)를 하기 때문에 어떤 변화가 일어났을 때 변화과정을 거꾸로 되밟아 가며 사고하지 못한다.

바. 중심화(집중성)

중심화(concentration)란 두 개 이상의 차원을 동시에 고려하지 못한 채 한 번에 한 가지 차원에만 주의를 집중하는 것을 말한다.

사. 물활론적·인공론적 사고

물활론적 사고는 모든 사물에 모두 생명이 있다고 여기는 사고를 말하며, 인공론적 사고는 모든 것을 사람이 만들었다고 생각하는 것과 나를 위해 만들어졌다고 생각하는 사고를 말한다.

③ 도덕적 발달

학령전기의 도덕적 발달이란 부모에게서 습득한 가치가 아동의 사고에 통합되면서 적합한 행동에 대한 기준이 생겨 자아개념의 일부가 된다. 또한 가족과 사회의 도덕적 규칙을 내면화하고, 내면화된 규칙에 따라 행동한다.

Freud, Piaget, Kohlberg 등 학자들의 도덕성 발달에 대한 견해가 있다. 먼저 Freud에 의하면 이 시기에 초기적 형태의 양심인 초자아(superego)가 발달한다고 했고 4~6세 정도 아동이 경험하는 오이디푸스 콤플렉스(oedipus complex)를 해결하는 과정에서 동성의 부모를 동일시하면서 도덕성이 발달한다고 본다. 부모의 훈육으로 아동의 성적 충동과 공격적 충동이 통제하는 과정에서, 아동은 부모의 도덕적 기준을 내면화하게 되고, 양심과 초자아가 발달하게 된다는 것이다.

그 다음 Piaget의 타율적인 도덕성은 성인의 신체적 힘에 대한 두려움과 어른의 권위에 대한 복종에서 시작되는 것으로, 사고 경향이 아직 자기중심적인 2~6세 동안 전조작기에 존재하는 도덕수준이다. 학령전기 아동은 부모를 전지전능한 존재로 여기는 경향이 있고 따라서 부모에 대한 이러한 일방적인 존중은 명령과 복종이라는 타율적인 관계를 갖는다. 따라서 학령전기 아동의 도덕성은 타율적 도덕성 단계에 해당한다.

마지막으로 Kohlberg의 도덕성 발달단계에 따르면 학령전기의 아동은 전인습적 도덕기에 해당하며, 사회적 규칙을 내면화 하면서 기초수준의 도덕성이 발달된다. 이 단계에서 아동은 외부의 권위를 포함하며 타인의 사회적 기대와 규칙을 내면화 한다.

④ 정서적 발달

학령전기 아동은 2세경에는 가정을 무대로 질투를 표현하다가 5~6세경이 되면 집밖에서의 활동으로 가정 내에서의 질투가 감소한다. 3세경에 가족에게 애정을 보이며 또래 아이들과 소꿉놀이에 열중한다. 4~5세가 되면 아기를 예뻐하고 돌봐주기도 한다.

특히 이 시기의 아동은 3~4세가 되면 즐거움, 사랑, 분노, 공포, 질투, 좌절감 등을 적절히 경험하고 표현하는 방법을 배운다. 5~6세가 되면 자신의 감정을 감추거나 가장하는 방식을 배운다. 이것은 방어기제 사용방법을 학습한 것이라 보는데 불안을 감소시키기 위한 노력의 결과라는 견해가 있다.

⑤ 사회적 발달

가. 성역할 발달

학령전기 아동은 자아개념에 자신의 성을 연결시킨다. 자신의 성역할에 대한 인식이 생겨서 여아와 남아는 각각의 성별에 맞는 행동을 하며 동성의 친구들과 어울리는 등 사회적 관계에 관심을 가진다. 또한 성에 따르는 사회적 기대를 의식한다.

나. 자아개념 형성

학령전기의 아동은 집단놀이 과정을 통해 자기중심성이 완화되며, 개인이 특정 역할을 행동하게 되면 타인은 개인의 행동에 따른 기대를 하게 된다는 것을 알게 된다. 따라서 이 시기의 아동은 자신에게 중요한 타인의 반응에 따라 긍정적 혹은 부정적 자아개념을 형성하게 된다.

다. 집단놀이

이 시기의 놀이는 아동의 사회성 발달에 중요한 역할을 하는데, 놀이를 통해 유아는 사회적 관계를 형성하고 사회적 기술과 역할을 습득하며, 운동기술을 숙달시키고 타인의 역할을 수용하게 된다.

이 시기의 아동은 부모로부터 분리되어 또래와의 상호작용에 적극적으로 참여해 성인과의 접촉보다는 또래와의 접촉이 더 많아진다. 학령전기에는 걸음마기에 주로 했던 가상놀이보다는 좀 더 구조화 되고 현실지향적인 집단놀이에 더 많은 흥미를 갖게 된다.

이 시기는 놀이경험을 통해 자기중심성이 조금 완화되지만, 여전히 자기중심성은 남아 있다. 이러한 자기중심성 때문에 또래와 자주 다투게 되므로 또래와의 우정은 지속하기 어렵다. 친밀하고 지속적인 우정은 초등학교에 입학하는 아동기에 가서야 본격적으로 발달한다.

이 시기의 아동은 형제·자매나 또래와의 놀이에서 자신의 것을 지키며, 더 많은 것을 확보하기 위해 경쟁하고, 공동의 목적을 달성하기 위해 협력하는 과정에서 사회성 발달이 촉진된다. 특히 또래와의 상호작용이 전혀 이루어지지 않는 혼자놀이와 병렬놀이가 줄어드는 반면, 연합놀이와 협동놀이가 증가하면서 사회성 발달이 더욱 빨라진다.

(3) 사회복지실천과의 연관성

학령전기 발달에 있어서 사회복지실천 현장에 있는 사회복지사가 관심을 가져야할 주요 문제로는 영양결핍과 질병 및 전염병 등 신체적 발달문제, 자폐증 및 야뇨증 등 심리적 발달장애, 부모의 양육태도 문제 등 사회성 발달 문제 등이다.

학령전기의 발달과제에 따른 사회복지실천과의 연관성은 다음과 같다.

첫째, 사회복지실천에서 사회복지사는 학령전기 아동의 성격발달 측면에서의 개입이다.

- 학령전기의 아동은 자신의 행동에 목표와 계획을 세우는 주도성을 지니게 되는데, 이러한 주도성 발달을 위하여 부모의 일관성 있는 양육을 할 수 있도록 교육서비스를 제공한다.
- 아동 자신이 주도한 행동에 대해 부모로부터 너무 심한 꾸지람이나 체벌을 통해 죄의식이 생긴 경우, 사회복지사는 학령전기 아동에 대한 부모교육이나 부모상담을 통해 아동이 더 이상 죄의식이 생기지 않도록 도움을 주도록 한다.

둘째, 사회복지실천에서 사회복지사는 학령전기 아동의 정서발달 측면에서의 개입이다.

- 학령전기 3~4세경의 아동에게 사회복지사는 아동자신의 즐거움, 사랑, 분노, 공포, 질투, 좌절감 등을 적절히 경험하고 표현하는 방법을 배우도록 해주며 특히, 남아들은 성역할 고정관념이 심화되면서 공격성향이 증가되는 경향이 있으므로 이러한 공격성과 성역할 인식에 대한 사회적인 규범을 학습하도록

돕는다.

셋째, 사회복지실천에서 사회복지사는 학령전기 아동의 인지발달 측면에서의 개입이다.

- 사회복지사는 학령전기 아동에게 나타날 수 있는 지적장애를 조기에 발견하고 예방하는 기능을 수행하기 위해 아동 맞춤형 인지교육을 지속적으로 실시하고 동시에 부모대상으로 인지장애관련 교육을 제공한다.
- 사회복지사는 지적 장애아동들에게 개별 및 가족 상담, 다양한 서비스를 제공함으로써 이들을 위한 치료서비스 제공과 조기교육의 기회를 가지도록 해준다.
- 사회복지사는 경제적 이유나 시설부족 등으로 아동들이 조기교육의 기회를 갖지 못하는 경우에 사회적 자원체계를 활용하여 사회복지기관이나 시설에서 이들이 조기교육을 받을 수 있도록 원조한다.

넷째, 학령전기 아동의 성격·정서·인지발달 측면에서의 개입이외에도 자폐증, 아동학대 등에 개입을 할 수 있다.

- 사회복지사는 학령전기 아동의 자폐증 발달특성을 조사·사정하여 놀이치료와 가족 상담 및 치료를 동시에 실시한다. 그리고 이들과 부모와 함께 참여시키는 자폐증 관련 집단프로그램을 실시한다.
- 사회복지사는 학령전기 학대받은 아동의 정서적 불안을 감소하기 위하여 개별상담 및 지지적 프로그램 등 집단프로그램 등을 실시한다. 동시에 학대부모에게는 학대에 대한 책임을 인정하도록 개별상담하면서 함께 부모교육을 받도록 한다.

C·H·A·P·T·E·R 12

인간의 성장과 발달: 아동기

1 발달적 특징

아동기는 만 7세에서 만 12세까지 조직적인 학습생활로 들어가는 초등학교 입학부터 졸업까지의 시기이며, 학교교육을 통하여 사회가 요구하는 기본적 기술을 습득하는 발달단계이다. 특히 아동기는 학령전기와 구분해서 이 시기를 학령기 혹은 학동기라고 칭하기도 한다.

이 시기는 Freud(1949)의 발달단계 중 잠복기에 해당되는데 아동기 이전 단계인 학령전기에서의 오이디푸스 콤플렉스가 해결되고 성적·공격적 충동이 억제됨으로써 중요한 발달적 사건은 일어나지 않는다고 본다.

Erikson(1975)의 발달단계 중 학령기에 해당하는 시기로서 자아의 성장이 가장 확실해지며 근면성을 취득하는 시기이며 Kohlberg(1976)의 도덕성 발달수준 중 인습적 수준에 해당한다.

Piaget(1954)의 도덕발달단계에서는 자율적 도덕성발달단계에 해당하지만 7~10세의 아동기는 보다 타율적 도덕성과 자율적 도덕성이 함께 나타난다고 보며

10세경부터 자율적 도덕성단계에 도달한다고 본다.

아동기의 주된 발달적 특징을 살펴보면 다음과 같다(이영실·이윤로, 2008; 사회복지교육연구센터, 2013).

첫째, 아동기는 자신의 능력을 스스로 시험해보려 하며 재미있던 여러 가지 활동들을 반복적으로 시도하려는 경향이 강하다. 특히 운동과 놀이 등을 통해 신체가 발달하면서 상상력, 추리력, 판단력, 사고력 등이 함께 발달한다. 이를 통해 아동은 자신만의 세계관을 형성한다. 이 시기에 있어서 세계관은 아직 주관적이라는 점에서 하나의 독립된 인격체로 완성되었다고 보기는 어렵다.

둘째, 아동 자신만의 문화와 습관, 가치관 등을 형성하고 이런 과정을 통해서 아동은 자신감과 독립심이 발달하며 점차 지능이 발달한다. 이 시기는 부모 및 또래와의 관계를 바탕으로 하여 자존감이 발달되며 사회에서 필요한 기본적 사회기술과 능력 등을 습득하게 된다. 이를 위하여 부모는 아동이 자신감을 갖고 주어진 과업을 달성할 수 있도록 긍정적인 지지 등을 해주어야 한다.

셋째, 아동기는 생활의 중심이 가정에서 학교로 옮겨가기 때문에 학교생활이 중요한 역할을 하게 된다. 학교생활을 통해 아동은 다양한 사회적 관계, 학습 및 활동 등 기본적인 사회기술을 습득하는 발달단계이다.

2 발달과제

1) 학자들에 따른 아동기의 발달과제

Freud(1949), Erikson(에릭슨, 1975, 1980), Kohlberg(1976), Piaget(1954) 등 여러 학자들에 따른 아동기의 발달과제는 다음과 같다.

(1) Freud의 잠복기

Freud(1949)는 아동기 이전 단계인 학령전기에서 오이디푸스 콤플렉스(oedipus complex)가 해결되고 성적·공격적 충동이 억제됨으로써 중요한 발달적 사건은 일어나지 않는다고 본다. 아동의 관심이 지적 호기심, 친구, 운동 등 외적인 활동에 집중됨으로써 생리적 에너지인 리비도가 성격형성에 특별하게 영향을 미치지 않는다고 보아서 잠복기라고 하였다. 잠복기에는 이성보다는 동성과의 관계를 통해 사회기술을 배우고 사회화를 한다.

(2) Erikson의 근면성 대 열등감

Erikson(1975, 1980)의 발달단계 중 학령기(근면성 대 열등감)에 해당하는 시기로서 자아의 성장이 가장 확실해지며 근면성을 취득하는 시기이다.

학교에서 지적인 기술을 습득하는 과정에 몰입하면서 근면성이 발달하며, 이 시기의 위기는 열등감인데 학습능력 기술을 또래들과 비교하여 열등하다고 느껴 학습추구의 동기를 잃게 된다.

(3) Kohlberg의 인습적 수준

Kohlberg(1976)의 도덕성 발달단계 중 아동기는 인습적 도덕단계에 해당되며, 사회규범, 기대, 관습, 권위 등에 순응하는 인습적 수준에 해당한다.

아동기는 다른 사람의 승인을 얻기 위해 또는 사회적 질서를 유지하기 위해서 규칙과 사회적 규범을 따르려고 하며, 외적인 벌과 보상대신에 사회적 칭찬과 비난에 대한 회피가 도덕적 행위의 동기로 작용한다.

(4) Piaget의 자율적 도덕성 발달단계

Piaget(1954)의 도덕발달단계에서 아동기는 자율적 도덕성 발달단계에 해당한다. 피아제의 자율적인 도덕성은 옳고 그름에 대한 판단을 행위의 결과가 아닌 의도성에 의해 판단한다. 7세부터 10세까지는 일종의 과도기적 단계로서 타율적 도덕성과 자율적 도덕성이 함께 나타난다.

2) 아동기의 발달에 따른 과제

(1) 신체적 발달

아동기의 신체적 발달에 있어서 신체성장과 운동능력발달, 신체적 발달에 관한 내용을 살펴보면 다음과 같다(Sheiman & Slomin, 1988; 이영실·이윤로, 2008; 노안영·강영신, 2011).

① 신체성장

아동기는 이전 단계들처럼 급속한 신체적 성숙은 일어나지 않으나 점진적이고 지속적인 발달이 이루어진다.

아동기 초기인 초등학교 입학 시기에서 10세까지는 남아가 키가 크고 체중이 많이 나가는 등 여아보다 신체적 성장이 더 빠르지만, 11~12세경에는 여아의 신체적 성장이 남아에 비하여 더 우세해짐을 볼 수 있다. 이는 신체적 급성장을 가져오는 사춘기가 남아보다 여아에게서 약 2년 정도 먼저 시작되기 때문이다. 그리고 청소년기가 되면 남자아이들의 발육이 우세해 진다.

② 운동능력 발달

아동기는 운동능력에서 왕성하고 다양한 활동을 한다. 특히 대근육과 소근육의 기본적인 운동기능이 거의 발달하고 운동의 속도와 강도가 증가하며 유아기에 획득했던 운동기술이 더욱 세련되어지고 정교하게 반응한다.

이 시기는 유아기에 비하여 속도, 정확성, 안정성, 호응성, 역량 등이 더욱 발달되고 정교해지며 남아는 힘이 강해지고, 여아는 유연성이 발달하며, 운동능력은 신체적 성숙과 학습의 상호작용에 의해 결정된다. 특히 팔과 어깨, 손목의 근육의 통제능력이 12세경이 되면 성인 수준과 비슷하게 도달하게 되어 성인이 할 수 있는 운동은 대부분 할 수 있게 된다.

이 시기의 소근육 운동발달은 정교화 단계에 접어들어 쓰기와 그리기를 보다 통제적이며 정확하게 할 수 있게 한다. 전반적으로 여아가 소근육 발달에 있어서 남아를 앞서며 남아는 근육운동에서 여아를 앞선다. 또한 운동발달은 신체적 발달뿐만 아니라 지적·정서적·사회적 발달을 촉진시키고 성격형성에도 중요한 영향을 미치며 긍정적인 자아개념을 형성하게 된다.

(2) 인지적 발달

아동기의 인지적 발달은 Piaget의 인지발달단계에 해당되는데, 여기에는 구체적 조작기, 보존개념의 획득, 분류화 기능, 서열화 기능, 전조작기의 자기중심성 극복, 탈중심화(집중성 극복), 가역적 사고, 조합기술의 획득 등이 있다.

아동기의 인지적 발달에 있어서 Piaget의 인지발달단계의 내용은 다음과 같다(Piaget, 1952, 1974; Sheiman & Slomin, 1988; 이영실·이윤로, 2008).

① Piaget의 인지발달단계

가. 구체적 조작기

아동기의 인지적 발달은 7세에서 11~12세에 이르는 시기로, Piaget의 인지발달단계 중 구체적 조작기에 해당된다.

이 시기의 아동은 구체적 수준에서 논리적 수준으로 사고능력이 발달한다. 예를 들면, 7세경에는 추리능력이 점차 발달하다가 8~9세가 되면 비약적인 발달을 보이면서 10세가 되면 추리능력이 보다 확실해지는 등 체계적이고 논리적인 사고가 가능해진다는 것이다.

구체적 조작기의 아동은 인과관계의 추론을 할 수 있게 되며, 물리적 세계의 규칙과 대상 간에 관계를 지배하는 원리에 대하여 통찰력을 가진다. 예를 들면, 아동은 더 이상 손가락을 세지 않고 머릿속으로 계산을 할 수 있거나 나타난 현상의 인과관계를 이해할 수 있다는 것이다.

나. 보존개념 획득

물질의 한 측면 질량 혹은 무게가 동일하게 남아 있는 동안에도 물질의 다른 측면, 즉 형태 혹은 위치가 변할 수 있음을 이해하는 것이 보존개념이다.

보상성의 원리, 동일성의 원리, 역조작의 원리를 이해함으로써 보존개념이 확립된다. 또한 보존개념의 발달은 수평적 위계에 의해 획득되는 것으로 수, 길이, 면적, 양, 무게 및 부피의 순서로 나타난다.

다. 분류화의 기능

분류화는 대상을 일정한 특징에 따라 다양한 범주로 나누는 능력으로 상위유목과 하위유목간의 관계, 즉 사건이나 사물을 일정한 규칙에 따라 분류하는 능력으로 전체와 부분의 관계를 이해하는 것이다.

구체적 조작기의 아동은 점차 대상의 차이점을 구별하게 되고 이 차이점으로 범주화할 수 있는 능력을 발달시켜 분류화가 가능하다. 아동기에는 대상물 사이의 공통점, 차이점 및 관련성을 이해 할 수 있기 때문에 대상물의 속성에 따라 그것들을 분류할 수 있다.

라. 서열화의 기능

서열화는 어떤 특정의 속성이나 특징을 기준으로 하여 순서대로 배열하는 능력을 말한다. 즉 사물을 영역별로 차례대로 배열할 수 있는 능력으로 사물을 상호관계에 따라 순서대로 배열할 수 있게 된다.

구체적 조작기의 아동은 서열화의 개념을 완전히 획득하게 된다. 서열화에는 단순서열화, 다중서열화가 있으며 서열화는 수들 간의 관계를 이해하는 역할을 하므로 산수를 학습하는 데 필수적이다.

마. 전조작기의 자기중심성 극복

구체적 조작기에는 전조작기 사고의 특징인 자기중심성을 극복한다. 다른 사람의 시각에서 사물을 보는 능력이 발달한다. 또한 전조작기의 자기중심성에서 벗어나 타인의 입장, 감정, 인지 등을 추론하고 이해할 수 있는 조망수용능력을 습득하게 된다.

바. 탈중심화

탈중심화는 자기중심성이 감소하면서 다른 요소는 무시하고 한 요소에만 집중하는 경향에서 벗어나는 현상이다. 이로 인해 다른 사람과의 상호작용에서 자신의 사고에 모순이 있을 수 있다는 것을 깨닫게 되며, 자신의 사고 이외에 여러 사고가 가능하다는 것을 알게 되어 의사소통 능력 또한 향상된다.

사. 가역적 사고

가역성은 어떤 변화가 일어났을 때 이것을 이전 상태로 되돌려 놓은 것이다. 구체적 조작기에는 사고의 비가역성을 극복함으로써 가역적 사고(reversible thinking)가 가능해진다.

아. 조합기술의 획득

조합기술이란 수를 조작하는 능력, 즉 일정 수의 사물이 있으면 그것을 펼치든 모으든 또는 형태로 바꾸든 수는 같다는 것을 이해할 수 있는 능력을 말한다. 아동기에는 조합기술을 획득함으로써 덧셈이나 뺄셈과 같은 셈이 가능해 진다.

(3) 정서적 발달

아동기의 정서적 발달에는 정서발달 및 자기이해의 발달이 있다. 아동 자신에 대한 이해는 자기인식에서 자기개념과 자기존중감을 발달시킨다.

아동기의 인지적 발달에 있어서 Piaget의 정서발달단계에 관한 내용을 살펴보면 다음과 같다(Piaget, 1952, 1974; Erikson, 1963; Satir, 1972; Kohlberg, 1976; 이

윤로, 2006; 이영실·임정문, 2010).

① 정서발달

아동기의 정서발달은 주로 지각이나 지능발달에 따라 행동영역이 넓어지고 경험이 풍부해지기 때문에 정서를 일으키는 자극의 의미도 달라지게 된다. 정서발달에 영향을 주는 요인은 성숙·학습·정서의 조건화, 모방, 동정 등이 있다.

아동은 이 시기에 괴물, 유령, 죽음 등과 같은 상상적이고 가상적인 공포 등 불안정서가 있고 특히 아동이 초등학교에 입학할 때 낯선 학교환경에 대한 불안이 나타나는데, 이것은 부모와 떨어지는 것에 대한 분리불안에서 나타나기 때문이다.

아동은 부모나 선생님의 기대를 충족시키지 못할 때 뒤따르는 질책, 처벌, 그리고 성적하락이나 친구들의 놀림 등에 대한 불안감이 많고 이러한 불안은 등교거부증 또는 학교공포증 등으로 나타나기도 한다. 이 외에도 학교 성적문제, 친구문제 등 여러 가지 정서적 문제가 아동의 정서발달에 영향을 미친다.

② 자기이해의 발달

가. 자기개념

아동의 자기개념(self concept)은 자신의 특성에 대한 체계화된 내적·개인적 생각이며 여기에는 자신의 신체적·정서적 특성, 능력, 태도, 흥미, 가치관 등을 포함하고 있다.

아동은 가정 및 학교생활에서 성공과 실패경험, 부모의 양육태도, 또래집단 등을 통해 자기개념을 형성한다. 아동은 자기의 존재를 자각하고 독자성을 가지게 되면서 자기개념, 자존심, 근면성, 도덕성 등이 더욱 발달하게 된다. 특히 아동의 도덕성발달에 중요한 역할을 하는 것은 부모의 도덕적 수준과 부모·아동 간의 관계의 질이다.

나. 자기존중감

아동의 자기존중감(self-esteem)은 아동자신의 존재에 대한 긍정적 견해이다.

자기개념이 자기의 인지적 측면이라면 자기존중감은 감정적 측면이다.

Erikson(1963)의 심리사회 발달단계에서 아동기의 근면성이 발달하는 시기로 보는데 근면성이 발달하면서 자기존중감을 갖게 되고 근면성이 발달하지 못하게 되면 열등감을 갖게 된다. 또한 Satir(1972)는 아동이 부모로부터 긍정적 관심과 인정을 받게 되면 자기자신에 대하여 긍정적 가치를 느끼고 자기존중감을 형성하게 된다고 하였다. 따라서 아동은 자기존중감을 정서적으로 발달시키기 위해서는 부모나 중요한 사람으로부터 보호와 대우를 받는 등 긍정적 관계가 중요하다.

(4) 사회적 발달

아동기의 사회적 발달은 아동의 부모, 형제, 중요한 타인과 더불어 공동생활 등을 통해서 나타난다. 아동은 가정 및 학교생활에서 차츰 인간관계를 확대하고 심화해서 타인과 집단에 대하여 상호의존하는 동시에, 개인적으로는 자기를 자립하고 자기를 주장해서 사회적 환경에 적응할 수 있는 행동양식과 습관을 형성하게 된다.

아동기의 사회적 발달에 있어서 사회발달단계에 관한 내용을 살펴보면 다음과 같다(Quay, 1977; Kagdin, 1985; 이영실 외, 2011; 최옥채·박미은 외 2011).

① 대인관계발달

아동기는 부모 및 가족의 영향력이 줄어들고 학교라는 사회집단의 일원이 되면서 가족과는 다른 새로운 친구관계를 경험한다. 아동기에는 친구들과의 일상적 상호작용을 통해 가족 및 또래집단의 사회적 규범과 압력에 민감해지고 특히 또래집단의 중요성을 인식하며 이성보다 동성친구인 또래집단과 더 친밀한 관계를 경험한다.

이 시기의 아동은 사회적 관계의 장이 가족에서부터 이웃과 학교까지 확대된다. 이 시기의 아동은 학교나 이웃의 또래친구들과 관계 속에서 집단생활의 규범을 준수하고 서로 협력하며 자신의 욕구를 통제 할 수 있는 기본적인 사회적 기술과 태도를 학습하게 된다.

② 단체놀이 선호

아동기에는 친구들과 우정을 나누는 동시에, 함께 일하고 공부하며 게임과 스포츠를 즐긴다. 단체의 성공을 개인의 성공만큼 중요시하기 때문에 아동은 사회적 놀이 가운데 단체놀이(team play)를 좋아한다.

아동은 단체놀이를 통해서 공동목표를 위한 상호의존, 경쟁 등을 배워나가면서 사회화를 습득하게 된다. 뿐만 아니라 개인의 목표가 단체의 목표에 종속된다는 것과 아동 각자에게 부여된 지위와 역할을 충실히 수행해야만 놀이의 승리를 보장받을 수 있다는 사실을 배우게 된다.

③ 학교와 대중매체의 영향

아동기는 공식적 학교교육을 통하여 사회가 요구하는 기본적 기술을 습득하는 단계로서, 학교는 아동이 가족 외에 처음으로 경험하는 사회적 기관이며, 아동의 발달에 중요한 영향을 미친다.

학교생활을 하면서부터 부모에 대한 의존이 줄어들고 교사 및 또래집단의 관계가 빈번해지기 때문에, 부모는 아동의 행동을 보다 잘 이해하고 너무 간섭하거나 금지하는 태도를 지양해야 한다. 또한 부모는 아동의 자유시간과 의사를 존중하고 아동의 행동에 적응할 필요가 있다.

④ 도덕성 발달

도덕성 발달에는 자율적 도덕성 단계와 인습적수준의 도덕성 단계가 있다.

먼저 아동기의 자율적 도덕성 단계를 살펴보면, Piaget의 자율적 도덕성은 옳고 그름에 대한 판단을 행위의 결과가 아닌 의도성에 의해 판단한다. 7세부터 10세까지는 일종의 과도기적 단계로서, 타율적 도덕성과 자율적 도덕성이 함께 나타난다. 10~11세경에 대부분의 아동은 두 번째 단계인 자율적 도덕성단계에 도달한다. 이때 아동들은 사회 규칙들이 변경될 수 있으며, 규칙이 사람들의 동의 여하에 따라 바뀔 수도 있는 임의적 합의라는 사실을 깨닫게 된다. 또한, 규칙이란 사람들의 욕구에 따라 위배될 수도 있는 것이라고 느끼게 된다. 이제 아동들은 행위의 객관적 결과 그 자체보다는 남을 속이거나 규칙을 어긴 데 있어서의 행위자의 의도에 기준을 두고 판단한다. 그 다음 10~13세는 Kohlberg의 인습적 수준의 도덕성단계이며, 이는 다른 사람의 승인을 얻기 위해 또는 사회적 질서를 유지하기 위해 규칙과 사회적 규범을 따르려고 한다.

이 시기의 아동은 규칙을 이해하고 법률의 개념을 알기 시작하며, 어른들이 부여한 규칙을 맹목적으로 지켜야 된다고 생각하는 경우가 많다. 또한 아동자신의 경험, 부모와 교사의 가르침을 통해 무엇이 옳고 그른지 알게 되며, 자신의 견해와 다른 사람의 판단이 다를 수 있음을 알게 된다. 어른이 정한 규칙 외에 또래관계에서도 영향을 받으면서 인습적 수준의 도덕성[33]을 배우게 된다.

이러한 아동기의 발달과제 중 사회적 영역에서 일어날 수 있는 주요 발달과제의 문제에는 주의력결핍과잉행동장애, 학교거절증 등이 있다.

3 사회복지실천과의 연관성

사회복지실천에 있어서 사회복지사는 아동기의 아동비만, 신체적·성적학대, 읽기·산술·쓰기장애 등 학습장애, 이별불안장애, 정서적 학대, 주의력결핍과잉행동장애, 학교공포증 등 아동기의 발달과제에서 야기되는 문제들 중심으로 개입한다.

아동기 발달과제와 사회복지실천과의 연관성에 대해 인지발달 및 사회성 발달의 측면에서 살펴보면 다음과 같다.

33) 인습적 수준의 도덕성: 외적인 벌과 보상대신에 사회적 칭찬과 비난에 대한 회피가 도덕적 행위의 동기로 작용한다. 이는 아동기에 양심, 죄의식 등에 대한 개념이 확립되며, 아동의 행동에 따른 부모나 선생님 등 주위 어른들의 칭찬과 처벌에 따라 올바른 양심을 배우게 된다.

1) 인지발달 측면의 사회복지실천

첫째, 사회복지실천에서 사회복지사는 학습장애[34]아동은 학교생활이 위축되거나 등교거부, 무단결석, 행동장애가 나타날 수가 있으므로 학습장애를 완화시켜줄 수 있는 관련프로그램을 실시한다. 동시에 아동의 학습장애로 인하여 힘들어 하는 가족에게는 지지적 치료와 동시에 부모상담, 부모교육 및 가족치료 등을 병행하도록 한다. 또한 학습장애 아동들에게는 정서적인 발달을 지원할 수 있는 정서 관련 프로그램을 개발하고 실시한다.

둘째, 사회복지실천에서 사회복지사는 주로 학교에서의 잦은 실패경험과 그에 따른 교사나 부모, 친구들로부터의 부정적인 평가로 인하여 부정적 자기개념과 열등감에 사로잡힌 아동들에게 열등감을 극복하고 긍정적인 자기개념을 형성할 수 있도록 개별적인 상담이나 치료 및 집단프로그램을 실시한다. 그리고 부모, 교사, 또래 친구들을 대상으로 한 프로그램 등을 다각적으로 실시해야 할 것이다.

2) 사회성 발달 측면의 사회복지실천

첫째, 사회복지실천에서 사회복지사는 반응성 애착장애[35]를 보이는 아동에게 대인관계 및 사회성 발달을 위해 개별 또는 집단치료를 통해 정서상태 및 능력에 알맞은 놀이를 적극적으로 시도하여 관계가 형성되도록 해야 한다. 또한 반응성 애착장애를 조기에 발견하여 적절한 지지환경을 제공하고 어머니와 아동과 함께 치료받도록 하여 정상회복이 가능하도록 돕는다.

둘째, 사회복지실천에서 사회복지사는 학대받는 아동[36], 부모 및 가족에 대한

34) 학습장애: 아동기에서 나타날 수 있는 학습장애는 언어를 이해하거나 사용하는데서 한 가지 혹은 그 이상의 장애가 있는 것을 말한다. 다른 장애와는 달리 학습장애는 정보처리과정에 어려움이 있다. 인지장애와 학습장애 모두 발달장애로 간주한다.

35) 반응성 애착장애: 5세 이전에 시작되고 병적인 보살핌과 밀접한 관련이 있다. 병적인 보살핌이란 아동의 기본적인 감정적·신체적 욕구의 지속적인 방치 혹은 양육자의 빈번한 교체 등을 말한다. 반응성 애착장애아는 부정적인 정서반응에 의해 사회적 놀이가 저해되어 대인관계에서 안정된 관계를 맺지 못하고 정서적으로 무관심하다.

개입을 동시에 실행해야 한다.

- 아동에 대한 개입: 학대 및 폭력상황으로부터의 긴급보호, 위탁양육 프로그램, 입양이나 그룹홈, 상담 및 각종 치료 등으로 아동이 부모나 가족, 다른 사람들에게 학대 받지 않도록 해 준다.
- 부모에 대한 개입: 아동의 전반적 발달과제에 대한 이해부족이나 잘못된 자녀양육관, 및 부적절한 양육방식으로 아동을 학대하는 부모들 대상으로 개인상담을 지속적으로 하며 동시에 부모교육 프로그램이나 분노조절 프로그램 등 집단 프로그램을 실시한다.
- 가족에 대한 개입: 아동학대와 관련된 가족구성원 대상으로 가정 내 위기를 잘 대처하기 위한 위기개입, 가족상담 및 가족치료프로그램을 실시한다. 가족구성원에게 필요한 경제적 지원, 가정봉사원 파견, 가정방문 서비스 등 가족지원 프로그램도 함께 실시한다.

셋째, 사회복지실천에서 사회복지사는 학교공포증[37)]이 있는 아동과 부모, 그리고 교사를 대상으로 학교공포증의 원인을 조사하여 아동에게는 행동수정이나 인지행동 등의 방법으로 개입하며 부모 및 가족 대상으로 가족교육·상담·치료 등을 실시한다.

---

36) 학대받는 아동: 일반적으로 아동학대에는 아동에게 해로운 행위를 가하는 학대(abuse)와 아동에게 주어야 할 것을 주지 않는 방임(neglect)을 포함한다. 학대유형에는 학대받은 부위에 따라 크게 신체적 학대, 정서적 학대, 성적 학대가 있으며, 방임에는 신체적 방임, 정서적 방임, 교육적 방임, 의료적 방임, 성적 방임 등이 있다.

37) 학교공포증(school phobia): 학교와 관련된 심각한 공포 때문에 학교에 가기를 싫어하는 것을 말한다. 학교공포증은 초등학교초기의 학교공포증과 후기의 학교공포증으로 나눌 수 있다.
(1) 초기의 학교공포증: 어머니와 분리되는 것을 두려워하기 때문에 나타나는 증상(분리불안)으로 취학 직후나 저학년에서 빈번하게 발생한다.
(2) 후기의 학교공포증: 여러해 학교에 다닌 경험이 있는 아동들 사이에서 발생한다. 이러한 아동들은 부모-자녀관계가 소원하고 다른 신경증적 행동을 수반하는 경향이 있다.

CHAPTER 13

인간의 성장과 발달: 청소년기

1 발달적 특징

청소년기(adolescence)는 인간의 생활주기 면에서 볼 때 시기적 구분에 대해 아직 논란이 많다. 청소년기를 법적개념으로 살펴보면 아동복지법에서는 아동을 18세 미만의 자로 규정하고 있고, 청소년기본법에서는 청소년을 9~24세로 규정하고 있으며, 청소년보호법에서는 만 19세 미만으로 명시하고 있다. 이처럼 청소년기의 연령구분은 법이나 학자에 따라 차이가 있으나 본 교재에서는 만 12~13세부터 고등학교를 졸업하는 18세 혹은 19세까지를 청소년기라 규정하고자 한다.

청소년기의 주된 발달적 특징은 다음과 같다(Freud, 1949; Erikson, 1968, 1975, 1980; Norlin 외, 2003).

첫째, 청소년기는 제 2성장 급등기라고 할 만큼 급속한 신체변화가 일어나며, 근육과 신경계의 밀접한 관계가 있는 운동기능도 현저하게 발달하며 더불어 인지적·사회적 행동양식 등이 성숙한다. 2차 성 특징은 청소년기를 정하는 기준이 되며 인지적으로는 형식적 조작사고를 할 수 있게 된다.

둘째, 청소년기는 부모로부터의 심리적 단절과 자아정체감 형성으로 정서적 변화가 급격히 일어나는 질풍노도의 시기(storm and stress period) 또는 제2의 반항기이다. 이들은 부모로부터 독립된 인격체로서 대우받기를 원하며 정서적으로 독립하고자 한다.

셋째, 청소년기는 동년배 및 이성과의 새로운 관계를 형성하고, 성역할 정체감이 발달한다. 사회적으로는 아직 주변인에 머물러 있는 특징적인 발달양상을 보이므로 주변인(marginal man)또는 중간인으로 부르기도 한다.

2 발달과제

1) 학자들에 따른 청소년기의 발달과제

Freud(1949), Erikson(1975, 1980), Piaget(1925, 1954), Marcia(1980) 등 여러 학자들에 따른 청소년기의 발달과제 내용은 다음과 같다(Freud, 1949; Erikson, 1975, 1980; Piaget, 1954; Marcia, 1980).

(1) Freud의 리비도

청소년기는 Freud의 생식기에 해당된다. 이 시기에 청소년은 잠복되었던 성적 에너지가 무의식에서 의식의 세계로 나오면서 급격한 신체적 성장과 더불어 호르몬의 변화가 일어난다. 이러한 변화가 청소년에게는 억압되었던 리비도(libido)가 성기에 집중되면서 이성에 대한 관심이 높아지고 성행위를 추구하기 시작한다.

(2) Piaget의 형식적 조작기

청소년기는 Piaget의 형식적 조작기에 해당된다. Piaget의 형식적 조작기에 의하면, 청소년의 사고방식은 좀 더 추상적으로 경험해 본적이 없는 사건에 대해서도 인과관계를 추론할 수 있으며 자신의 지각과 경험보다는 논리적 원리에 지배받기 때문에 추상적인 사고가 가능해진다.

청소년은 자신의 사고가 옳은지 부적절한지 비판적으로 검토할 수 있고 어떤 현상이 다른 현상에 미치는 영향에 대한 가설을 세울 수 있다. 아동기에는 가능성에 관한 사고는 잘하지 못하지만 청소년기에는 '만약…'이라는 가설을 세우고 가능성을 고려해 볼 수 있다.

(3) Erikson 및 Marcia의 자아정체감

① Erikson의 자아정체감

청소년기는 Erikson의 자아정체감 대 역할 혼란에 해당된다. 이 시기는 청소년이 내가 누구인지를 탐구하고 자신의 정체성을 형성하는 시기이다. 자아정체감(ego identity)은 청소년 자신의 독특성에 대해 비교적 안정된 느낌을 갖는 것으로, 행동이나 사고 혹은 정서의 변화에도 불구하고 변화하지 않는 부분이 무엇이며 자신이 누구인가를 아는 것이다. 이러한 자아정체감의 형성은 아동기의 경험에 기반을 두고 있긴 하지만 본격적인 발달이 이루어지는 것은 청소년기부터라고 할 수 있다.

② Marcia의 자아정체감

Marcia(1980)는 Erikson의 이론을 바탕으로 청소년의 위기(crisis) 및 전념(commitment)을 기준으로 자아정체감을 정체감 성취(identity achievement), 정체감 유예(identity moratorium), 정체감 유실(identity foreclosure), 정체감 혼란(identity diffusion)[38]의 4가지 범주로 구분하였다(〈표 13-1〉).

---

38) Marcia의 자아정체감 4가지 범주

(1) 정체감 성취(identity achievement): 자아정체감의 위기를 성공적으로 극복하여 신념, 직업, 정치적 견해 등에 대해 스스로 의사결정을 내릴 수 있는 상태이다.

(2) 정체감 유예(identity moratorium): 현재 정체감 위기의 상태에 있으면서 자아정체감 확립을 위해 다양한 역할, 신념, 행동 등을 실험하며 의사결정을 모색하고 있는 상태이다.

〈표 13-1〉 마르시아의 정체감 4범주

구 분		위기	
		예	아니오
전념	예	자아정체감 성취 (위기해결)	자아정체감 유실 (위기경험 없음)
	아니오	자아정체감 유예 (위기가 현재 진행 중)	자아정체감 혼란 (위기경험 없음)
		;	;
		적응	부적응

출처: Marcia, 1980, 재인용.

2) 청소년기의 발달에 따른 과제

(1) 신체적 발달

청소년기의 신체발달에는 여러 가지 측면이 있는데 가장 눈에 띄는 부분이 사춘기의 성장과 사춘기의 신체변화이다. 사춘기의 성장과 신체변화에 관한 내용을 살펴보면 다음과 같다(Zastrow & Kirst-Ashman, 2001; 이인정·최해경 2007; 최옥채·박미은 외, 2011).

① 사춘기의 성장

사춘기(puberty)는 주로 청소년기에 일어나는 호르몬의 변화로 급격한 신체적·성적 성숙이 이루어지는 기간을 의미한다.

청소년기의 사춘기 성장의 남녀차이는 근육, 심장, 폐 등 내부기관 발달의 차이나 월경으로 인한 정신적 변화뿐만 아니라, 사회적 관습의 제약, 신체적 미에

---

3) 정체감 유실(identity foreclosure): 부모나 사회의 가치관을 자신의 것으로 그대로 선택하므로 위기를 경험하지도 않고 쉽게 의사결정을 내리지만 독립적인 의사결정을 하지 못하는 상태이다.

4) 정체감 혼란(identity diffusion): 정체감을 확립하기 위한 노력도 없고 기존의 가치관에 대한 의문도 제기하지 않는 상태로 자신에 대한 어떤 견해도 확고하게 받아들이지 못하는 상태이며, 자신의 여러 역할을 통합하지 못한다.

대한 관점의 차이, 성격적 특성의 차이 등 다양한 요인에서 기인한다.

먼저 여자청소년의 사춘기 징후는 제일 먼저 생리(menstruation)[39]현상이며 그 다음 가슴의 발달 등으로 인하여 자신이 여성스러움을 경험하게 되며 동시에 불편함과 당황스러움 등 부정적 감정도 경험하게 된다.

그 다음으로 남자청소년의 경우에는 목소리가 굵어지고 수염이 나면서 체모가 생기고 음경이 확대되며 전립선이 발달한다. 또한 사정(ejaculation)이라는 새로운 경험에 대해 즐거움과 불안이라는 양면적 감정을 경험한다. 그리고 자위행위(masturbation)를 가끔 하게 되는데, 일부 청소년은 주위의 성인과 친구로부터 잘못된 정보를 얻어 자위행위에 대한 심한 죄의식을 느끼는 경우도 있다.

② 사춘기 신체변화

사춘기 신체변화를 보면, 가장 먼저 신장이 급격히 증가하는데, 남녀는 대략 5~13cm씩 자란다. 11~13세에는 여자가 남자보다 키와 몸무게가 더 나가고 힘이 세지만, 이후에는 남자가 여자보다 더 커진다.

사춘기 신체내부의 발달도 현저해지는데 특히 간장과 폐활량, 소화기능이 현저히 발달한다. 내분비선의 발달로 지방이 과다해져서 여드름이 발생한다. 뿐만 아니라 청소년기는 제2차 성징이 출현하는 시기로 성적으로 발달한다. 남자는 음성이 변하고 음모가 나며 골격구조와 근육이 단단해진다. 여자는 월경이 시작되고 유방이 커지며 음모가 발생하고 골반이 커진다.

청소년기의 신체변화에 따른 심리적 반응은 다음과 같다(Emmerich, 1973; Specht & Craig, 1982; Zastrow & Kirst-Ashman, 2009).

- 청소년은 자기 신체상(body image)에 따라 심리적 반응을 보이는데, 자기 신체상이 매력적이라고 생각할 경우 자신감 있고 자신에 대해 만족을 하는 편

---

39) 생리(menstruation): 초경(menarche)은 일반적으로 12~13세에 시작되고, 생리는 평균 50세경 폐경(menopause)이 될 때까지 여자의 생활에서 중요한 부분을 차지한다. 보통은 처음에 배란이 되지 않으므로 초경 후 12~18개월이 지나야 임신이 가능하다.

이며 그렇지 않을 경우, 절망적이고 우울감을 느낄 수도 있다. 또한 청소년기에 맞는 신체적 발달을 하지 못할 경우, 왜곡된 자아개념과 자기비하가 생겨날 수 있다.

- 청소년 일부는 섭식장애를 보이는 경우가 있는데, 그 중 대부분은 여자이다. 섭식장애로 인해 결과적으로 체중과다 및 비만증이 된다. 이러한 체중과다 및 비만증은 청소년에게 부정적 신체상을 가져옴으로써, 결과적으로 열등감을 느끼게 되고 불안정한 정서상태 등을 보이기도 한다.
- 이성관계에 있어서는 조숙한 청소년이 긍정적 자아개념을 형성하고, 반대로 발달이 늦은 청소년은 미성숙하고 불안정하여, 대처능력과 인지능력에서도 떨어지는 경향을 보인다.
- 청소년기의 신체변화로 인해 청소년은 자신이 성인과 유사하다는 자기도취적 느낌을 갖게 되며, 자신의 성역할을 더욱 수용하게 되어 성인으로 대접받고 싶어 하는 동시에 급격한 신체적 변화에 대한 어색함으로 인해서 여전히 어린아이로 남고 싶어 하는 양가감정을 갖는다. 이 시기의 신체적·성적발달 속도의 개인적 차이는 청소년들의 행동특성에 큰 영향을 미친다.

이와 같이 청소년기의 신체변화에 따른 심리적 반응을 살펴보았는데, 이외에도 청소년기에 주요 발달과제 중 성(性)문제 등을 들 수 있다.

이 시기에는 청소년기의 성적 성숙에 비해 실제적으로 성과 관련된 정확한 지식이 부족하고, 사회의 개방적인 분위기 때문에 성에 대한 가치관을 확립하지 못한 채 무분별한 성행위로 인한 문제가 발생할 수 있다.

성과 관련된 문제로 청소년의 임신과 출산을 들 수 있다. 부모로부터 심리적, 경제적으로 독립하지 못한 청소년의 임신과 출산은 그들의 정상적인 발달과제를 방해하며 사회화 과정에 심각한 문제를 초래하게 된다. 최근 우리나라의 성개방풍조 문화로 인한 무분별한 성행위, 성폭력, 혼숙, 10대의 임신과 출산, 성병 등은 청소년기의 주요 발달과제 문제로 나타나고 있다.

(2) 인지적 발달

청소년기의 인지적 발달의 특징은 Piaget의 인지발달단계의 형식적 조작기와 청소년기 자기중심성이다. 형식적 조작기에는 형식적 조작사고, 새롭게 습득하는 개념적 기술이 있으며 청소년기 자기중심성에는 상상속의 관중, 개인적 우화가 있다.

Piaget의 청소년기 발달과제에서 언급한 바와 같이 형식적 조작기에는 청소년은 가능한 개념적 조합을 고려할 수 있으며, 사건이나 현상과 관련된 변인을 동시에 다룰 수 있는 사고능력 등 인지적 발달을 한다.

청소년기의 자기중심성은 형식적 조작 사고가 발달하는 11~12세경에 시작되며, 15~16세경에 정점을 이루다가 청소년들이 다양한 대인관계의 경험을 통해 자신과 다른 사람에 대한 감정공유, 사회적 역할학습 등을 통하여 객관적인 이해를 증가시켜 나가면서 점차 사라지게 된다.

청소년기의 인지적 발달과제의 주요문제 중 하나는 주의력결핍과잉행동장애(attention-deficit hyperactivity disorder, ADHD)이다. 이 장애는 부주의나 주의산만, 집중력 장애, 과잉 행동과 충동적인 행동을 특징으로 하는 소아기에 발생하는 질병이다. 그러나 적절한 치료가 이루어지지 않는다면 청소년기까지 지속되어 학습능력의 장애, 대인관계의 문제, 자존심의 저하, 원만한 사회생활의 어려움 등이 나타나 청소년 비행이나 우울증과 동반되는 경우가 많다.

(3) 정서적 발달

청소년기에는 정서가 매우 강하고 변화가 심하며 극단적인 정서를 경험한다. 이러한 정서적 특성 때문에 청소년기를 질풍노도의 시기라고 한다.

청소년은 자신의 격한 감정을 받아들이거나 이러한 감정상태에 대해 지나치게 과민한 반응을 하지 않거나, 또는 자신의 감정에 좀 더 관대해지는 것 등의 정서적 혼란 등이다. 즉 청소년기의 정서는 불안정하며 많은 행동에 있어 무책임하거나 흥분을 잘하고 공격적 성향이 있다. 그러나 점차 청소년후기로 갈수록 완화되기 시작한다.

청소년은 부모의 지지와 승인을 필요로 하면서 동시에 부모의 통제를 받으려 하지 않으려 하며 부모나 가족으로부터 분리되어 친구나 자기자신에게 의존하려는 경향이 증가한다. 이러한 성향을 심리적 이유(psychological weaning)라고 하며 이 시기를 심리적 이유기라고 한다.

에릭슨에 의하면 청소년기의 주요발달과업이 자아정체감의 형성이라고 보았다. 자아정체감의 형성은 아동기 경험에 기반을 두지만 본격적인 발달이 이루어지는 것은 청소년기부터이다.

청소년기에 자아정체감을 형성하지 못하여 자신이 누구인지, 인생에서 무엇을 원하는지, 어떤 사람이 되기를 원하는지에 대한 대답을 얻지 못한다면, 이후 직업의 선택, 결혼과 관련된 다양한 선택, 주거지 결정, 여가에 대한 결정 같은 주요한 선택의 순간에 판단을 내리기 어렵다.

(4) 사회적 발달

청소년기의 사회적 발달과제 중 먼저 동년배(또래집단)와의 사회적 인간관계이다.

청소년기는 환경이 다른 다양한 친구들로 구성되므로 아동기의 또래집단에 비해서 좀 더 조직적이며 이질적인 특징을 갖는다.

청소년은 또래집단에 소속 및 강한 유대감을 통해 상호간 우정을 쌓게 되며 나아가 사회적 관계를 형성하게 됨으로써 이들 집단 내에서의 자신의 위치와 역할을 배우며 필요한 사회적 기술을 습득하게 된다.

청소년기에는 이성관계가 새로운 관심의 대상이 되기 시작하지만 아직까지는 동성의 친구관계가 더 중요하다. 청소년은 동성 친구와 긴밀한 관계를 형성하고 우정을 나누며, 이성 친구에 대해서도 중요한 의미를 갖기 시작한다. 따라서 청소년은 이성교제를 통해 이타적인 친밀감 형성을 학습하게 되어 다른 사람과 사회에 대한 책임감이 생겨나게 된다.

3 사회복지실천과의 연관성

청소년에 대한 사회복지사의 주된 개입은 이들의 신체적·인지적·정서적·사회적 발달과제에서 일어난 주된 문제들 즉 사춘기성장과 신체변화로 인한 문제, 학습능력의 장애, 대인관계의 문제, 자존심의 저하, 원만한 사회생활의 어려움, 자아정체감으로 인한 우울장애 및 불안장애, 품행장애, 학교폭력, 반항성 장애, 자살 등에 대한 해결에 도움을 주는 것이다.

청소년기 발달과제와 사회복지실천과의 연관성은 다음과 같다.

첫째, 사회복지실천에서 사회복지사는 청소년의 신체적 측면의 개입이다. 청소년의 급격한 신체구조 변화로 인해, 이들은 자신의 신체에 대해 부정적인 이미지를 형성할 가능성이 크므로 사회복지사는 이들의 부정적 신체이미지로 인하여 야기될 수 있는 여러 가지 심리적 문제나 증상을 다루어야 한다.

둘째, 사회복지실천에서 사회복지사는 의료기관 등과 연계하여 청소년의 신체변화 이해를 위한 교육프로그램, 식이요법지도 프로그램, 몸매관리 프로그램 등을 개발·실시함으로써, 이들의 건전한 신체발달을 지원한다.

셋째, 사회복지실천에서 사회복지사는 청소년을 대상으로 성에 대한 올바른 이해와 가치관 형성을 위한 프로그램을 실시하기 위하여, 학교나 성교육 관련기관과의 협력을 통해 성교육을 실시할 필요가 있다. 또한 사회복지사는 초경불안,

몽정불안, 자위행위, 이성으로부터의 성적요구 등과 같은 성으로 인하여 야기되는 청소년의 심리적 문제를 해결할 수 있는 상담을 실시한다.

넷째, 사회복지실천에서 사회복지사는 청소년의 자아정체감 측면에서의 개입이다. 청소년의 자아정체감 형성을 지원하기 위해서는 자아발견, 자아성장, 자기주장훈련, 인간관계수련 등과 같은 이들의 자아발견과 원만한 대인관계형성을 지원할 수 있는 집단상담 프로그램을 개발하여 실시할 필요가 있다. 또한 진로지도, 청소년 자원봉사활동 프로그램, 호형호제 프로그램, 문화예술활동 프로그램 등과 같은 다양한 수련 프로그램을 실시하여, 이들이 다양한 사회경험을 통해 자신의 개성과 자질을 발견할 수 있도록 원조한다.

다섯째, 사회복지실천에서 사회복지사는 비행청소년을 위해 청소년 교정기관, 가정상담소나 청소년기관, 일반사회복지기관 등에서 다음과 같은 개입이나 원조를 한다.

- 청소년 교정기관에서 사회복지사는 교정전문인력을 확보하고, 비행청소년을 획일적으로 처우하기 보다는 개별화된 처우를 해야 하며, 교정시설의 탈시설화를 통하여 일반사회와 유사한 생활환경에서 교정사업을 시행해야 한다.
- 가정상담소나 청소년기관을 통해 사회복지사들은 비행청소년에 대한 상담서비스를 제공하기도 하고 복지관이나 학교에서 반사회적 행동을 한 청소년들로 집단을 구성하여 지도하기도 하며, 감별소나 보호관찰소 등에서 교정사회복지사로 활동하기도 한다.
- 일반사회복지기관에서 사회복지사는 청소년의 비행을 사전에 예방하기 위하여, 청소년 가족상담 및 치료를 실시함과 아울러 인근 학교와 연계하여 활발한 학교사회사업을 실시하여야 할 것이다. 또한 비행가능성이 높은 가출청소년, 학업중단 청소년의 지도를 위한 지역사회 조직사업, 비행 또는 범죄청소년의 사회복귀를 지원할 수 있는 각종 직업훈련프로그램이나 대안 학교와 같은 교육프로그램 등을 제공한다.

여섯째, 사회복지실천에서 사회복지사는 청소년의 자살, 인터넷 중독, 음란물 중독, 우울증, 품행장애, 학교폭력, 반항성 장애 등 다양한 문제를 해결하기 위해서는 이들의 개인적 상담 및 치료뿐만 아니라 이들에게 영향을 주고 있는 가족, 집단, 지역사회 등까지도 다양한 사회복지의 전문적 방법으로 개입한다. 특히, 가족과 학교와 사회복지관련 기관이 협력체계를 구성하여 청소년의 신체적·인지적·정서적·사회적 발달과제에서 일어난 주된 과제들을 해결하는데 필요한 인적·물적 자원을 동원하고 사회복지실천의 다양한 모델들을 적용한다.

C·H·A·P·T·E·R 14

인간의 성장과 발달: 청년기

1 발달적 특징

청년기는 청소년기(adolescence)가 끝나는 시기부터 시작되며, 심리학에서는 성인전기로 표현되고 있다. 학자에 따라서는 청년기(youth)를 청소년 후기 혹은 성인초기로 구분하는 경우도 있으나 본 장에서는 고교졸업시기 전후를 시작으로 해서 직업을 갖고 결혼하여 부모로부터 완전한 독립을 성취하는 시기(19~29세)까지를 청년기로 본다.

청년기의 주된 발달적 특징은 살펴보면 다음과 같다(Zastrow & Kirst-Ashman, 2009; 이영실·이윤로, 2008).

첫째, 부모로부터의 심리적·신체적 독립과 함께 한 사람의 성인으로 사회적 역할을 시작하는 시기이다. 신체적·지적 측면에서 가장 정점에 있으며, 신체적 성숙은 청년기에 거의 완성되며, 신체적으로 활기, 힘, 건강 등의 최고수준을 보이며 근육과 내부기관의 기능도 최고수준에 이른다.

둘째, 이시기는 동년배와 성숙한 관계를 맺고 사회적으로 남성·여성으로서의 역할을 성취하며 다양한 역할탐색과 선택을 하는 시기로서 사회적 관계에서 가장 활발한 활동을 펼치며 대학진학, 군입대 또는 취업, 결혼 등이 이루어진다.

셋째, 이 시기에 가장 큰 변화는 직업을 갖게 되고 배우자와 결혼을 하게 되는 것이다. 결혼은 친밀감과 성숙한 사회적 관계를 성취하는데 중심이 된다. 청년기는 취업이나 결혼을 통해 부모로부터 독립하는 것이 주된 과제지만 이 과정에서 양가감정을 경험하가도 한다.

넷째, 청년기에는 축적된 지식을 바탕으로 다양한 관점에서 문제를 파악하고 해결하는 현실적 능력의 발달이 이루어지게 된다는 것이다. 따라서 청년기 이후는 실현과 구체화의 시기로 볼 수 있다.

2 발달과제

1) 학자들에 따른 청년기의 발달과제

Piaget(1954), Levinson(1978), Erikson(1975, 1980), Havighurst(1972) 등 여러 학자들에 따른 청년기의 발달과제 내용은 다음과 같다.

(1) Levinson의 청년기 발달과제

Levinson(1978)에 따른 청년기 발달과제는, 아직 현실에 기반을 두지 못하고 다소 과장된 목표로 구성되어 있는 희망을 명확하게 정의하는 것이다. 또한 청년의 목표를 인정해 주고, 기술이나 지혜를 가르쳐주며, 청년이 자신의 경력에서 전진하도록 영향력을 발휘하는 지도자를 발견하는 것이 청년기의 발달과제이다. 그리고 청년기에는 직업을 선택하고 나아가서 경력을 쌓고 발전시키는 것이며 친밀한 관계를 형성하는 것 등이 중요한 과제이다.

(2) Erikson의 청년기 발달과제

Erikson(1975, 1980)에 따른 청년기의 발달과제는 Erikson의 발달단계 중 성인초기(20~24세)에 해당하며 친밀함(intimacy) 형성이 주요 과제이다.

Erikson은 청소년기에 긍정적인 자아정체감을 확립한 청년은 좀 더 쉽게 다른 사람과의 친밀한 관계를 형성하지만, 그렇지 못한 청년은 자신감을 갖지 못하므로 다른 사람과의 사회적 관계에서 고립감을 느끼게 되어 자기자신에게만 몰두하게 된다고 했다.

Erikson은 청년기의 발달과제를 친밀감 대 고립감이라고 보았으며 이를 통해 사랑을 얻을 수 있다고 했다. 이처럼 청년기의 가장 큰 변화는 부모로부터 정서 및 경제적 독립을 갖추고 직업을 준비하기 위한 탐색과 결혼이라고 할 수 있다. 따라서 청년기는 직업선택을 준비하고, 결혼과 가족생활을 준비하며 시민으로서의 필요한 지적 기술을 발달시키고 사회적으로 책임 있는 행동을 해야 한다.

(3) Havighurst의 발달과제

Havighurst(1972)는 18세부터 30세까지를 청년기 즉 성인초기로 구분하였다. Havighurst는 이 시기의 발달과제를 다음과 같이 제시하였다.

첫째 배우자를 선택하며 배우자와 함께 생활하는 방법을 학습한다.

둘째 가정을 꾸미며 자녀를 양육하고 가정을 관리한다.

셋째, 직업생활을 시작하며 시민의 의무를 완수하며 서로 마음이 통하는 사람들과 사회적 집단을 형성한다.

(4) Piaget의 발달과제

Piaget(1925)는 청소년기에 형식적 조작사고가 발달한 이후에는 인지발달이 거의 이루어지지 않는 것으로 보았다. 그러나 최근에는 Piaget의 인지발달이론에 대한 비판이 제기되면서, 기계적 암기나 지적과제의 수행속도는 10대 후반이 가장 뛰어나지만, 판단, 추론, 창의적 사고 등은 전 생애의 단계에 걸쳐 발달하는 것으로 주장하는 Arlin(1975), Riegel(1973) 등 여러 학자들이 있다.

다시 말하면 청소년기의 형식적 조작기에는 추상적 개념을 이해하고 정보를 받아들이는데 집중하지만, 청년기에는 축적된 지식을 바탕으로 다양한 관점에서 문제를 파악하고 해결하는 현실적 능력의 발달이 이루어지게 된다는 것이다.

2) 청년기의 발달에 따른 과제

(1) 신체적 발달

청소년기에 거의 성인수준에 도달한 신체적 발달은 청년기에 완성되며 이 시기의 신체적 발달은 매우 왕성하게 된다. 특히 신장과 체중, 골격, 생식기의 발달, 호르몬의 변화 등이 두드러진다(Troll, 1985; Lefrancois, 1990; 이영실·임정문, 2009).

청소년의 어색한 모습은 사라지고 신체적으로 균형 잡힌 모습을 갖춘다. 청소년후기를 포함하는 20대의 신체적 능력은 최고조에 달하며, 청년기 전반에 걸쳐서 신체적으로 매우 건강하고 유병율이 낮아서 만성질환이나 신체적 손상으로 일상생활에 제한을 받는 비율이 낮다.

청년기의 신체적 건강에 악영향을 미치는 요인으로는 주로 흡연과 음주를 포함한 약물남용, 업무로 인한 과도한 스트레스, 무절제한 성생활, 사고 등을 들 수 있다. 이러한 요인들은 나이가 들수록 신체적 능력에 크게 영향을 미치게 되며, 성별 및 결혼 여부와 직업종류, 교육 및 소득수준 등의 사회경제적 수준에 따라서도 신체적 건강 상태의 차이가 나타나게 된다.

이 시기에는 사회적 안정을 얻기 위해 몸을 돌보지 않고 무리를 하는 경우가 많다. 이로 인해서 청년기 중반 이후에 건강 악화로 고생을 하거나 심하면 사망에 이르기도 한다. 이 시기의 건강 상태가 전체적인 노화속도 및 삶의 질에 크게 영향을 미친다(Lefrancois, 1990; Zastrow & Kirst-Ashman, 2009).

(2) 인지발달

일반적으로는 아동기와 마찬가지로 Piaget의 이론적 틀로 설명하는 경우가 많다. 여전히 형식적 조작사고가 중심이 되는데, 기계적인 암기나 수행속도 등은 10 대 후반이 가장 뛰어나며, 판단, 추론 등은 특정시기에서만이 아닌 생애 전반에 걸쳐 발달한다고 본다.

Schaie(1977)는 인지발달단계를 전 생애에 걸쳐 획득단계, 성취단계, 실행단계, 책임단계, 재통합단계 총 다섯 단계로 구분하였다. 다섯 단계에서 청년기에 해당되는 단계는 성취단계로서 청소년기 후반부터 청년기에 걸쳐 목표달성을 위한 지식의 필요성을 인식하는 단계라고 말했다.

또한 Baltes와 Schaie(1974)는 1956년부터 최근까지 50여 년에 걸쳐서 수행한 성인기 인지체계의 변화에 관한 종단적 조사연구를 통해서 지능을 네 가지 유형으로 구분하였다. 이 네 차원의 지능 중에서 시각-운동적 융통성[40]은 청년기, 즉 25세 전후를 정점으로 하여 쇠퇴하였으나 인지적 융통성[41]에는 변화가 없었으며, 결정성 지능[42]과 시각화 능력[43]은 오히려 연령이 증가함에 따라 향상되었다고 한다. 즉 기계적인 암기나 수행속도 등은 10대 후반이 가장 뛰어나며, 판단, 추론 등은 특정시기에서만이 아닌 생애 전반에 걸쳐 발달한다고 보았다.

청년기의 인지적 발달에 대해서 Piaget는 청소년기에 형식적 조작사고가 발달한 이후 거의 인지발달이 이루어지지 않는다고 보는 반면, 그 이후에도 인지발달

40) 시각-운동적 융통성: 시각과 운동능력의 통합을 요구하는 과제에서 익숙한 방식에서 새로운 방식으로 전환할 수 있는 능력

41) 인지적융통성: 동의어나 반대어를 생각해 내는 것처럼 익숙한 지적 운용의 맥락에서 한 사고로부터 다른 사고로 전환하는 능력

42) 결정성 지능: 언어적 이해력, 수에 관련된 기술, 귀납적 추론과 같이 교육과 경험이 축적을 통해 습득되는 능력

43) 시각화: 복잡한 그림에서 간단한 형상으로 찾아내거나 불완전한 그림을 확인해 내는 것처럼 시각적 자료를 조직하고 처리하는 능력

이 지속적으로 이루어진다고 보는 학자들도 있다. 특히 Piaget이론에 근거하여 볼 때 청년기의 지식의 축적여부가 주된 인지 발달적 과제이므로, 청년기에는 문제해결에 요구되는 효과적인 지식을 활용하며 나아가서 새로운 지식의 축적을 쌓을 필요가 있다.

(3) 정서적 발달

청년기에는 청소년기의 이성에 대한 단순한 성적 호기심에서 벗어나 이성과의 본격적인 관계를 형성하게 된다. 이 시기는 Erikson의 발달단계 중 성인초기(20~24세)에 해당하며, 정서발달로는 부모로부터의 독립, 배우자 선택과 결혼 및 가족형성, 자녀출산과 양육 및 부모역할 등이다.

청년기의 정서발달에서 일어날 수 있는 주요 발달과제는 자율성·자아정체감 확립, 친밀감형성·자기주장 능력 등을 들 수 있는데, 이에 대한 내용은 다음과 같다(Baltes & Schaie, 1974; Erikson, 1975, 1980; Nickels & Schwartz, 2004).

① 자율성 확립

평소 부모와의 관계가 적절한 경계선을 형성하지 못하면 지나친 밀착관계가 유지되거나 반대로 서로 격리되어 있던 관계는 부모와의 관계가 완전히 단절되기도 한다. 따라서 양가감정을 최소화 하고 자율성을 획득할 수 있도록 지원하기 위해서는 자녀의 자율성을 인정하고, 가족 의사결정에 참여를 격려하며, 자녀를 독립된 개인으로 인정하는 등 부모의 역할이 매우 중요하다.

② 자아정체감 확립

청년기에는 청소년기의 이성에 대한 단순한 성적 호기심에서 벗어나 이성과의 본격적인 관계를 형성하게 된다. Erikson은 청소년기에 긍정적인 자아정체감을 확립한 사람은 좀 더 쉽게 타인과의 친밀한 관계를 형성하지만, 그렇지 못한 사람은 자신감을 갖지 못하므로 타인과의 사회적 관계에서 고립감을 느끼게 되어 자기자신에게만 몰두하게 된다고 했다.

③ 친밀감 형성능력

Erikson은 청년기의 시기는 이성과의 관계경험을 통해 사회적인 친밀감을 추구하는 것이 발달과제라고 하였다. 여기서 친밀감이란 상대방과 관계를 맺는 과정에서 자신의 정체감을 잃지 않으며 개방적이고 조화로운 관계를 형성하는 것을 말한다. 친밀감형성능력은 청년기에 있어서 좀 더 높은 수준의 사회화 기능과 이성에 대한 적응기능, 인격도야의 기능, 오락의 기능, 배우자 선택의 기능에 가장 직접적으로 영향을 미치는 중요한 개인적 심리체계이다.

④ 자기주장능력

자기주장능력은 정체감과 도덕적 관점을 형성하는 핵심부분으로, '자기주장(self-assertiveness)'은 직설적이지만 무례하지 않은 행동을 말한다.

(4) 사회적 발달

청년기의 주요 발달과제는 자신의 목표를 인정하여 기술이나 지혜를 배워 직업을 선택하며, 배우자를 선택하여 결혼을 하고 자녀를 양육하며 가정을 관리하는 것이라고 할 수 있다.

청년기에의 사회적 발달과제는 부모로부터 독립, 직업준비와 직업선택, 결혼과 가족형성, 성적 사회화 등으로, 이에 대한 내용은 다음과 같다(Super, 1957; Havighurst, 1972; Rubin, 1973; Adams, 1986; Sternberg, 1988).

① 부모로부터의 독립

부모로부터 정서적·경제적 독립을 하는 것이 주요한 발달과제 중 하나이지만, 부모로부터 독립하는 것에 대한 바람과 분리에 대한 불안이라는 양가감정을 갖기도 한다. 양가감정을 최소화 하고 자율성을 획득할 수 있도록 지원하기 위해서는 자녀의 자율성을 인정하고, 가족의 의사결정에 참여를 격려하며, 자녀를 독립된 개인으로 인정하는 등 부모의 역할이 매우 중요하다.

② 직업준비와 직업선택

청년기는 자신의 인생을 꾸려나가고 개인의 능력을 발휘하기 위해서 직업을 선택하고 활동을 하게 되는 시기이다. 직업선택과 적응 및 유지는 청년기의 중요한 발달과제 중 하나이다. 이 시기에는 직업을 통해 사회적인 성공의 기반을 마련하고, 도덕적·사회적·경제적·정치적인 제반 능력을 발달시키게 된다.

Sternberg(1988)는 직업적으로 성공하는 능력은 '자신과 동료를 관리하고, 자신의 이력을 관리하는 능력'이라고 주장하였다. 이는 자신의 직업에서 성공하는 사람들은 주로 효율적인 업무 수행 능력을 갖고 있어 일의 생산성을 높일 수 있으며, 동료들과의 관계도 원만하다는 것이다. 직장생활에서의 성공적인 적응을 위해서는 직무능력에 대한 자신감, 대인관계의 능력의 계발, 올바른 가치관 정립이 중요하다.

특히 직업과 자아개념간의 관계를 강조했던 Super(1957)는 직업이 단순히 경제적 이유뿐만 아니라 자아개념에도 영향을 미치는 중요한 요인이라고 하였고 직업선택단계[44]를 결정화, 구체화, 실행, 확립, 강화, 유지, 쇠퇴, 은퇴의 여덟 가지 단계로 나누었다(〈표 14-1〉). 특히 청년기는 직업선택단계 중 확립단계로서 청년자신이 선택한 직업분야에서 발전을 이루고 자신의 직업을 자아개념의 일부로 간주하는 단계라고 주장하였다.

44) 슈퍼(Super, 1957)의 직업선택단계: 결정화(직업에 대해 막연하고 일반적인 생각만 가지는 단계/청소년기), 구체화(다양한 직업에 대해 관심을 보이는 단계), 실행(한두 개의 초보적 직업을 시험해 보는 단계/20대 초반), 확립(자신이 선택한 직업분야에서 발전을 이루고 자신의 직업을 자아개념의 일부로 간주하는 단계/20대 후반), 강화(확립단계에서 이루어진 전문지식이나 기술에 기초해 더 빨리 더 높은 지위에 오르기 위해 노력하는 단계/30대 중반경), 유지(자신의 직업분야에서 높은 지위를 얻고 전문가가 되는 단계), 쇠퇴(은퇴시기가 얼마남지 않았다는 사실을 깨달으면서 일의 양을 줄이고 직업으로부터 자신을 분리하기 시작하는 단계/50대 후반경), 은퇴(직장에서 은퇴하고 직업 외에 자신이 만족할 수 있는 새로운 역할을 찾게 되는 단계).

〈표 14-1〉 Super(1957)의 직업선택단계

단계		특징
1	결정화	직업에 대해 막연하고 일반적인 생각만 가지는 단계(청소년기)
2	구체화	다양한 직업에 대해 관심을 보이는 단계
3	실행	한두 개의 초보적 직업을 시험해 보는 단계(20대 초반)
4	확립	자신이 선택한 직업분야에서 발전을 이루고 자신의 직업을 자아개념의 일부로 간주하는 단계(20대 후반)
5	강화	확립단계에서 이루어진 전문지식이나 기술에 기초해 더 빨리 더 높은 지위에 오르기 위해 노력하는 단계(30대 중반 경)
6	유지	자신의 직업분야에서 높은 지위를 얻고 전문가가 되는 단계
7	쇠퇴	은퇴시기가 얼마남지 않았다는 사실을 깨달으면서 일의 양을 줄이고 직업으로부터 자신을 분리하기 시작하는 단계(50대 후반 경)
8	은퇴	직장에서 은퇴하고 직업 외에 자신이 만족할 수 있는 새로운 역할을 찾게 되는 단계

출처: Super, 1957, 재구성.

② 성적 사회화

아동기에서 청년기에 이르기까지 자신의 성에 대한 정체감이 재개념화 되고 확고해지는데, 이렇게 청년기에 성역할 정체감이 확고해지는 과정을 성적 사회화(sexual socialization)라고 한다. 성역할 정체감(sex-role identity)은 사회가 특정한 성에 대해 적절하다고 인정하는 특성, 태도, 흥미와 동일시하는 과정으로, 성에 따른 사회적 역할 기대를 내면화하는 과정이다.

성역할 정체감은 아동기부터 형성되기 시작하며 성에 따라 성역할정체감의 발달은 서로 다른 특성을 지니고 있다. 그러나 현대에는 남성은 남성다워야 하고 여성은 여성다워야 한다는 전통적 성역할 기대에 많은 변화가 초래하고 있다. 또한 청년기부터 경제적 지위, 자기주장능력과 같은 현대사회의 남녀의 동일시에 따라 많은 긴장과 갈등을 경험한다.

③ 결혼과 가족형성

청년기의 주요한 사회적 발달과제는 결혼과 가족형성이다. 이 시기는 결혼을 하고 자녀를 낳아 부모가 되면서 인생에 정착하는 시기이다. 결혼은 청년기 친밀성과 성숙한 사회관계 성취의 중심에 있다.

특히 청년기에서 결혼을 결정하기 위해 무엇보다도 배우자 선택에 신중해야 한다. 대부분의 청년들은 자신의 가치와 경제적·사회적으로 유사한 사람을 배우자로 보는 경향이 있다. 배우자 선택은 궁극적으로 결혼과 가족형성에 중대한 영향을 미치므로 청년기의 주요한 사회적 발달과제 중 하나이다(〈표 14-2〉).

결혼은 청년기에 친밀감이 형성되고 성숙한 사회적 관계가 확립되면서 배우자를 선택하여 새로운 가족을 형성하는 것으로 사랑의 실현, 정서적 안정, 경제적 안정, 성적 만족, 자녀출산 등에 기여한다.

청년기 남녀는 성인이 되어 배우자를 선택하여 결혼을 하게 되며 자녀 양육 시 따르는 부담감은 부부간의 위기를 초래하기도 하고 결혼만족도나 행복감을 감소시키기도 한다. 특히 첫 자녀 출산 이후 부부간에 순조로운 적응을 유지하기 위해서는 부모로서의 역할변화에 대한 준비, 육아에 대한 지식, 부부간 역할과 책임에 대한 재조정과 그에 대한 합의 등이 필요하다.

청년기에서 배우자선택과 결혼에 이르는 단계는 주요한 사회적 발달과제 중 하나이다. 이 시기에 있어서 배우자선택과 결혼에 관련 이론, 배우자 선택의 4단계, 결혼에 이르는 6단계는 다음의 〈표 14-2〉, 〈표 14-3〉, 〈표 14-4〉와 같다

〈표 14-2〉 Rubin(1973)의 배우자 선택이론

이 론	내 용
근접성이론	학교, 직장 등 자신과 지리적으로 가까운 사람들을 배우자로 선택하게 될 가능성이 크다.
이상형 배우자이론	자신이 이상적으로 생각하는 특성, 특질을 갖춘 사람을 배우자로 선택하게 된다.
가치의 일치이론	자신의 가치와 의식적, 무의식적으로 일치하는 사람을 선택한다.
동형 배우자이론	자기 자신과 유사한 인종이거나, 경제적·사회적으로 유사한 특징을 지닌 상대를 배우자로 선택하게 된다.
보완적 욕구이론	자신의 부족한 특성을 대신 갖추고 있는 배우자를 선택하거나 자신이 원하는 이상적인 사람이 될 수 있도록 도와주고 이끌어 줄 수 있는 사람을 배우자로 선택한다.
조화이론	자신과 유사한 인생철학을 가지고 있어 자신을 잘 이해하고 받아들이며 원활한 의사소통이 가능한 상대를 배우자로 선택한다.

출처: Rubin, 1973, 재구성.

〈표 14-3〉 Adams(1986)의 배우자 선택의 4단계

단계	내용
1단계	상호작용의 가능성과 기회가 있는 사람들 중에서 파트너를 선택함
2단계	상대방에게 자신에 관한 정보를 드러내기 시작하며 관계가 깊어짐
3단계	상호 역할조화와 공감을 발견하는 것이 관계를 지속하는 데 중요한 역할함
4단계	상호 간에 많은 부분을 드러냄으로써 자신을 드러내는 위기를 극복했다는 감정이 존재하게 됨

출처: Adams, 1986, 재구성.

〈표 14-4〉 Lewis(1973)의 결혼에 이르는 6단계

단계		특징
1	유사성 단계	상대방의 사회적 배경, 가치관, 성격 등의 유사함을 지각하는 단계
2	라포 단계	상대방에 대해 긍정적인 평가를 하고 호감과 친밀감을 느끼는 단계
3	자기개방 단계	상대방에 대한 신뢰감이 증진되면서 서로 자유롭고 솔직한 자기표현을 할 수 있는 단계

〈표 14-4〉 계속

단계		특징
4	역할탐색 단계	밀접한 관계 속에서 자신의 역할을 구축해 가고 상대방의 역할에 대한 기대를 형성하는 단계
5	역할조화 단계	서로에 대한 역할기대와 역할수행을 조정하여 상호보완적인 조화를 이루어 가는 단계
6	상호결정 단계	서로의 역할을 수용하여 확정하고 한 쌍의 동반자로서의 정체감과 일체감을 느끼는 단계

출처: Lewis, 1973, 재구성.

3 사회복지실천과의 연관성

청년 클라이언트에 대한 사회복지사의 주된 개입은 청년의 자율성 확립, 자기주장능력, 친밀감 형성능력 강화 등이다. 특히 이러한 개입을 통해 청년의 건강, 부모로부터의 독립, 배우자 선택 및 결혼, 자녀출산과 양육 및 부모역할 등을 제대로 수행할 수 있도록 도움을 주는 것이다.

청년기 발달과제와 사회복지실천과의 연관성에 대해 살펴보면 다음과 같다.

첫째, 사회복지실천에서 사회복지사는 청년의 음주, 담배, 약물남용, 업무로 인한 과도한 스트레스, 무절제한 성생활 등으로 인한 건강관련 문제에 개입하여 신체적 건강의 유지를 하도록 한다. 이를 위하여 사회복지사는 병원 등과 연계를 통한 인적·물적 자원을 동원하도록 한다. 그리고 지역주민들을 위한 운동시설과 프로그램을 실시하며 지역보건소 등과 연계하여 신체적 건강유지 프로그램이나 식이요법 등의 프로그램을 실시한다.

둘째, 사회복지실천에서 사회복지사는 청년의 자율성확립, 자기주장능력, 친밀감형성능력 등을 강화하기 위하여 개별상담서비스는 물론 자긍심향상 프로그램, 자기주장훈련 프로그램, 친밀감향상 프로그램, 인간관계능력향상 프로그램, 사회성향상 프로그램, 스트레스 및 시간관리 프로그램 등을 제공한다.

셋째, 사회복지실천에서 사회복지사는 청년의 초기 부부관계 적응을 원조하기 위한 의사소통훈련 및 부부 이해하기 등 프로그램을 실시하며 이혼을 예방하기 위하여 부부상담, 부부캠프 프로그램 등을 실시한다. 또한 지역주민모임 활성화 프로그램 등을 통하여 사회적 지원망을 형성하도록 원조한다.

넷째, 사회복지실천에서 사회복지사는 예비부부교실을 운영하여 신혼기의 결혼생활적응과 가족생활계획 수립 및 임산부교실과 같은 부모역할훈련 프로그램 실시를 지원한다. 또한 맞벌이 부부가정, 한부모가정 등 자녀양육에 어려움을 겪고 있는 가정을 위해서는 자녀양육을 지원해 줄 수 있는 가사지원서비스를 제공하고 동시에 다양한 프로그램을 제공한다.

다섯째, 사회복지실천에서 사회복지사는 직장에서 받는 스트레스를 해소할 수 있도록 지원함과 동시에 부부공동참여를 활성화하여 부부가 함께 하는 여가문화를 조성하도록 여가관련 프로그램을 실시한다. 또한 탁아프로그램을 병행하여 실시하도록 한다. 이를 위해 사회복지사는 청년을 위한 영어회화교실, 전산정보교실 등의 전문사회 교육프로그램 등 다양한 프로그램을 지원한다. 그리고 프로그램 시간의 탄력적 운영을 통해 보다 많은 청년들이 참여할 수 있도록 한다.

여섯째, 사회복지실천에서 사회복지사는 직업에 대한 다양한 정보제공, 생활보장과 의료보호, 주택부조 등을 통한 공공부조 지원, 건강보험·연금·산재보험·고용보험 등 4대 사회보험 지원, 부모에 대한 상담과 심리치료 및 가족치료 등 지원, 신체 및 정신장애인복지 서비스 등을 지원한다.

C·H·A·P·T·E·R 15

인간의 성장과 발달: 장년기

1 발달적 특징

장년기는 중년기 혹은 중장년기라고도 하며, 연령 구분은 학자에 따라 다르지만, 대체적으로 청년기가 끝난 시기부터 노년기가 시작되기 전 시기를 장년기라고 한다. 본 장에서는 장년기를 30~65세로 보고자 하며 이 시기의 초반과 후반의 발달특징은 다소 차이가 크다. 그러므로 퇴직을 기준으로 퇴직 전까지를 장년기로 보는 것이 바람직하다.

장년기의 주된 발달적 특징을 살펴보면 다음과 같다(Hyde & Delamater, 1997; Berk, 2007; 최옥채, 2011; 사회복지교육연구센터, 2013).

첫째, 이 시기의 성인들은 신체적으로 지방조직의 재분배가 이루어지고 에너지의 지출이 제한된다. 또한 질병에 대한 저항력이 약해지고, 질병에서 회복하는 데도 꽤 많은 시간을 소요하게 된다.

둘째, 장년기는 성격 및 사회성에 있어서도 친근성을 획득하는 시기이다. 청소년기에 획득된 자아정체감의 기초 위에 장년기에는 대인관계를 형성하고, 타인에게 사랑과 보살핌을 주는 가운데 자신을 보다 심화시켜가는 시기이다.

셋째, 장년기는 다른 연령층보다 직업적 성취를 위한 열의가 가장 높기 때문에 직업적 성공에 대한 긴장도 많은 편이다. 장년기는 직업적 성공의 기회이기도 하지만 직업을 바꾸어야 하는 위기상황에 직면하기도 한다.

넷째, 30대 후반부터는 근육조직이 감소하면서 정교함이나 민첩성이 떨어진다. 인지적으로 청소년기에 획득된 형식적 조작적 사고가 더 강화되어 독창적이며 확산적 사고를 하여 다양화되면서 비판적사고, 실용적인 적응과 실제적 문제 발견 및 문제해결능력의 획득이 강화되어 모순을 해결하기 위한 정·반·합의 변증법적 사고가 특징적이다. 또한 이전의 이분법적 사고가 다면적 사고, 상대적 사고로 대치된다.

따라서 장년기의 발달적 특징은 신체적 변화에 대한 적응, 부부 간의 애정 재확립, 중년기 위기의 극복, 직장(직업)활동에의 몰두와 여가선용 등이라고 할 수 있다.

2 발달과제

1) 학자들에 따른 장년기의 발달과제

Erikson(1963), peck(1968), Levinson(1978), Jung(1933) 등 여러 학자들에 따른 장년기의 발달과제 내용은 다음과 같다.

(1) Erikson의 생산성 대 침체

Erikson(1963)은 장년기의 인생과제를 생산성 대 침체(generativity vs stagnation)라고 했다.

생산성이란 자녀를 양육하고, 능동적으로 직업에 몰두 할 수 있으며, 사회의 발전에 관심을 갖는 것 즉, 자신보다는 타인, 현재보다는 미래를 위한 일을 하는 것을 말한다. 예를 들면 자녀 출산, 양육, 자손의 성취와 자녀 이외의 젊은이에 대한 관심과 보호 및 기술적 생산품, 아이디어, 책, 예술작품 등 창조적인 작업 등이다. 이러한 생산성을 확립하기 위하여 장년기의 성인들은 부모역할, 직업적 성취 그리고 사회봉사 등의 활동에 적극적으로 참여해야 한다.

침체란 심리적 성장의 결핍, 자신의 에너지와 기술을 오로지 자기 확대와 자기 만족을 위해 사용하는 것을 의미한다. 주로 직장에서의 승진탈락, 노부모 부양, 부부갈등과 이혼 등으로 인하여 무능력을 경험할 때 형성되며, 새로운 기술의 발달과 생활양식의 변화도 장년기의 성인을 침체상태에 이르게 하는 주요 요인이 되고 있다.

(2) Peck의 발달과제

Peck(1968)은 장년기에 성취해야 할 발달상의 중요한 과제로 다음과 같이 설명하였다.

① 지혜의 중시 대 육체적 힘의 중시

장년기에는 육체적인 힘이 감소하는 시기이다. 따라서 건강상의 문제도 많이 증가한다. 이 시기의 사람들은 에너지를 육체적인 힘보다는 정신적 활동에 기울이도록 한다. 따라서 이 시기를 효과적으로 지내는 사람은 육체적인 힘 보다는 정신적 능력을 평가의 기준과 문제해결의 수단으로 삼게 된다.

② 대인관계의 사회화 대 성적 대상화

장년기에 경험하는 신체적 변화와 사회적 변화는 대인관계를 성적 친밀성, 경쟁으로 보기보다 친구사이를 강조하는 관계로 재정립하도록 만든다. 이는 갱년기의 변화를 남녀관계에서 상대방에 대해 성적 대상으로만 가치를 두기보다 각 개개인의 인격에 가치를 두도록 한다. 이혼이나 배우자의 사망으로 경험하는 사회적·신체적 변화는 대인관계를 성적 친밀성이나 경쟁심보다는 친구 사이를 강조하는 관계로 재정의 하도록 한다.

③ 정서적 융통성 대 정서적 빈곤

정서적 융통성이란, 정서적 투자를 한 사람 또는 한 활동에 집중하던 것으로부터 다른 사람, 다른 활동으로 전환할 수 있는 능력을 말하는 것이다. 장년기에 부모의 사망, 자녀의 독립, 친지 사망 등에 의해 정서적으로 초점이 되던 대상이 사라지게 되는데, 이 시기에 정서적인 융통성을 발휘하여 다른 사람이나 다른 활동에 재투자하지 못하면 정서적인 빈곤을 경험하게 된다.

④ 지적 융통성 대 지적 경직성

장년기의 성인은 자신의 견해와 활동에 대한 융통성을 갖추고 있어야 하며, 새로운 사고에 대해서는 엄격하기 보다는 수용적인 태도를 갖추어야 한다.

새로운 정보 수집을 중단 또는 거부하는 사람들은 지적 성장이 느리고 자신의 삶을 무가치 하게 느낀다. 반면에 새로운 경험과 배움을 수용하는 사람은 과거의 경험과 더불어 새로운 지혜를 활용 할 수 있다.

(3) Levinson의 발달과제

Levinson(1978)은 장년이 자신의 삶을 재평가함에 따라 중년의 위기를 직면하게 된다고 가정하고 있다. 대부분 자신의 삶을 뒤돌아보며 어디로 가야 할지를 모르고 정체되어 있다는 정서적 절망감을 경험하는 경우가 많고, 강박적으로 새로운 것을 해보려는 충동과 욕구를 갖는다. Levinson은 장년기 성인이 자신의 경험을 뒤돌아보면서 자신의 이상적인 목표와 현실적 가능성 사이에 화해를 해야 한다고 주장한다. 또한 Levinson은 남성과 여성의 성인발달을 따로 연구하였고 그 차이를 밝혔는데, 남성의 발달모델 중 장년기에 해당하는 단계는 다음과 같다.

① 성인초기(17~45세)

정신적·생리적인 특성이 절정에 달하는 가장 극적인 시기로서, 가장 활발하고 정력이 넘치지만 동시에 갈등과 모순에 부딪힌다. 개인의 주된 관심은 가족보다는 가정 바깥에 있다. 자녀의 부양자인 동시에 부모의 잠재적 부양자이다.

② 성인중기 혹은 장년기(40~60세)

지혜와 판단력이 절정에 달하며 일에 몰두한다. 제자나 후배의 후견인으로서 그들을 지도하고 이끌어준다. 젊은 시절에 설정한 꿈과 현실 사이의 괴리를 발견하고 스스로 추구해 오던 목표를 재평가한다. 노화의 증상과 신체능력의 감소를 확인하게 되며 다가올 죽음을 생각한다.

③ 성인후기(60~65세)

초기 생애구조를 수정·종결하고, 성인후기에 적절한 새로운 형태의 젊음을 유지하기 위해 젊음과 나이 사이의 균형을 취해야 한다. 남은 에너지를 쏟을 수 있는 새로운 형태의 일과 놀이를 모색한다. 여성과 남성의 역할을 엄격히 구분해 여성이 남성보다 더 어려운 삶을 산다는 것을 강조했다.

(4) Jung의 성격발달이론

Jung(1933)은 장년기를 전환의 시기로 지적하면서 장년기에 자아(self)를 외적·물질적 차원으로부터 내적·정신적 차원으로 전환시키는 것을 가리키기 위하여 개별화(individualization)[45]라는 개념을 사용하였다.

① 성격변화

장년기 초기(35~40세)는 외적으로 팽창하는 시기이다. 따라서 자아가 발달하

45) 개별화: 중년기에 자아의 에너지를 외적·물리적 차원으로부터 내적·정신적 자원으로 전환시키는 것을 의미한다.

고 외부세계에 대처하는 역량을 발휘한다. 가정을 이루며 경력을 쌓고, 남자는 남성적인 측면을, 여자는 여성적인 측면을 발휘하게 된다.

장년기 후기(40세 이후)는 외부세계에 쏟았던 에너지를 자기 내면으로 돌리려 한다(개성화). 따라서 남자는 여성적인 측면(아니마, anima)을, 여자는 남성적인 측면(아니무스, animus)이 드러나게 된다. 남자들은 공격적인 야망이 줄어들고 여성들은 좀 더 공격적이고 독립적인 경향을 갖게 된다. 이것은 중년 부부의 갈등을 초래하는 원인이 된다.

② 개성화(개별화)

중년기를 전환점으로 인생후반기에는 자기(self)의 방향이 내부로 지향되어 자아(ego)는 자기에 통합되면서 성격발달이 이루어진다. 융은 이렇게 분화와 통합을 통해 자기가 발달하는 과정을 개성화(individuation)라고 하였다.

개성화(개별화)는 중년기에 자아의 에너지를 외적·물질적 차원으로부터 내적·정신적 차원으로 전환시키는 것을 의미한다. 외부세계에 적응한다는 목적이 어느 정도 성취된 인생 후반기에 내면세계로 시선을 돌려 자기를 강화하는 것이 목적이다. 개성화 기간 중에는 환경의 요구에 조화를 이루려고 하는 적응의 원형인 페르소나(persona), 인간의 어둡거나 사악한 측면을 나타내는 원형인 음영(shadow), 남성의 내부에 있는 여성성을 나타내는 아니마(anima), 여성의 내부에 있는 남성성을 나타내는 아니무스(animus)에 변화가 생긴다.

개성화 과정은 중년기 혹은 그 이후에 나타나며, 이 시기에는 성격본성의 변화로 인한 냉혹한 위기를 견뎌내야 한다. 개성화된 인간은 자긍심이 높고, 의식과 무의식 수준의 자기를 알게 된다.

2) 장년기의 발달에 따른 과제

(1) 신체적 발달

신체기능의 변화를 보면 장년기에는 신체기능의 저하 현상이 나타나는데 남성은 약 45세를 전후하여, 여자는 약 35세를 전후하여 점차 쇠퇴현상을 보이게 된다. 스트레스를 받거나, 신체기능에 이상이 생기기 쉬우며 그 회복능력도 감소된다.

당뇨병, 고혈압, 담석증, 암, 심장병, 장기기관에서의 효소분비저하, 변비와 소화불량의 위험, 신장기능 감소, 전립선 비대 등 성인병의 위험에 노출되어 있으며 건강에 대한 위협의 신호가 나타난다. 초기 장년기에는 결혼, 출산, 취업 등에 따른 문제가 발생하며, 장년기에는 정년퇴직, 실직, 자녀의 성장과 결혼, 신체기능의 쇠퇴 등에 따라 건강상의 문제가 발생하게 된다. 최근 장년기에 많이 발생하는 질병의 큰 원인은 스트레스, 운동부족, 비만이라고 보고 있다. 가정적·사회적으로 책임이 따르는 시기인 만큼 과로와 스트레스도 많이 따르게 된다. 이는 장년기의 건강에 대한 위협으로 다가온다.

그 밖에도 외모의 변화뿐 아니라 감각기관의 변화로 시력저하, 청각신경세포의 둔화가 두드러진다. 성별에 따라 신체의 변화에는 다소 차이가 있는데 여성은 폐경기를 맞게 되고 남성은 정액과 정자의 수가 감소된다(Hyde & Delamater, 1997).

장년기에서 40대 후반부터는 갱년기를 맞게 되는데 신체에 많은 변화가 찾아온다. 이 시기에는 시력·청력이 약해지고 호르몬의 변화로 신진대사가 느려진다. 외적인 면으로는 모발이 회색으로 변하게 된다. 여성에게는 폐경기가 갱년기로 간주되고 주로 40대 후반~50대 초반에 시작된다. 폐경기가 오면 남녀 모두 성적 능력이 현저하게 감퇴한다(Berk, 2007).

2) 인지발달

장년기의 인지적 발달에 대해서는 일반적으로 반응하는 속도가 느려지고 정신기능의 잠재력은 거의 변화가 없는 편이다. 그러나 통합적 사고능력은 향상되며 실제적인 문제해결능력이 정점에 달한다.

신체적 능력의 감소와 더불어 인지적 능력이 감소된다는 견해와 인지적 능력은 감소되지 않으며, 오히려 특정측면의 인지능력은 강화된다는 견해가 대립되고 있다. 단기기억력은 약화되어 새로운 것을 학습할 수 있는 능력은 저하되지만, 장기기억력에 있어서는 변화를 발견할 수 없고, 오히려 전 생애의 경험에서 터득한 지혜 때문에 문제해결 능력은 높아진다는 견해가 있다(Cattell & Horn, 1967; Schaie, 1996).

이 시기에는 과학자, 학자, 예술가 등 최고의 실적은 보통 40대에 나오며, 60대와 70대등에도 높게 유지하는 경향이 있으므로 창조적 생산성이 발달한다. 또한 이 시기에는 보고, 읽고, 듣는 것을 자신의 학습과 경험으로 통합하여 사고하므로 통합적 사고능력이 향상된다(Papalia, Olds & Feldman, 1998).

3) 정서발달

장년기의 정서발달에서 일어날 수 있는 주요 발달과제는 빈둥지증후군, 중년의 위기, 자아문제 등을 들 수 있는데, 이에 대한 내용은 다음과 같다(Jung, 1933; Levinson, 1978; Troll, 1985; Papalia, Olds & Feldman, 1998).

(1) 빈둥지증후군

빈둥지증후군(empty nest syndrome)은 자녀들이 가정에서 독립하려 할 때 부모에게 발생하는 우울증을 말하는 것이다. 특히 50대 중반 이후에는 성인 자녀가 결혼하여 집을 떠나 독립을 하기 때문에 장년기 부부만 남는 시기이다. 특히 자녀가 부모와 떨어져 생활한 적이 없는 가정의 경우, 자녀의 독립은 많은 변화를 가져오게 된다. 이 시기 남편은 일에 몰두하면서 여성은 빈 집을 지키게 되고, 이로 인해 우울증을 겪는다. 갱년기 우울증과 같은 심리적 상태가 이 시기에 많이 발생한다.

장년기의 어머니는 자신을 자녀에게 적극적으로 몰입시킨 경우에, 이제 무엇을 위해, 누구를 위해 살아가야할지 모르게 되고 자신이 누구인지 또는 자신의 삶의 의미는 무엇인지에 대해 고민하면서 자기평가를 하게 되는 정체감의 위기를 겪게 된다. 이러한 상황에 잘 적응하지 못하는 경우에는 여러 가지 문제가 발생한다. 그러나 대부분의 부모는 자녀들의 독립을 우울하고 스트레스로 받아들이기보다는 이완으로 받아들이는 경우가 많다.

(2) 중년의 위기

중년의 위기(mid-life crisis)는 침체성, 무력감, 불행, 지루함 등의 정서적 위기를 느끼게 하는 것으로 나타나고 있다. 위기의 주요원인으로는 실직이나 진급의 실패, 배우자의 사망, 부모부양, 신체질환 등이 있다. 이러한 문제는 장년기에 위기를 불러와 자신에 대한 회의감, 스트레스, 불안을 유발시키게 된다.

Levinson(1978)의 장년기에 대한 연구결과에 의하면, 40~50세 남성의 80% 정도가 정서적 갈등이나 실망감을 경험하는 것으로 나타났다. 남성의 경우에는 이혼, 결혼갈등, 직업전환, 교통사고 등으로 자살을 시도하거나, 우울, 불안, 피로, 수면장애 등의 정신장애를 경험하기도 한다.

Troll(1985)의 연구에 의하면 여성의 경우에는 자녀에 대한 염려, 남편과 노부모에 대한 걱정, 자아실현의 문제를 더 많이 경험하기 때문에 남성보다 심한 위기감을 경험하는 것으로 나타났다. 그러나 장년기의 위기가 반드시 존재하는 것인가에 대해서는 아직 학자들 간에 합의에 이르지 못하고 있으며, 문화에 따라 차이가 있다는 점에 대해서만 서로 동의하고 있는 실정이다.

(3) 자아문제

Jung(1933)에 따르면 자기(self)는 모든 의식과 무의식의 주인이다. 중년기

(mid-life)에 남아 있는 무의식적인 성장잠재력을 개발해야 한다고 했다. 이러한 성장의 잠재력으로 인해 중년기에 새로운 이익과 가치를 개발하고, 국가나 사회적인 일에 능동적으로 참여할 수 있다.

이와 같이 이 시기의 중년은 과거의 경험과 판단에만 집착하지 않고 자신에게 다가오는 현실 상황을 극복하는 새로운 사고와 대처방식을 발견하고, 이를 수용할 수 있을 때 중년기 자아문제와 관련된 심리적 위기를 극복할 수 있다.

4) 사회적 발달

장년기의 사회발달과제를 보면 부부관계, 자녀양육, 빈둥지증후군, 노인부양, 직장의 전환, 여가활동 개발, 직업전환, 실직 및 빈곤 등이 있는데, 그 내용을 설명하면 다음과 같다(Veroff, Douvan & Kulka, 1981; Newman & Newman, 1987).

(1) 부부관계

가정에서 가장 중심이 되는 체계는 부부이다. 만약 이 시기에 부부체계가 불신, 경제적 문제, 아내학대, 성적 문제, 외도 등 여러 가지 이유로 깨어진다면 대부분 부부는 이혼을 하게 된다. 이러한 이혼이나 가족해체를 방지하기 위해서는 부부관계를 건강하고 활기차게 유지해야 하며 부부는 안정과 신뢰, 공감을 성취하도록 노력해야 한다.

부부관계를 연구한 학자들 중에 Veroff, Douvan, & Kulka(1981)은 만족스러운 결혼관계가 성인의 행복과 삶의 만족에 영향을 미친다고 하였고 Newman & Newman(1987)은 부부의 건강한 결혼관계를 유지하기 위한 조건을 제시하였다.

첫째 부부는 각자의 개인적인 성장과 부부로서의 성장에 헌신해야 한다.

둘째, 부부는 효과적인 대화체계를 개발해야 한다.

셋째, 부부의 갈등은 필연적임을 이해하고 의견의 불일치가 있을 수 있다는 것에 동의하며, 갈등을 해결하기 위한 전략을 개발해야 한다.

(2) 자녀양육

장년기자녀는 일반적으로 청소년기와 청년기사이에 있다. 장년기자녀의 성장에 성공적으로 적응하기 위해서는 자녀와의 효율적인 의사소통, 자녀의 학교교육과 진로선택 문제, 자녀의 독립으로부터 발생하는 부모의 빈둥지증후군 극복 등에 유의해야 한다.

장년기자녀에게는 자녀와의 효율적인 의사소통뿐만 아니라 취업과 결혼을 하고 새로운 가정을 형성하여 분리되어야 하므로, 부모는 물리적인 분리와 더불어 심리적 분리도 적절히 하여야 한다. 자녀의 독립으로부터 발생하는 부모의 빈둥지증후군을 극복하고 자녀부부와 독립적인 관계를 형성함과 동시에 부부만의 새로운 가족관계에 적극적으로 적응하는 것이 중요한 사회적 발달과제이다.

(3) 노인부양

장년기는 부모의 건강이 노화와 질병 등으로 약화되어 보호를 요하는 시기와 일치한다. 장년기성인의 부모가 만성적인 질병이 있거나 부모 중 한사람이 사망하면 부모와 자녀의 역할은 전환되어, 장년기자녀가 부모를 부양하고 보살펴야 하는 역할을 담당하게 된다. 이러한 역할전도는 장년기자식들에게 경제적으로 심리적으로 충격을 줄 수 있다.

최근 노인의 증가와 여성의 사회참여증가로 노부모부양은 더욱 어려워지고 있고, 이 문제는 가족 내의 문제뿐만 아니라 사회적 문제로 대두되고 있다.

(4) 여가활동 개발

자녀양육기간이 점차 축소되고, 평균수명이 연장되며 조기정년제도가 시행됨에 따라, 노후의 여가시간이 큰 폭으로 증가하고 있어 여가활용의 문제가 매우 중요한 장년기의 과제로 등장하고 있다. 이 시기에 중년들은 여가활동을 할 경우, 자신의 취미와 적성 등을 고려해야 하며, 가능하면 신체적 건강에 유익한 여가 및 취미활동을 개발하는 것이 좋으며, 특히 부부가 함께 할 수 있는 활동을 개발하는 것 등을 고려해야 할 것이다.

(5) 직장(직업)의 전환

장년기는 직장(직업)생활에서 다른 연령층에 비해 높은 지위를 얻고 그에 상응하는 수입을 얻는다. 반면, 장년기에 전혀 다른 직업(직업)을 시작하는 중년의 경우도 있다. 장년기는 직장(직업)적 성취에 대한 열의가 가장 높기 때문에, 직장(직업)적 성공에 대한 스트레스가 많은 편이다.

장년기의 직장(직업)전환은 자발적 전환과 비자발적 전환이 있다. 전자는 개인의 동기나 성격, 취업기회, 가족생활의 안정 등이 복합적으로 작용하며 후자는 개인의 직무수행능력이 상대적으로 지나치게 떨어지거나, 회사나 전체사회가 경제적 불황상태에 있는 경우에 많이 일어난다.

직장(직업)생활에서 성취감과 리더십발휘를 위해 필수적으로 갖추어야 할 요소는 첫째, 직장의 상사나 동료로부터 신임을 얻을 수 있는 대인관계기술을 습득해야 하며 둘째, 자신의 직장(직업)의 권력구조를 확인하고, 그 구조 내에서 자신의 위치를 확립해야 하며 셋째, 직장(직업)에 따라 필요로 하는 정보나 기술의 획득을 위해 부단하게 지속적인 노력이 필요하다.

(6) 실직 및 빈곤

실직은 장년기에 수입의 상실 그 이상으로 심리적·신체적으로 상실이나 우울감 등을 경험하게 된다. 이 시기의 실직은 알코올중독, 살인, 폭력 자살 그리고 정신질환 등으로 발생할 가능성이 높다.

장년기에는 조기퇴직이나 실업으로 빈곤해지는 경우가 많이 있다. 특히 노동계층의 사람들은 상대적으로 은퇴에 적절하게 대처할 만한 시간과 재산이 없다. 이들은 전문직이나 경영관리직에 종사하는 사람들보다 은퇴 후 사회적·경제적 지위에 있어서 훨씬 심각한 쇠퇴현상에 직면하게 되는 것이다. 이러한 빈곤상태에 빠지는 이들을 위해 사회는 사회안전망을 설치하여 빈곤의 악순환을 막고 더 큰 사회문제로 확산되는 것을 예방하도록 노력해야 한다.

3 사회복지실천과의 연관성

사회복지실천에 있어서 사회복지사는 장년기 성인의 부부관계, 자녀양육, 빈둥지증후군, 노인부양, 직장(직업)전환, 여가활동, 실직 및 빈곤 등 장년기의 발달과제에서 야기되는 문제들에 개입한다.

청년기 발달과제와 사회복지실천과의 연관성에 대해 살펴보면 다음과 같다.

첫째, 사회복지실천에서 사회복지사는 장년기 성인병예방을 위한 건강교육이나 건강상담 프로그램을 실시하고, 건강관리와 유지를 위한 운동시설 등을 설치하여 지역주민들에게 개방한다. 또한 노년기의 대표적인 기질성 정신장애인 치매는 단기기억장애가 특징인데, 장년기부터 저하되기 시작하는 단기기억능력을 제고시킬 수 있도록 치매 프로그램을 개발·실시해야 한다.

둘째, 사회복지실천에서 사회복지사는 장년기성인의 자아문제, 낮은 자아상, 자아상실감 등 심리적 위기를 해결하기위해서는 과거의 경험과 판단에만 집착하지 않고 자신에게 다가오는 현실상황을 극복하는 새로운 사고와 대처방식을 발견하도록 해준다. 특히, 여성성인의 경우 이들의 잠재능력을 개발시켜 자아실현을 원조할 수 있는 여성 사회교육프로그램이나 여가선용 프로그램을 실시한다.

셋째, 사회복지실천에서 사회복지사는 장년기성인의 인지기능 유지를 지원하기 위한 다양한 프로그램 실시와 동시에 이들의 감정에 영향을 미치는 부정적 사고, 비합리적인 신념, 인지적 왜곡 따위를 찾아내어 감정과 행동의 변화를 초래하는 인지행동 치료적 개입을 한다.

넷째, 사회복지실천에서 사회복지사는 생리적·성적인 변화, 직업에서의 실패, 부부갈등과 이혼, 사회적·문화적·경제적·정신적 스트레스 증가 등 장년기성인의 위기를 성공적으로 극복할 수 있는 성인위기극복 관련 프로그램 등을 실시한다. 또한 성적 무능력으로 인하여 고통을 받는 장년기 남성이나 그 배우자를 성치료 전문기간에 의뢰할 수 있는 안내자, 연결자 등의 역할을 한다.

다섯째, 사회복지실천에서 사회복지사는 장년기의 성인 부부간의 관계를 개선하고 장년기 위기에 대처할 수 있도록 부부상담이나 부부치료를 실시한다. 또한 장년기클라이언트의 위기상황에 직면하여 각종 정신장애 증상을 보이는 이들의 치료를 지원하기 위한 직접 심리치료를 실시하거나 정신병원이나 정신보건센터 등에 의뢰할 수 있는 체계를 마련한다.

여섯째, 사회복지실천에서 사회복지사는 장년기에 나타나는 갱년기장애에 수반되는 발한, 두통, 불면증, 수족냉증, 이명증 등 신체적 변화에 적절히 적응할 수 있도록 원조하고, 갱년기에 발생하는 가벼운 우울증, 불안 등은 규칙적인 운동을 하거나 여가활동 등을 하도록 하고 지속적 개인상담과 집단상담을 실시하여 이들의 체력관리 프로그램과 다양한 여가프로그램을 제공한다.

일곱째, 사회복지실천에서 사회복지사는 장년기성인이 지역주민인 경우, 이들이 장년기에 안정된 가족생활을 영위할 수 있도록 지원을 한다. 개인상담 및 가족 상담을 통하여 가족 내 갈등을 사전에 예방하고, 아동, 청소년, 노인장애인의 보호와 재활을 지원하기 위한 각종 서비스를 실시하여 장년기가족의 미흡한 기능을 보완해 주고, 부랑인 복지서비스, 시설보호사업 등을 실시하여 해체 된 가족기능을 대체해 준다.

여덟째, 사회복지실천에서 사회복지사는 만성질병이나 장애를 앓고 있는 장년기 성인이 있거나 병약한 노인을 부양하는 장년기성인이 있는 가족에 대하여 가정봉사원을 파견하거나 간병인을 연결시켜 주어 이들의 회복과 간호를 지원해 준다. 또한 뇌졸중, 교통사고 등으로 인하여 중도장애인이 된 장년기 성인의 재활을 지원하기 위한 각종 재활 프로그램을 실시한다.

아홉째, 사회복지실천에서 사회복지사는 장년기에 처음으로 취업을 원하거나 재취업을 원하는 경우에는 장년기성인에게 직업훈련과 고용알선사업을 실시해야 하며, 자발적 직업전환을 원하는 경우에는 심리상담서비스, 직업 및 창업정보제공, 장단기직업훈련, 고용알선 등의 서비스를 제공해 준다. 또한 장년기성인이 실직을 할 경우 그들에게 고용보험 혜택과 재정지원에 관한 상담, 재취업 관련 정보제공과 직업훈련 등 고용관련 서비스, 정서적으로 도움을 줄 수 있는 지지체계(배우자, 친구나 친척 등)의 활성화 등을 제공할 수 있다. 특히, 산업현장의 사회복지사는 실직자 또는 조기퇴직자와 그 가족을 위해 예방교육이나 훈련을 위한 의뢰와 상담을 실시한다.

C·H·A·P·T·E·R 16

인간의 성장과 발달: 노년기

1 발달적 특징

노년기는 65세부터 죽음에 이르기까지 인생의 마지막 단계로서 신체적 능력의 쇠퇴와 사회적 관계의 축소 그리고 사회경제적 지위의 하락과 같은 쇠퇴가 일어나는 시기이다.

Neugarten(1974)은 노인을 연소노인(young-age), 중고령노인(middle-age), 고령노인(old-age)으로 구별하였다, 먼저 연소노인은 55~64세로, 아직 사회적으로 일을 하고 있으며 그들의 삶과 사회에서 절정기에 있는 노인이라고 했고, 그 다음 중고령노인은 65~74세로, 퇴직한 사람이 대부분이며 건강상태가 양호하고 취미생활을 할 풍부한 시간을 가지고 있는 노인을 말한다. 고령노인은 75세 이상의 일을 하기가 어렵고 신체적으로 노쇠하고 질병에 걸린 경우가 많으며, 가장 빈곤하며 가장 외롭고 가장 약한 노인이라고 정의하였다.

노년기의 노인은 신체적 노화, 심리적 변화, 사회적 활동으로부터 분리가 이루어지는 것이 주된 발달적 특징이다(Neugarten, 1968; 이영실·이윤로, 2008).

첫째, 신체적 노화로, 이는 외모, 치아, 목소리, 골격과 관절 등에 노화가 일어나게 된다.

둘째, 심리적 변화로, 이는 우울성향, 조심성 증가, 친근한 사물에 대한 애착 증가, 사회적 지위와 역할 상실, 사회심리적 고립, 역할변화, 죽음 등이 찾아오게 된다.

셋째, 사회적 분리로, 이는 사회적 역할 및 활동으로부터의 분리가 된다. 이러한 사회적 분리는 사회에 의해서 강요된 과정이라기보다는 자연스러운 현상으로 보고 있다.

2 노년기 관련이론

1) 성공적 노화이론

노화는 생물학적, 내적·심리적 측면뿐만 아니라 외적·사회적 측면을 가진다. 성공적인 노화를 설명할 수 있는 이론들을 소개하면 다음과 같다(Havighust & Albrecht, 1953; Cumming & Herry, 1961; Neugarten 외, 1968).

(1) 분리이론

Cumming과 Herry(1961)에 의하면 노년기는 사회적·심리적으로 철회하는 선천적 경향을 지니고 있다고 주장했다. 장년기의 다양한 역할과 사회적 관계에서 점차적으로 물러남으로써 반응하는 과정을 분리(disengagement)라고 한다.

분리이론은 개인적 분리와 사회적 분리가 있는데, 먼저 개인의 의사에 따라 사회로부터 분리하는 것을 개인적 분리라고 하며, 퇴직제도와 같은 사회적 장치에 의해 분리되는 것을 사회적 분리라고 한다. 특히. 연령증가에 따른 개인의 사회적 분리는 인생만족을 증가시키는 중요한 요인이 된다.

이러한 분리이론에 의하면 노인들은 외부세계의 사회적 활동으로부터 스스로 철회하고 다른 사람에 대한 관심도 감소한다. 즉, 젊은이에게는 일자리를 제공하고 노인에게는 죽음준비의 기회를 제공하게 된다. 특히 노년기의 사회적 철회는 자신에 대해 더욱 몰두하고 대상에 대해 정서적 관심이 감소하는 노년기의 발달적 특징과 밀접한 관계에 있다.

(2) 활동이론

활동이론은 Havighust & Albrecht(1953)에 의하면 장년기의 능동적이고 적극적인 생활양식을 노년기에도 지속하는 것이 노인들에게 긍정적인 영향을 준다고 주장하였다. 활동이론에서는 사회적·심리적 분리가 노년기에 일어나다는 것을 인정하지만 노년기 동안의 인생만족은 계속적인 활동과 높은 상관성이 있다고 강조한다. 성공적인 노화를 한 사람은 높은 수준의 사회적·정서적 및 다양한 환경안에서의 참여를 유지한다.

(3) 성격과 생활양식이론

성격과 생활양식이론은 성공적 노화를 효과적으로 설명할 수 있는 포괄적이고 통합적 관점의 이론이다. 이것은 노화유형과 성공적 노화는 개인의 성격을 바탕으로 조화를 이룰 때 성공적인 노화가 이루어진다고 본다.

Neugarten 외(1968)은 노인들을 대상으로 종단연구를 수행한 결과, 성공적인 노화를 노인의 활동이나 관여수준만으로 평가하기보다는 노인개개인의 성격과 관련시켜 이해할 때 보다 성공적 노화를 효과적으로 설명할 수 있다는 연구보고가 있다.

2) Kübler-Ross의 죽음의 비애과정 모델

노년기는 인생의 다른 시기보다 더 죽음을 가까이 느끼며 죽음과 직면할 때가 다가오는 시기라고 할 수 있다. 노년기에는 죽음에 대한 심각하고 두려운 의문에 사로잡힐 수 있다. 일반적으로 노인은 죽음에 대한 공포와 거부를 가지고 있으면서도 죽음의 불가피성을 인지하고 그것을 수용하려는 태도를 보이기도 한다. 죽음에 대한 직면은 인생의 마지막 발달적 과제이다.

전문가들은 죽어가는 환자들처럼 노인들도 그들의 임박한 죽음을 감지할 때 그들의 감정을 언어로 표현할 필요가 있다고 하였다. 이러한 언어화는 죽음에 대한 수용을 돕는다(Turner & Helms, 1983).

Kübler-Ross(큐블러-로스, 1969)는 죽음에 대한 비애과정단계를 주장하였다.

정신과 의사인 Kübler-Ross는 시카고대학병원에 입원한 중환자를 대상으로 연구한 결과, 죽음에 이르는 과정에서 5개의 심리적 단계를 거친다는 것을 제시했다(〈표 16-1〉).

〈표 16-1〉 Kübler-Ross의 죽음의 비애과정 단계

단계	명칭	내용
1단계	부인 (denial)	• 사실로 받아들이지 않는다. 흔히 의사의 오진이라고 생각한다. • 환자는 자신이 죽음에 임박했다는 현실을 부인한다. • 새로운 현실에 적응하는 직접적인 에너지를 갖는 시간을 준다.
2단계	격노와 분노 (rage and anger)	• '왜 하필이면 나에게……'라고 생각하며 가족이나 의료진에게 분노를 터트린다. • 환자는 개인적인 희망과 계획이 중지되는 것에 분노한다. 이러한 분노의 표현은 환자가 다른 단계로 이동하도록 해 준다.
3단계	협상 (bargaining)	• 상실의 전부 또는 일부를 다시 회복하여 어떤 불가사의한 힘과 협상하고자 한다. • 환자는 죽음의 현실을 신 혹은 가족과의 협상을 통해 피하고자 하며 환자는 점차로 실태를 파악하게 된다.
4단계	우울 (depression)	• '너무 슬프고, 끔직하고, 어떻게 살아갈까...'라고 생각한다. 이별할 수 밖에 없다는데서 오는 우울증이 나타난다. • 환자는 지금까지 해 온 것과 자신이 잃게 될 것을 생각하며 슬퍼한다.
5단계	수용 (acceptance)	• 사실을 받아들인다. • 환자는 조용해지고 보다 자신감을 보이며, 현실적이 되고, 공포와 분노를 덜 나타낸다.

출처: Kübler-Ross, 1969.

3 발달과제

1) 학자들에 따른 노년기의 발달과제

(1) Erikson의 통합성

Erikson(1963)은 노년기의 발달과제를 '자아통합 대 절망'이라고 하였다. 자아통합성은 긍정적 부정적 양상 모두의 의미를 갖는 것으로 개인의 과거 인생경험에 잘못이 있다고 하여도 그것을 긍정적 태도로 보는 것을 말한다.

① 자아통합

노년기에 자아통합성을 이룬 사람은 성숙함을 보이며 과거 생활유형을 수용하고 평온해 하며, 자아실현을 기꺼이 계속하며, 죽음을 수용하는 등 자신의 삶을 수용한다. 자아통합(integrity)은 일생동안 일어났던 사실들을 두려움 없이 수용하며 죽음에 직면할 수 있는 능력이다.

자아통합은 자신의 인생을 수용하고 갈등, 실패, 실망 등을 성공, 기쁨, 보람 등과 함께 전체의 삶속에 통합시키는 것이며 이것이 이뤄져야 죽음을 두려움 없이 맞이할 수 있게 된다.

② 절망

노년기에 절망(despair)은 자신의 삶에 대한 후회와 다른 삶을 살기 원하는 열망에서 나오며, 원하는 변화를 이루기에는 시간이 부족하다는 현실적 인식을 하게 될 때 절망감을 갖게 된다.

인생의 마지막 단계인 노년기에는 신체적 노쇠와 직업으로부터 은퇴, 친한 친구나 배우자의 죽음 등으로 인하여 인생에 대한 무력감을 느끼게 된다. 자신이 지금까지 살아온 생애를 회상하며 자신의 생애가 가치가 있었는지 생각해보는 경향이 있다.

이때 자기과거에 대한 지속적인 후회를 하게 되고 절망감을 느끼는 대부분의 사람은 자신의 인생을 불완전하고 충족되지 못한 삶으로 간주하기 때문에 죽음을 수용하기가 어렵다.

(2) Peck의 심리적 적응

Peck(1968)은 노년기에 심리적으로 적응해야 할 과제로 직업몰두 대 자기분화, 신체몰두 대 신체초월, 자기몰두 대 자기초월로 규정하고 있다. Peck(1968)은 노년기에 심리적으로 적응해야 할 과제로 다음 세 가지를 제시했다.

① 직업몰두 대 자기분화로 나아가기

직업몰두 대 자기분화(work-role preoccupation vs. ego differentiation)의 전환은 퇴직의 상황에 빨리 적응하고 새로운 활동에 만족을 얻을 수 있도록 자기가치가 재평가되어야 한다.

은퇴와 더불어 주어진 직업 역할이 끝나는 노년기에는 직업역할에 더 이상 몰두할 수 가 없고 몰두해서도 안 된다. 그동안 직업역할 수행에만 몰두해 왔던 자기는 직업역할을 대신 할 다른 자기로 대치되어야 한다. 자신에게 성취감과 만족감을 줄 수 있는 자신의 또 다른 모습을 찾아야 한다는 것이다.

② 신체몰두 대 신체초월로 나아가기

신체몰두 대 신체초월(body preoccupation vs. body transcendence)로 나아가기는 노화로 인한 건강상태와 외모의 변화에 초월함으로써 인간관계와 창조적 정신능력에서 행복을 정의 할 줄 안다.

노년기 은퇴자의 대부분 사람들은 질병에 대한 저항력 및 회복력이 감소하고 신체적 고통은 증가한다. 이때 쇠퇴하는 신체적 건강을 충격으로 받아들이기보다는 사회적·정서적 요소를 통한 삶의 만족을 증진시켜야 한다.

③ 자기몰두 대 자기초월로 나아가기

자기몰두에서 자기초월(ego preoccupation vs. ego transcendence)로 나아가기는 죽음에 직면한 상황에 적응하여 죽음을 긍정적으로 수용하고 성공적인 노화를 이끈다. 노년기 노인의 중요한 문제는 죽음의 불가피성에 대해 깨닫는 것이다. 죽음에 대한 적응은 노인의 결정적 성취가 된다. 노인은 자신이 죽음을 맞이할 것이라는 것을 받아들이고 후손을 위해 노력을 기울이는 삶을 살고자 하며 이러한 노력 속에서 삶의 의미를 찾아야 한다.

(3) Havighurst의 발달과제

Havighurst(1972)는 생의 발달단계를 생의 주기에 따라 6단계로 구분되고 각각의 발달단계에 주어진 과제를 그 단계에서 수행하면 행복해지고 다음 단계의 발달과제도 원활히 수행 할 수 있다고 강조했다.

Havighurst가 제시한 6단계 중 마지막 단계인 노년기의 발달과제는 다음과 같다.

- 신체적 힘과 건강의 약화에 따른 적응
- 퇴직과 경제적 수입감소에 따른 적응
- 배우자와의 죽음에 대한 적응
- 자기동년배 구성원과의 유대관계 강화
- 사회적 역할을 융통성 있게 수행·적응하는 일
- 생활전반에 적합한 다양한 환경의 조성

2) 노년기의 발달에 따른 과제

노년기의 발달특징과 관련하여 주어진 발달과제를 제대로 수행해 내지 못했을 때 신체적·인지적·정서적·사회적 발달과제에 문제를 야기할 수 있다.

다음은 노년기 발달과제와 이에 따른 문제 등을 다음과 같이 살펴보고자 한다. (Lopata, 1981; Turner & Helms, 1983; Florian & Kravetz, 1983; House, 1985;

Newman & Newman, 1987; Atchley, 1988; Zastrow & Kirst-Ashman, 2009).

(1) 신체적 발달

① 외모

노인의 신체적 외모의 변화로는 주름살의 증가, 민첩성의 감소, 구부정한 어깨와 허리, 불편한 거동, 가늘어진 머리카락, 불안정한 걸음걸이 등을 볼 수 있다. 피부가 주름지는 현상은 조직의 탄력성과 피부의 지방층 상실 때문에 일어나며, 손발이 떨려 움직이기 어려워지며, 정맥혈관이 두드러지게 나타난다.

체중은 60세부터 점차 줄어들며 연골조직의 퇴화로 인해 신장도 30대에 비해 60대에는 2% 줄어들게 된다. 노인의 피부는 멜라닌 색소의 불규칙한 감소로 인해 전체적인 피부색이 동일하게 유지되지 않으며, 창백해지고 얼룩반점이 생기며 피부는 건성화 된다. 또한 피하조직과 피부의 신경세포 감소로 인하여 체온유지능력이 감소되어 추위를 많이 느낀다.

② 감각

노년기는 외모의 변화이후에 대체로 감각의 예민함이 약화되어진다. 나이가 들면서 촉각이 감소하는데 이것은 피부가 건조해지고, 주름이 생기고, 단단해지기 때문이다. 또한 노인의 신체기능의 자동조절반응이 더디어져 추위를 더 심하게 느끼고 체온의 변화에 민감해진다.

③ 치아

노년기는 잇몸이 수축되고 치아색깔은 점점 황색으로 변한다. 치아는 45세를 경계로 빠지는데 일반적으로 치아가 빠지고 남은 수는 60대에 14개, 70대에 11개, 80대에는 6개 정도에 이른다. 또한 잇몸질환을 경험하는 노인이 점차 늘어나고 있다.

④ 목소리

노년기에는 후두 연골조직이 딱딱해지면서 탄력이 줄어들어 목소리에 힘이 없어진다. 말은 느려지고 말을 멈추는 시간도 길고 잦아진다. 뇌에 병리학적 변화가 있는 경우, 말이 분명해지지 않을 수 있다.

⑤ 골격과 관절

노년기에는 신체적 노화가 진행됨에 따라 지방은 증가하고 고형분과 수분은 줄어들어 연골조직이 얇아지거나 탄력이 약화되어 관절염을 일으키기도 한다. 뼈 속의 칼슘은 고갈되어 뼈조직은 화학적 구성의 변화로 다소 엉성해져 잘 부서진다. 즉 뼈의 질량이 감소하고 고밀도가 낮아짐으로써 골절을 당하기 쉬우며 골다공증에 걸리기도 한다. 또한 팔, 다리 및 골격 일부에 붙어 있는 수의근의 수축력이 약화되어 운동능력이 감퇴되기도 하며, 척추사이의 디스크가 점점 내려앉으면서 키가 조금 작아질 수 있다.

⑥ 신경계기능

노년기에는 신경계의 기능이 감소한다. 노화과정에서는 신경계의 변화가 거의 없다고 하지만 일부 신경조직이 섬유질 세포로 대체되면서 노인의 반사작용과 반작용이 늦어진다. 뇌세포의 총수는 감소하지만 혈액순환에 장애가 없다면 뇌의 기능은 지속된다.

⑦ 소화계의 기능

노년기에는 소화계의 기능이 약화된다. 효소, 위액, 침의 양이 감소하면서 소화과정에 장애를 가져온다. 소화장애는 노인에게서 나타나는 가장 흔한 문제이다. 소화장애는 소화계가 노인의 스트레스, 정서혼란, 불안 등과 같은 심리적 불안정에 민감하기 때문에 일어난다.

⑧ 폐의 기능

노년기에는 폐의 크기가 줄어들어 산소활용이 줄어든다. 폐와 심장의 능력도 감소하여 75세가 되면 휴식 시에 심장의 출력은 30세 성인의 79%이며, 호흡능력은 30세 성인의 43%이다. 폐용적의 감소로 폐 속에 잔기량[46]이 증가하여 노년기에는 기관지 질환이나 호흡기 질환에 걸릴 가능성도 높아진다.

⑨ 심장기능

노년기에는 심장의 크기가 줄고 심장의 지방분이 늘어나며 심장근육은 늘어지며 말라붙는다.

Peck(1968)은 노인이 이러한 신체적 노화에 성공적으로 적응하고 이를 극복하게 되면 생활만족도가 높아지지만, 신체적 노화에 지나치게 몰두하게 되면 생활만족도가 낮아지고 심리사회적 기능에 손상이 일어난다고 하였다.

(2) 인지적 발달

① 정신운동기술

노인은 젊은이가 할 수 있는 것은 거의 할 수 있지만 단지 그 속도가 느려지기 때문에 행동이 더뎌질 뿐 아니라 사고를 유발하기도 한다. 노인자신의 환경을 평가하고, 어떤 결정을 내리고, 그것을 행동으로 옮기는데 시간이 걸린다. 새로운 자료를 학습하는 속도가 느리고, 기억에서 정보를 도출할 성공률이 줄어든다. 신체운동과 정신활동은 정신운동기술, 특히 속도, 힘, 정력 등의 상실을 줄인다.

② 지적기능

노년기에 지적기능이 쇠퇴한다는 주장에는 이견이 많다. 대부분의 지적능력은 나이가 들더라도 잘 유지되기 때문에 지적기능이 감소하지는 않는다.

46) 들이마신 공기 중 교환하여 방출하지 못하고 폐에 남아 있는 공기량

Schaie(1996)는 실제로 35년간의 종단연구를 통해 노년기의 인지변화를 추적하였는데, 추적 연구결과를 보면, 정보처리능력과 반응시간 둔화를 고려할 경우 노년기의 연령에 따른 인지능력의 감퇴는 그리 많지 않다고 하였다.

Kleemeier(1961), Riegel 등(1976), Botwinick(1979) 등 여러 학자들이 수행한 노인의 지적능력에 대한 연구결과를 보면 젊은이에 비해 다소 떨어지지만 새로 습득한 정보를 잠시 저장했다가 더듬어 내는 데 어려움을 겪지만 오래 기억하는 장점이 있다고 하였다.

노년기에서는 반응시간이나 시각정보를 운동반응으로 전환하는 능력과 기억·문제해결·정보처리과정 등을 포함하여 다양한 측면에서 반응속도가 둔화되지만 노인 개개인의 개인차가 존재하며, 지식과 실용적 능력을 결합한 노인 개인의 능력인 지혜가 발달한다.

(3) 정서적 발달

① 내향성과 수동성의 증가

이 시기에는 외부사물이나 행동보다는 내적인 측면에 관심과 주의를 기울이며 자신의 사고나 감정에 따라 사물을 판단하고, 능동적 문제해결보다는 다른 사람에 대한 의존성이 증가한다.

② 조심성의 증가

노인은 청년이나 장년에 비해 모든 사물에 대한 판단과 행동수행에 있어 조심성이 증가하며 자신의 행동 또한 조심스러워하게 되는 경향이 있다. 이는 노인자신이 정확성을 중시하고 감각능력의 감퇴나 결정에 대한 자신감의 결여로 확실한 것을 추구하려는 경향이 강해진다.

③ 경직성의 증가

이 시기에는 노인 자신에게 익숙한 습관적 태도와 방법을 고수하려는 경직성[47] 등으로 인하여 학습능력과 문제해결능력이 저하되는 것이 일반적이다. 이러한 경직성은 노화에 따라 증가되는 경향이 있다.

④ 우울성향의 증가

노인은 신체적 질병, 배우자 사망, 경제사정 악화, 사회와 가족으로부터의 고립, 일상생활에 대한 자기통제력 약화, 지나온 과거에 대한 회상증가 등으로 우울성향이 증가한다.

특히, 노인이 우울성향이 증가하면 우울증이 된다. 우울증은 정신장애로, 불면증, 체중감소, 감정적 무감각, 강박관념, 증오심, 즐거움 상실 등 증상을 보인다.

⑤ 생에 대한 회상의 경향

노인은 지나온 생을 뒤돌아보고 회상하는 경향이 있다. 가까운 과거부터 먼 과거까지 거슬러 올라가면서 해결되지 않은 갈등적 문제가 있는지를 찾아 새로운 의미로 해결을 시도하려고 하며 남은 시간에 못 다한 것을 할 생각을 한다. 즉, 과거 인생을 회상하여 남은 시간에 지금까지 해결하지 못한 것을 찾아서 새로운 해결을 시도하고 새로운 인생의 의미를 발견하려 한다.

⑥ 친근한 사물에 대한 애착증가

노인은 사용해온 물건에 대한 애착이 증가하며, 이를 통해 과거인생을 회상하고 마음의 평온을 추구한다. 이에 노인은 오랫동안 사용해 온 물건과 대상에 대한 애착심이 증가한다. 이것은 일정한 방향을 유지하려는 노력 때문이다.

⑦ 성역할 지각의 변화

노년기에 남성은 친밀성, 의존성, 관계지향성이 증가하는 반면 여성은 공격성, 자기주장, 자기중심성, 권위주의적 성향이 상대적으로 높아진다.

---

47) 경직성: 고집이라고도 하는데 어떤 문제를 해결하는 것에 있어 그 방법이나 행동이 옳지 않거나 이득이 없음에도 자신에게 익숙한 습관적인 태도와 방법을 고수하려는 행동을 의미한다.

⑧ 의존성의 증가

노인은 노화가 진행됨에 따라 경제적 의존, 신체적 의존, 정서적 의존, 사회적 의존성이 전반적으로 증가한다. 이러한 노인의 의존적 경향은 병리적인 현상이 아닌 정상적 노화의 현상이다. 특히 신체적 건강이 나빠질수록 정서적 의존성이 더 커질 수 있다.

⑨ 시간전망의 변화

40세 이후부터 시간전망의 변화가 나타난다. 특히 이 시기의 노인은 남아 있는 시간을 계산하고 시간이 얼마 남지 않았다는 사실을 회피하기 위해 과거에 대한 회상을 집중하거나 또는 과도하게 미래지향적이 된다.

⑩ 유산을 남기려는 경향

노년기에는 죽기 전에 자손, 예술작품, 기술, 지식, 재산 등 뭔가를 남기려는 성향이 강해진다.

(4) 사회적 발달

① 지위 및 역할상실과 적응

이 시기의 노인은 직업역할을 상실하므로 지위로 인한 위엄과 명예는 낮아진다. 노인은 퇴직으로 경제적 능력이 약화되고, 이에 따라 사회적 지위도 점점 저하된다. 사회적인 측면에서 노인의 공식적이고 제도적인 역할은 낮아지며 비공식적이고 희박한 역할은 증가한다.

이와 같이 이 시기의 노인들은 자신의 지위 및 역할변화에 따라서 다음과 같은 다양한 적응을 한다.

가. 조부모 역할

노년기가 되면 조부모의 역할을 수행하게 되며, 조부모로서의 역할을 통해 자신의 존재가치를 확인하고 상실감을 극복하며, 삶에 대한 의욕적인 자세를 가질 수 있다. 조부모는 자신의 손자·손녀에게 만족하고 자부심을 느끼며, 조부모의 역할은 자신의 전체적인 자아개념과 목적의식에도 긍정적인 의미를 지닌다.

나. 배우자 사별로 인한 역할변화

노년기에 가장 힘든 새로운 역할에 대한 적응은 자신의 배우자를 상실했을 때 일어난다. 노년기에 가장 힘든 역할 적응으로, 배우자 상실은 슬픔이나 우울뿐만 아니라 극심한 혼란을 초래한다.

재혼은 이 시기에 적응의 한 방법이 될 수 있는데, 그 이유는 황혼의 결혼(december marriage)이 새로운 상대와 유대관계를 맺을 수 있기 때문이다. 노인의 재혼은 사랑, 성, 건강, 경제적 독립, 자녀로부터 자립, 남은 생을 함께할 수 있다는 동반감 등 새로운 흥미와 관심을 발전시킬 수 있다.

재혼 이외에도 대부분의 노인은 자녀와 친구, 종교 집단구성원 등으로 부터 지지를 발견하고 의미 있는 활동에 참여하는 데서 즐거움을 찾으며 잘 대처해 나간다. 실제로 이러한 상실을 극복한 노인은 다른 사람에 대해 동정적이고 공감할 수 있으며 삶의 가치를 충실히 인식하는 것으로 보인다. 따라서 배우자와 사별에 대한 준비과정이 필요하다.

다. 퇴직자 역할

이 시기에 노인은 직업을 중심으로 일상활동, 사회관계, 자아정체감 등을 지속적으로 형성해 왔기 때문에, 퇴직은 노인의 생활양식을 바꾸는 중요한 변화다.

일반적으로 건강하고 안정적인 수입이 있으며 활동적이고 교육수준이 높고 사회적 지지를 많이 받고 퇴직 전 생활만족도가 높은 노인은 퇴직에 잘 적응한다. 그러나 예상치 못하거나 갑작스런 퇴직의 경우, 퇴직 후 삶에 적응하기가 어렵다.

이 시기 퇴직 후 여러 가지 문제로 스트레스를 받게 되면 자존감과 역할상실을 초래한다. 그러나 퇴직은 예측된 사건이므로 사전에 준비를 충실히 할수록 퇴직에 대한 적응이 순조로워진다. 퇴직자의 역할적응은 퇴직 전 단계, 밀월 단계, 안정 단계, 휴식과 긴장완화의 단계, 환멸 단계, 재지향 단계, 안정 단계, 종결 단계 등의 연속적 단계를 거쳐 나간다(〈표 16-2〉).

〈표 16-2〉 퇴직자의 역할적응 단계

단계	단계 명	내용
1단계	퇴직 전 단계	• 먼 단계: 은퇴에 대한 막연한 인식함 • 근접단계: 은퇴을 의식하게 되고 퇴직 후 생활에 대한 환상을 가져봄 • 노인 자신의 직업, 그 사회적 상황에서 자신을 분리할 준비를 함
2단계	밀월 단계	• 퇴직 직후에 얼마 동안은 그 동안 하고 싶었던 일들을 하면서 행복 느낌 • 대부분의 시간을 자신의 관심이나 흥미와 관련된 영역에 소모함 • 경제 지출이 필요하므로 재정상태에 따라 밀월단계 지속기간이 결정됨
3단계	안정 단계	• 퇴직 직후 일상생활이 자리를 잡는 시기임 • 퇴직 전에 직장 외의 활동이 활발했던 경우 퇴직생활의 적응이 쉬워짐
4단계	휴식과 긴장 완화 단계	• 밀월단계를 거치면서 퇴직생활이 안정되며 흥미로운 일에 대한 활동이 감소하고 휴식과 이완상태에 이르기도 함 • 충분한 휴식과 긴장 완화 후에 다시 활동을 재개함
5단계	환멸 단계	• 퇴직 후 생활이 자신이 기대하던 것과 다른 것을 깨닫고 의기소침 해지고 우울해짐 • 퇴직 전 가졌던 꿈들을 비현실적이었을수록 공허와 우울을 겪음
6단계	재지향 단계	• 환멸단계의 우울한 상태에 있던 사람이 자신을 수습하는 시기임 • 새로운 참여와 사회적 지지을 모색하며 새로운 인간관계에서 자아를 정립해 나감 • 어떤 일에 대한 실천가능성을 재고하여 비교적 정확하게 현실을 인식하고 현실적 생활양식을 선택하려 함
7단계	안정 단계	• 생활변화를 일상적으로 처리할 수 있게 됨 • 예측가능한 생활을 함. 비교적 오래 지속되는 단계 • 삶은 대체로 안정되고 만족스러운 상태이고 어떤 변화든지 손쉽게 다룰 수 있는 몇몇 기준을 개발할려고 함
8단계	종결 단계	• 질병이나 장애로 퇴직자 역할이 중단됨. • 독립적인 생활이 감소하고 가족의 원조망에 의존하게 됨

출처: Atchlet, 1988.

4 사회복지실천과의 연관성

노년기에 있어서 사회복지실천에서 사회복지사가 관심을 가져야할 대상은 우울증, 노인성 치매, 노인학대(신체적 학대, 정서적 학대, 경제적 학대, 방임 등), 고용 및 소득보완, 건강약화와 보호문제(호스피스 보호 등), 여가생활, 사회심리적 고립과 소외, 범죄피해 문제, 노인의 성문제 등이다.

노년기의 사회복지실천대상을 위한 사회복지실천과의 연관성은 심리체계 및 사회체계의 측면에서 살펴보면 다음과 같다.

(1) 심리체계 측면의 사회복지실천

첫째, 사회복지실천에서 사회복지사는 노인자신의 죽음뿐만 아니라 가족이나 친지의 죽음에 대해서도 잘 수용할 수 있도록 교육, 상담 등에 개입해야한다. 또한 노인 클라이언트의 죽음은 다양한 정서적 반응과 예측할 수 없는 반응을 보일 수도 있으므로 죽음의 과정에서 원조하는 전문가는 광범위한 개인차를 인식하고 죽음을 수용하는 단계로 나아가 편안하고 준비된 죽음을 맞이할 수 있도록 도와주어야 한다.

둘째, 사회복지실천에서 사회복지사는 노인클라이언트 자신의 과거사건을 재구조화하는 에릭슨의 치료기법 중 하나인 인생회상기법을 사용하여 과거경험에 점진적으로 되돌아감으로써 과거의 왜곡된 경험을 해결할 수 있고 동시에 마지막 발달과제인 자아통합 대 절망의 위기를 해결할 수 있다.

이러한 치료적 접근방법은 사회복지실천에서 노인들을 대상으로 활발하게 적용할 수 있으며 노인들의 성공적인 노화과정을 원조할 수 있다.

셋째, 사회복지실천에서 사회복지사는 죽음을 앞둔 말기 노인에 대한 다양한 지원을 제공한다. 이들 대상과 상황에 따라 지원방법은 다양하지만 대략 다음과 같은 사회복지실천의 목표를 가진다.

- 적절하게 고통을 조절해 주는 것으로 노인의 고통과 공포를 완화한다.
- 노인의 수명을 연장하는 첨단기술을 피한다.
- 죽어가는 노인에게 평안함과 평화 등을 제공함으로써 노인에 대한 심리적 지원을 해 준다.
- 노인의 죽음 이전과 이후 유족이 도움을 요청할 경우 언제든지 그들에게 심리적 체계관련 지원을 해주도록 한다.

넷째, 사회복지실천에서 사회복지사는 노년기의 주요 심리적 위축문제를 해결할 수 있는 지지적 상담프로그램, 노인의 고독과 소외를 극복할 수 있는 사회교육프로그램 등을 실시할 수 있고, 특히 치매 등과 같은 신체적·심리적 문제를 경험하는 노인과 그 가족을 위한 전문적 치료프로그램, 주간보호 및 단기보호 프로그램, 각종 상담 및 교육프로그램, 그리고 가정봉사원파견 프로그램 등을 실시할 수 가 있다.

(2) 사회체계 측면의 실천

첫째, 사회복지실천에서 사회복지사는 소득감소와 경제적 의존으로 인한 경제적으로 어려움을 겪고 있는 노인들에게 사회적 자원체계를 활용하여 그의 연령과 적성 등에 맞는 재취업이나 아르바이트 등을 제공해주도록 한다.

둘째, 사회복지실천에서 사회복지사는 만성질환 등을 앓고 있는 노인들에게 의료비 부담관련 자원체계 등을 알선해 주며 교통문제와 의료기관을 방문하고자 할 때 도와줄 사람, 일상생활을 수행하는데 도움을 줄 사람 등 인적체계의 자원을 제공해주도록 한다.

셋째, 사회복지실천에서 사회복지사는 역할 및 지위의 상실, 사회참여 기회의 상실 등으로 인한 고통 받고 있는 노인들에게 다양한 사회적 활동 프로그램을 제공하기 위해서는 노인의 욕구와 적성에 맞는 사회적 프로그램을 개발하고 운영하도록 한다.

넷째, 사회복지실천에서 사회복지사는 배우자와 친구 등의 죽음을 통해 상실감과 고독, 소외감 등으로 고통받고 있는 노인들에게 이러한 고독과 소외문제 등을 극복할 수 있는 사회적 지지체계을 마련해준다.

다섯째, 사회복지실천에서 사회복지사는 노인들이 성에 대한 무지와 편견을 극복하고 문제를 해결하기 위한 다양한 사회적 체계를 마련하는 것이 필요하며, 사회복지적 측면에서의 대책으로 성에 대한 올바른 정보제공, 재혼을 위한 상담사업 및 프로그램 등을 실시하도록 한다.

여섯째, 사회복지실천에서 사회복지사는 노인보호를 위한 서비스 및 자살 및 학대, 치매 등 예방을 위한 다양한 프로그램 개발을 할뿐만 아니라 노인문제의 예방 및 치료개입 등을 위한 서비스체계를 구축함과 동시에 노인부양에 관한 법적 장치를 마련해야 한다.

참고 문헌

강기정(2011). 인간행동과 사회환경. 공동체.

강상경(2011). 인간행동과 사회환경. 나남.

강인숙 외(2007). 인간행동과 사회환경. 태영출판사.

강준렬(1997). 지역사회복지와 사회복지관. 동인.

고명수·주정 외(2012). 인간행동과 사회환경. 청목출판사.

곽금주 외(2005). 한국 영아발달 연구. 학지사.

곽형식 외(2008). 인간행동과 사회환경. 형설출판사.

구견서(2003). 다문화주의의 이론적 체계. 현상과 인식. 한국인문사회과학회. 29-53.

구차순(2007). 결혼이주여성의 다문화가족 적용에 관한 연구. 한국가족복지학. 20.

구혜영(2009). 인간행동과 사회환경. 신정.

권민균 외(2005). 아동발달. 창지사.

권순종·김병 외(2011). 인간행동과 사회환경. 양서원.

권육상·이태희(2003). 최신 가족복지론. 유풍출판사.

권중돈·김동배(2009). 인간행동과 사회환경. 학지사.

권진숙 외(2006). 가족복지론. 공동체.

김광용(2002). 노인학대 방지를 위한 사회적 지원체계 확립방안에 관한 연구. 부산대학교 행정대학원 석사학위논문.

김기태(2002). 사회복지의 이해. 박영사.

김기석(1998). 정신치료의 이론과 실제. 고려대학교 출판부.

김기홍(2012). 한국의 다문화사회 실현을 위한 이론적 연구. 민주주의와 인권. Vol. 12. No.3. 445-486.

김나영 외(2005). 영유아발달. 양서원.

김동석(2002). 노인학대 방지를 위한 사회복지적 개입 방안에 관한 연구. 명지대학교 석사학위논문.

김매희·정기수 외(2012). 인간행동과 사회환경. 양서원.

김선아·백경숙 외(2008). 인간행동과 사회환경. 대왕사.

김선희·강혜원 외(2012). 인간행동과 사회환경. 신정.

김성이·김상균(1994). 사회과학과 사회복지. 나남.

김수영 외(2003). 노인과 지역사회보호. 양서원.

김완진(2012). 인간행동과 사회환경. 비전원격평생교육원.

김연희(2007). 한국사회의 다문화와 사회복지분야의 문화적 역량. 사회복지연구. 35. 117- 144.
김영란(2008). 인간행동과 사회환경(사회복지사 1급, 2009, 최신판). 박문각.
김영모 외(2000). 인간행동과 사회환경. 고헌출판부.
김영호 외(2010). 인간행동과 사회환경. 양서원.
김용준·김교정 외(2012). 인간행동과 사회환경. 정민사.
김윤재·정구애 외(2009). 인간행동과 사회환경. 신정.
김익균(2009). 인간행동과 사회환경. 동문사.
김익기 외(1999). 한국 노인의 삶. 진단과 전망. 생각의 나무.
김일림 외(2008). "사할린한인의 이주와 사회·문화적 정체성: 구술자료를 중심으로". 한국문화역사지리학회. 20(1). 19-33.
김준규·박언하 외(2010). 인간행동과 사회환경. 동문사.
김지현(2008). 한국사회에서 다문화주의와 교육. 철학연구. Vol. 106. 29-52.
김지현·전대성 외(2008). 인간행동과 사회환경. 창지사.
김진원(2009). 인간행동과 사회환경(2010). 열린교육.
______(2009). 인간행동과 사회환경. 대왕사.
김태련·장회숙(1996). 발달심리학. 박영사.
김혜란 외(2005). 사회복지실천기술론. 나남출판.
김희진 외(2004). 영아를 위한 프로그램의 이론과 실제. 창지사.
남기민(1989). 사회복지조직에서의 리더십에 관한 연구: 중간 관리층의 리더십 행동·상황 및 리더십 효과성간의 관계를 중심으로. 서울대학교 박사학위논문(미간행).
남기민 외(2006). 고령화사회와 노인복지. 양서원.
노안영(1998). 상담자와 함께 하는 삶의 여행. 중앙적성출판사.
노안영 외(2011). 성격심리학. 학지사.
________(2001). 애들러 상담이론: 기본 개념 및 시사점. 학지사
박광준 외(1999). 고령사회와 노인복지. 세종출판사.
박명숙(1999). "생태체계이론에 대한 이해와 사회사업에의 적용에 관한 연구". 사회복지리뷰. 카톨릭대학교 사회복지연구소.
박미영(2002). 가정폭력 방지에 관한 연구: 아내학대 중심으로. 단국대학교 정책경영대학원 석사학위논문.
박병섭(2008). 이주민과 다문화가정과 함께하는 다문화주의 철학. 실크로드. 40-42.
박병헌(2005). 복지국가의 비교. 공동체.
박성연·도연심(2005). 아동발달. 동문사.
박신자(2006). 전 생에 발달관점에서 본 노년기 발달특성과 여가활동에 관한 연구. 문화관광연구. 8.

박아청(2003). 유아의 성 발달에 대한 에릭슨 입장에 관한 일고찰. 아동교육. 12.
______(2007). 에릭슨의 아동성애론에 대한 검토. 아동교육. 16.
박영숙(2008). 인간행동과 사회환경. 대왕사.
박용순(2009). 지역사회복지론. 학지사.
박정호(2001). 사회복지정책론. 학지사.
박주현(2010). 인간행동과 사회환경. 파란마음.
박지영 외(2010). 함께하는 사회복지의 이해. 학지사.
박희숙·박영아(2010). 인간행동과 사회환경. 창지사.
배병룡·김동환(1990). 조직화 이론. 율곡.
사회복지교육연구센터(2013). 인간행동과 사회환경(2014, 사회복지사 1급 기본서). 나눔의집.
사회복지사 1급 수험연구회(2009). 인간행동과 사회환경(사회복지사 1급, 일주일에 끝내기). 교육개발연구원.
설동훈(2009). 국내 결혼이민자의 자녀 양육과 교육: 소아를 중심으로. 대안소아과학회지. 52(4). 277-283.
설동훈 외(2005). 국제결혼 이주여성 실태조사 및 보건·복지 지원 정책방안. 보건복지부
소광섭(2009). 요점 위주의 인간행동과 사회환경. 보성.
손광훈(2010). 인간행동과 사회환경. 공동체.
송길연(2005). 발달심리학. 시그마프레스.
송정애·정해은(2007). 가족복지론. 양서원.
서봉연·이순형(1983). 발달심리학: 아동발달. 중앙적성출판사.
서진환(2001). 현대사회복지실천리온. 나남출판.
서혜석·송유미 외(2009). 인간행동과 사회환경. 청목출판사.
석말숙(2004). "노인의 주관적 안녕감에 대한 생태체계적 접근". 노인복지연구. 한국노인복지학회. 26.
손광훈(2010). 인간행동과 사회환경. 공동체.
손명희·박세정 외(2009). 인간행동과 사회환경. 창지사.
손병덕·강란혜 외(2008). 인간행동과 사회환경. 학지사.
손연숙·허흥무(2009). 인간행동과 사회환경. 범론사.
송근원·김태성 외(1995). 사회복지정책론. 나남출판
송대영·최현섭(2011). 인간행동과사회환경. 한국방송통신대학교.
신용하·장경섭(1997). 21세기 한국의 가족과 공동체문화. 지식산업사.
신종우·윤경원 외(2012). 인간행동과 사회환경. 동문사.
안창규 외(1995). 가출청소년과 학교관리체계. 집문당.
양옥경 외(2010). 사회복지실천론. 나남출판.

양정남·정민숙 외(2009). 인간행동과 사회환경. 청목출판사.

양혜경(2000). 30분에 읽는 융. 랜덤하우스중앙.

어대훈(2008). 인간행동과 사회환경(사회복지사 1급 국가시험대비). 미래가치.

엄명용 외(2005). 사회복지실천의 이해. 학지사.

엄신자(2008). 인간행동과 사회환경. 인간과복지.

엄태완·임성혜 외(2012). 인간행동과 사회환경. 공동체.

엄한진(2008). 다문화를 통해 본 한국사회: 이주민에 대한 관용의 성격과 사회적 배경. 한국사회학회 심포지움 논문집. 한국사회학회. 737-45.

오경석 외(2006). 안산시 원곡동 '국경 없는 마을'프로젝트: 몇 가지 쟁점들. 한국지역지리학회지. 12(1).

________(2007). 한국에서의 다문화주의. 한울아카데미.

________(2010). 한국 다문화주의의 재모색. 인문언어. 국제언어인문학회. Vol.12. No. 2. 447-478.

오세진 외(1999). 인간행동과 심리학. 학지사.

오창순·신선인 외(2010). 인간행동과 사회환경. 학지사.

원석조(2010). 사회복지정책론. 공동체

유관수·박현선(2003). 독거노인과 가족동거 노인의 건강상태에 관한 비교연구. 한국노년학. 23(4). 163-179.

윤기종(2012). 인간행동과 사회환경(생태체계적 관점의 인간이해를 위한). 한국학술정보.

윤인진(2008). 북한이주민 연구와 정착지원정책의 이론적 스펙트럼. 한국사회학회 사회학대회 논문집. 한국사회학회. 833-842.

이근홍(2003). 인간행동과 사회환경. 대학출판사

______(2011). 인간행동과 사회환경. 공동체.

이근후·박영숙(1988). 정신분석학. 하나의학사.

이부영(1998). 분석심리학: C. G. Jung의 인간심성론. 일조각.

이소희 외(2004). 인간행동과 사회환경. 현학사.

이숙·강희경 외(2008). 인간행동과 사회환경. 창지사.

이영(1992). 인간발달생태학. 교육과학사.

이영실 외(2010). 가족치료. 양서원.

________(2010). 사회복지실천기술론. 양서원.

________(2011). 가족복지론. 양서원.

________(2011). 사회복지실천론. 양서원.

이영실·이윤로(2008). 정신건강론. 창지사.

이영실·이윤로 외(2010). 정신보건사회복지론. 창지사.

이영실·이윤로 외(2011). 정신건강론. 창지사.
이영실·임정문(2009). 정신건강론. 성결대 복지발전연구소.
이영자(2004). 유아 언어발달과 지도. 양서원.
이영주·서대석 외(2011). 인간행동과 사회환경. 청목출판사.
이영호(2004). 정신건강론. 현학사.
이윤로(2006). 인간행동과 사회환경. 창지사
______(2008). 인간행동과 사회환경(사회복지사1급, EBS, 2008). 와이드프로.
이인정·최해경(2008). 인간행동과 사회환경. 나남.
이장현 외(1983). 사회학의 이해. 법문사.
이재연(1992). 아동발달. 문음사.
이정균·김용식(2001). 정신의학. 일조각.
이정덕 외(2003). 결혼과 가족의 이해. 신정.
이정서(2010). 인간행동과 사회환경. 동문사.
이제봉(2012). 한국의 민족주의와 다문화주의. 다문화교육연구. Vol.5. No.1. 199-215.
이종복·전남련(2007, 2010, 2011). 인간행동과 사회환경. 학현사.
이죽내(1995). 현대 상담·심리치료의 이론과 실제. 중앙적성출판사.
이준희(2000). 인류의 선사문화: 선사시대 인류의 문화와 문명. 사회평론.
이현수 외(2006). 성격심리학(이론과 연구). 중앙적성출판사.
이형영·이귀행(1996). 정신분석의 발달. 하나의학사.
이효선(2006). 인간행동과 사회환경의 이해. 공동체
이효선·Detlef Garz(2012). 인간행동과 사회환경(인간발달과 사회구조). 정민.
이훈구 역(2000). 성격심리학. 법문사.
임상곤(2006). 성격심리학론. 백산출판사.
임상록·권향임 외(2009). 인간행동과 사회환경. 창지사.
임은희(2010). 인간행동과 사회환경. 양서원.
임종렬(1999). 대상중심이론 가족상담. 한국가족복지연구소.
장미혜(2008). 다문화사회의 미래와 정책적 대응. 한국여성정책연구원
장수한(2007). 청소년문제론. 세화.
장수한 외(2008). 청소년복지론. 양서원.
________(2010, 2011). 인간행동과 사회환경. 공동체.
장인협 외(1991). 인간행동과 사회환경. 집문당.
장휘숙(2001, 2005). 발달정신병리학의 이해. 학지사.
전남련(2012). 인간행동과 사회환경. 태영출판사.

전남련·김제남 외(2010). 인간행동과 사회환경. 형설출판사.
정문자 외(2007). 가족치료의 이해. 학지사.
정옥분(2005). 아동발달의 이해. 학지사.
정여주 역(2000). 융의 분석심리학에 기초한 미술치료. 학지사.
조복희 외(1988). 인간발달: 발달심리적 접근. 교문사.
조성연 외(2005). 아동발달의 이해. 신정.
조휘일·이윤로(2000). 사회복지실천론. 학지사.
조흥식 외(2010). 인간행동과 사회환경. 학지사.
전용호(2008). 사회복지실천기술 습득을 위한 인간행동과 사회환경. 학문사닷컴.
장세철·배창진 외(2008). 인간행동과 사회환경. 교육과학사.
정은(2010). 인간행동과 사회환경. 학지사.
천덕희·김향은 외(2011). 인간행동과 사회환경. 창지사.
최경석 외(2006). 한국가족복지의 이해. 인간과 복지.
최경숙(2000). 발달심리학. 교문사.
최경희·홍석현(2009). 인간행동과 사회환경(2010, 사회복지사 1급). 시대고시기획.
최덕경 외(2012). 인간행동과 사회환경. 양서원.
_________(2012, 2013). 가족정책론. 양서원.
최명민 외(2009). 문화적 다양성과 사회복지. 학지사.
최미현 외(2000). 영유아보육의 이해. 창지사.
최순남(2001). 인간행동과 사회환경. 한신대학교 출판부.
______(2002). 인간행동과 사회환경. 법문사.
최옥채(2005). 사회복지를 위한 조직화 기술. 학현사.
최옥채·박미은 외(2007, 2011). 인간행동과 사회환경. 양서원.
최용민·이상주(2003). 사회적 지원망이 독거노인의 삶의 질에 미치는 영향. 한국노인복지학회. 노인복지연구. 22. p.193-217
최일섭·류진석(2006). 지역사회복지론. 서울대학교 출판부.
최종렬(2008). 다문화주의의 이론적 패러다임과 국가별 유형비교. 한국여성정책연구원
최종오(2010). 인간행동과 사회환경. 홍익출판사.
최준식(2000). 한국인에게 문화는 있는가. 사계절 출판사.
최창현(1995). 조직사회학. 학문사.
최해경(2010). 사회복지실천론. 학지사.
최현(1999). 융 심리학 입문. 범우사
표갑수·김혜정 외(2012). 인간행동과 사회환경. 신정.

퍼시픽북스 학술편찬국(2012). Power 인간행동과 사회환경 1(2013년 제11회 국시대비). 퍼시픽북스.

포유편집부(2009). 인간행동과 사회환경. 예지각.

하정미·이윤수 외(2009). 인간행동과 사회환경. 공동체.

한건수·설동훈(2007). 이주자가 본 한국의 정책과 제도. 한국여성정책.

한국임상사회사업학회(2005). 노인복지론. 양서원.

_______________(2008). 사회복지사 1급(사회복지실천기술론. 이영실). 와이드프로.

한국청소년학회(1999). 청소년학 총론. 양서원.

한규석(2002). 사회심리학의 이해. 학지사.

한만봉·배상목(2011). 인간행동과 사회환경. 한국학술정보.

황길현(2004). 노인학대예방을 위한 사회복지적 개입방안에 관한 연구.

황정민 외(2007). 한국사회의 다민족·다문화 지향성에 대한 조사연구. 한국여성정책연구원 경제·인문사회연구회협동 연구총서. 07-19-02.

황철수(2007). 사회복지실천론. 양서원.

_____(2009). 인간행동과 사회환경. 양서원.

황철수·박준섭 외(2011). 인간행동과 사회환경. 양서원.

Ainsworth, M. D.(1979). *Patterns of Attachment*. NY: Halsted Press.

Allgood-Merten, B., & Stockard, J.(1991). Sex role identity and self-esteem: A comparison of childern and adolescents. *Sex Roles*, 25.

Allport(1961). *Pattern and growth in personality*. New York: Holt Rinehart and Winston.

Anderson et al.(1999). *Human Behavior in Social Environment: A Social Systems Approach* (5th ed.). New York: Aldine De Gruyter.

Anderson, R. & Carter, I.(1990). *Human behavior in the social environment: A Social systems approach*(4th ed.). New York: Aldine de Gruyter.

Andreae, Dan.(1996). *Systems Theory and Social Work Treatment*. Francis J. Turner Ed. Social Work Treatment. New York: The Free Press.

Anglin, J. M.(1993). Vocabulary development: A morphological analysis. *Monographa of the Society for Research in Child Development*, 58. 10. Serial No. 238.

Ashford, J. B., LeCroy, C. W., Lortie, K. L.(2009). *Human Behavior in the Social Environment-A Multidimensional Perspective*(4th ed.) Thompson Learning.

Atchley, R. C.(1988). *Social Forces and aging: An Ontroduction to Social Gerontology* (5th ed.), Belmont, CA: Wadsworth Publishing Co. 187-196.

Baker, R.(1994). *The social Work Dictionary. Washington*, DC: National Association of social

Workers.

Baldridge, J. V.(1975). *Sociology: A Critical Approach to Power, Conflict and Chang*. New York: John Wiley and Sons. co.

Baltes, P. B. & Schaie K. W.(1974). Aging and the IG: The Myth of the Twilight Years. *Psychology Today*, 7.

Bandura, A. & Walters, R. H.(1963). *Social Learning and Personality Development*. New York: Holt, Rinehart & Winston.

Barker, R. L.(1995). *The Social Work Dictionary*(3rd ed.). Washington, DC: NASW Press.

Barry, W. A.(1970). Marriage research and conflict: An integrative review. *Psychological Bulletin*, 73, 41-54.

Beck. A. T.(1976). *Cognitive Therapy and the Emotional Disorders*. NY: International Universities Press.

Beck. A. T.(2002). The cosmopolita society ad itseemies. *Theory, Cltre ad Society*, 19(1-2), 17-44.

Belesky, J. & Rovine, M. J.(1988). Nonmaternal care in the first year of life and the security of infant-parent attachment. *Child Development*, 59, 157-167.

Berry, J. W.(1976). *Human Ecology and Cognitive Style*. New York: Sage/Halsted.

Berry, J. W.(1980). *Acculturation as Varieties of Adaptation*, in A. M. Padilla(ed.), Acculturation: Theories, Models and Findings. Boulder, Co: Westview: 9-25.

Berry, J. W.(1991). Understanding and Managing Multiculturalism. *Psychology and Developing Societies*, 3: 17-49.

Berry, J. W.(1997). Immigration, Acculturation, and Adaptation. *Applied Psychology: An International Review*, 461: 5-68.

Berry, J. W.(2005). *Conceptual Approaches to Acculturation*. In k. M. Chun, P. B. Organisra & G. Matin(eds.) Acculturation. Washington D.C.: Decadeof Behavior: 17-38.

Berry, J. W. & Blondle, T.(1982). Psychological Adaptation of Vietna, Mese Refugees in Canada. *Canadian Journal of Community Mental Health*, 1: 81-88.

Berry, J. W. & Sam, D.(1997). *"Acculturation and Adaptation", in Berry*. J. W. and Segall, M. H. and Kagitcibasi, C.(eds.), Handbook of Cross-Cultural Psychology: volume 3(2nd ed). Boston: Allyn & Bacon.

Berry, J. W., Kim, U., & Boski, P.(1988). *Psychological acculturation of immigrants*. in Y. Y. Kim & W. B. Gudykunst(Eds.), Cross-Cultural Adaption: Current approaches. Thousand Oak, CA: Sage.

Bower, T. G. R.(1979). *Human development*. San Francisco: freeman.

Bowlby, J.(1988). *A secure base: Clinical application of attachment theory*. London: Routledge.

Brenner, C.(1975). *An Elementary Textbook of Psychoanalysis*. NY: Doubleday Anchor Books.

Bronfenbrenner, U.(1979). *Ecological of Human Development*. MA: Harrard University Press.

Carter & McGoldick.(1998). *The expended family life cycle: Individual, Family and Social Perspective* (3rd ed.). Allyn & Bacon.

Carton, T. O.(1984). *Clinical Social work in health setting. A Guide to Professional Practice with Exemplars*. NY: Springer Publishing Company.

Cattell & Horn(1967). This Serve is Maintained by Roger Himestra, Professor and Chair, Emeritus, Syracuse University(rogerhiemstra@gmail, com)(last updated July 20, 2013).

Chess, W. A. & Norlin, J. M.(1988). *Human Behavior and The Social Environment: A Social System Model*. Boston, H.A.: Allyn and Bacon.

Collins, D., Jordan, C., & Coleman, H.(1999). *An Introduction to Family Social Work*. Itasca, IL: F. E. Peacock Publishers, Inc.

Cooley, C.(1909). *Social Organization*. New York: Charles Scribner's Sons.

Cooper, M. & Lesser, J.(2008). *Clinical Social Work Practice: An Integral Approach* (3rd ed.). Boston: Pearson Education.

Corey, G.(2000). *Theory and Practice of Counseling and Psychotherapy* (6th ed.), Belmont, CA: Wadsworth Publishing Co.

Corsini . R. J. and Marsella, A. J.(1994). *Personality theories, research, and Itasca*. IL: F. E.

Davison, G. C. & Neale, J. M.(1990). *Abnormal Psychology Wiley*.

Dunkel-Schetter, C.(1999). *Is maternal stress risk factor for adverse birth outcomes? Paper presented at the meeting of the American Psychological Association*, Boston.

Dunham, A.(1970). *The New Community Organization*. N.Y: Thomas Y. Crowell. Co.

Emmerich, W.(1973). *"Socialization and Sex-Role Development," In Baltes*, P. & Schaie, K. W, (Eds.), Life-Span Developmental Psychology: Personality and Socialization. NY: Academic Press.

Erikson, E. H.(1963). *Childhood and Society* (2nd ed.). NY: Norton.

Erikson E. H(1968). Life cycle. *In International Encyclopedia of the Social Sciences* (Vol.9, pp.286-292). New York: Houghton Mifflin Company.

Erikson, E. H.(1975). Life History and the Historical Moment. NY: Norton.

Erikson, E. H.(1980). Identity and the Life Cycle. NY: Norton.

Etriki.(2004). Democratic place-maki adMlticltralism, eorapfisak Aaler, *Series B.Hma eoraphy* 84(1). 19-25.

Etzioni, A.(1961). *A Comparative Analysis of Complex Organizations: On Power, Involvement, and Their Correlates*. New York: Free Press of Glencoe.

Ewalt, P.(Ed)(1980). *NASW Conference Proceedings Toward a Definition of Clinical Social Work*. Washington, D. C.: National Association of Social Workers.

Fantz, R. L.(1961). "The origin of form perception". *Scientific American*, 204.

Feinman, S.(1992). *Social referencing and the social construction of reality in infancy*. New York: Plenum.

Feist, J., & Feist, G.(2006). *Theories erson: The problem of Personality*(6th ed.). New York: McGraw-Hill.

Fellin, P.(1995). *The Community and the Social Worker*(2nd ed.). Itasca, IL: Peacock.

Fergusson, D. M., L. J. Horwood, & M. T. Lenskey(1993). Mental smoking before and after pregnancy: Effects on behavior outcomes in middle childhood. *Pediatrics*, 92.

Flavel, J. H.(1983). *인지발달*. 서봉연·송명자 역. 서울: 중앙적성출판사.

Florian, B. & S. Kravetz(1983). "Fear of personal Death: Attribution Structure, and Relation to Religeous Belief," *Journal of personality and social Psychology*, 44, 600-607.

Floyd, F. J., & Widaman, K. F.(1995). Factor analysis in the development and refinement of clinical assessment instruments. *Psychological Assessment*, 7, 286-299.

Forte, J.(2007). *Human Behavior and the Social Environment: Models, Metaphors and Maps for Applying Theoretical Perspectives to Practice*. Belmont, CA: Thomson Brooks/cole.

Freud. S.(1949). *An outline of psychoanalysis*. New York: Norton &Company. Inc

Garbrino, J.(1983). *"Social Support Networks: Rax for the Helping Professions"*. In J. J. Wittaker etal. ed. Social Support Networks Informal Helping in the Human Services. NY: Aldine de Gruyter.

Garland, J., Jones, H., & Kolodny, R.(1965). *A Model for Stages of Development in social Work Groups*. In S. Bernstein(ed.), Explorations in Group Work. Boston: University of Boston School of Social Work.

Garz, D.(1989). *Sozialpsychologische Entwicklungstheorien*. Westdeutsher Verlag GmbH.

Germain, C. B.(1973). An ecological Perspective in casework practice. *Social CaseWork*, 54(6), 323-331.

Germain, C.(1979). *Social Work Practice: People and Environment*. NY: Columbia University Press.

Germain, C. & Gitterman, A.(1996). *The life model of social work practice-Advances in theory andpractice*. NY: Columbia University Press.

Gibson, M. A.(1976). *Approaches to multicultural education in the United States: Some concepts and assumptions*. Anthropology and Education Quarterly.

Gillbert, N & P. Terrell(2002). *Dimensions of Social Welfare Policy*, 5th ed. Allyn & Bacon.

Gitterman, A., & Germain, C. B.(1976). Social Work Practice: A Life Model. *Social Service Review*, 50(4), 3~13.

Good, T. L., & Broohey, J. E.(1990). *Educational Psychology: A Realistic Approach* (4th ed). NY: Longman.

Gouldner, A. W.(1961). *"Metaphysical pathos and the Theory of Bureaucracy,"* In A. Etzioni(Ed.), A Sociological Reader on Complex Organizations. New York: Holt, Rinehart, & Winston.

Greene, R. R., & Ephross, P. H.(1991). *Human Behavior Theory and Social Work Practice*. NY: Aldine de Gruyter.

Hall, C. S., & Lindzey, G.(1978). *Personality theory*. NY: John Willey & Sons.

Hall, C. S., & Nordby, V. J.(1973). *A Primer of Jungian Psychology*. NY: A Meridian Book.

Hansenfeld, Y.(1983). *Human Service Organization. Englewood Cliffs*. NJ: Prentice-Hall.

Hartford, M.(1971). *Groups in Social Work*. New york: columbia University Press.

Havighurst, R. J.(1972). *Developmental tasks and education* (3rd ed.). New York: David McKay.

Havighust, R. J., & Albrecht, R.(1953). *Older People*. NY: Longmans, Green.

Helm, H. M., Hays, J. C., Flint, E. P., Koenig, H. G., & Blazer, D. G.(2000). Does private religious activity prolong survival? A six-year follow-up study of 3, 851 older adults. *Journal of Gerontology*, 55A, M400-M405.

Hepworth. D., Rooney, R. H. & Larsen, J. A.(2002). *Direct social work practice: Theory and skills* (6th ed.). Pacific Grove, CA: Brooks/Cole Publishing co.

Hjelle, L. A., & Ziegler, D. J.(1976). *Personality Theories*. London: McGraw-Hill, Inc.

Hjelle. L. A., & Ziegler, D. J.(1992). *Personality theories: Basic assumptions, research, and applications* (3rd ed) New York: McGraw-Hill.

Hoff, E.(2001). *Language development* (2nd ed.). Belmont, CA: Wadsworth.

Holland, T. P.(1995). "Organizations: Context for Services Delivery." in *Encyclopedia of Social Work*. NASW Press.

Horn, J. L., & Cattell, R. B.(1967). Age difference in fluid and crystallized intelligence. *Acta Psychological*.

Hutchison, E. D.(2007). *Dimensions of Human Behavior: Person and Environment* (3rd ed.). Thousand Oaks, CA: Sage

Hyde & Delamater(1997). *Understanding Human Sexuality* (6th ed.). New York: McGraw- Hill.

Jones, M.(1979). "The Therapeutic Community." in *T. D. Hinschelwood and Mick Manning*. Ed. Therapeutic Communities. London: Routledge & Kegan Paul.

Jordan, Catheleen & Franklin, Cynthia(1995). *Clinic Assessment for Social Workers*. IL: Lyceum Books, Inc.

Jung, C. G.(1961). *Memories, Dreams, Reflections*. NY: Vintage Books.

Jung, C. G.(1964). *Approaching the unconscious*. NY: Dell Pub. Co.

Jung, C. G.(1976). *The Collected Works of C. G. Jung(Bollingen Series)*. I-XX. NJ: Princeton Univ Press.

Kardiner, A.(1967). *The Individual and His Society*. NY: Columbia University Press.

Kelly, G. A.(1955). *The Psychology of Personal Constructs*. NY: Norton.

Kelly, G. A.(1963). *A theory of personality: The psychology of persoanl constructs*. New York; W. W. Norton & Company.

Kelly, G. A.(1969). *Clinical psychology and personality: The selected papers of George Kelly*. New York: Wiley.

Kohlberg.(1977). *Assessing Moral Stages*. MA: Harvard University.

Konopka, G.(1983). *Social Group Work: A Helping Process*. NJ: Prentice-Hall.

Kübler-Ross, E.(1969). *On Death and Dying*. NY: Macmillan.

Kübler-Ross, E.(1995). *On Death and Dying*. NY: Macmillan.

Labouvie-Vief, G.(2003). Dynamic integration: Affect, cognition, and the self in adulthood. *Current Directions in Psychological Science*, 12, 201-206.

Lefrancois, F. R.(1990). *The Lifespan*. Wadsworth Publishing, co.

Levinson, D.(1978). *The Seasons of a Man's Life*. New York: Ballantine Books.

Lewis. M. Sullivan. M. W. Stanger. C. Weiss. M.(1989). Self development and self conscious emotions. *Child development*. 60. p.146-156.

Lidz Theodore(1968). *The Person Throughout the life cycle*. NY: Basic Books, Inc.

Linderman, E. C.(1921). *The Community*. New York: Association Press.

Lopata, H. Z.(1981). *The Meaning of Friendship in Widowhood*. In L. D. Steinberg(Ed.), The Life Cycle: Reading in Human Development. New York: Columbia University Press.

Lysgaard, S.(1955). *Science*, 7. 45-51.

Marcia, J E.(1980). Identity of Adolescence in Abelson(Ed), *Handbook of Adolescence Psychology*. New York: John Wiley.

Maguire, L.(2002). *Clinical social work*. Brooks/Cole.

Maluccio, A.(1979). *"Competence and Life Experience. In Germain C(ed)"*. Social Work Practice: People and Environments. NY: Columbia University Press.

Maslow, A.(1968). *Toward a psychology of being(2nd ed)*. New York: Van Nostrand.

Maslow, A.(1971). *The father reaches of human nature*. New York: Viking Press.

Mattessich, Paul, Monsey, Barbkra.(1997). *Community Building: What Makes It Work*. Minnesota: Amherst H. Wilder Foundation.

Mayo, E.(1933). *The Human Problems of An Industrial Civilization*. New York: Macmillan.

McDonald, L., & Robb, A. L.(2004). The economic legacy of divorce and separation for women in old age. *Canadian Journal on Aging*, 23(Supl.1), S83-S97.

Meyer, C.(1983). *Clinical Social Work in the Ecosystem Perspective*. NY: Columbia University Press.

Miller, R. B., Hemesath, K., & Nelson, B.(1997). *Marriage in middle and later life*. In T. D. Hargrave & S. M. Hanna(Eds), The aging family. New York: Brunner/Mazel.

Minahan, A.(1981). *"Introduction to specialist issues: Purposes and objectives of social work revisited."* Social Work.

Murdock, G.(1949). *social structure*. New York: Macmillan.

Neimark, E. D.(1982). *"Adolescent Thought: Transition to Formal Operations,"* In Wolman B. B.(Ed.), Handbook of Developmental Psychology. NJ: Prentice-Hall.

Neufeldt, V.(1988). *Weberster's New World Dictionary of American English*. New York: Webster's New World.

Neugarten, B. L. & Weinstein(1964). The Change American Grand Parent. *Journal of Merriage and the Family*. 26.

Neugarten, B. L.(1968). *Middle Age and Aging: A Reader in Social Psychology*. Chicago: University of Chicago Press.

Newman, B. M. & Newman, P. R.(1987). *Development Through Life: A Psycho-Social Approach*. Homehood. IL: Dorsey Press.

Newman, B. M. & Newman, P. R.(1991). *Development Through Life: A Psychological Approach*. CA: Brooks/Cole.

Newman B. M. & Newman, P. R.(1992). *When Kids Go to College: A Parents Guide to Changing Relationships*. Ohio State University

Nichols, W. C. & Everett, C. A.(1986). *Systemic family therapy: An integrative approach*. New York: Guilford Press.

Norlin, J. M., & Chess, W. A.(1997). *Human Behavior and the Social Environment: Social System Theory*. Boston: Allyn and Bacon.

Norlin, J. M. Chess, W. A., Dale, O., & Smith, R.(2003). *Human behavior and the social environment: Social systems theory* (4th ed.). Allyn and Bacon.

Nye, R. D.(2000). *Three Psychologies: Perspectives from Freud, Skinner, and Rogers* (6th ed.).

Pacific Grove, CA: Brooks/Cole.

Pacora, P. J. et al.(2000). *The Child Welfare Challenge.* policy, practice, and research(2nd ed). NY: Aldine De Gruyter.

Papalia, Olds Feldman(1998). Papalia. D. E., Olds, S. W., and Feldman, R. D.(1998). *Human Development* (7tb ed). New York: McGraw-Hill.

Parsons, T.(1960). *Structures and Process in Modern Societies.* Glencoe, IL: Free Press.

Peck, R. F.(1968). *"Psychological Developments in the Second Half of Life."* in B. Nurgarten, ed., Middle Age and Aging. Chicago: University of Chicago Press.

Pervin, L. A., & John, O. P.(2001). *Personality: Theories and research* (8th ed). NY: John Willey and Sons.

Pervin, L., Cervone, D., & John, O.(2005). *Personality: Theory and Research Hoboken.* NJ: John Wiley & Sons.

Peter, C. G.(1988). The worker-client relationship: Ageneral systems perspective. *Social Casework,* 69(10).

Pillari, V., & Newsome, M.(1998). *Human Behavior in the Social Environment(Families, Groups, Organizations, and Communities).* Pacific Grove, Calif: Brooks/Cole Pub. Co.

Pincus, A., & Minahan, A.(1973). *Social Work Practice: Model and Method.* Itasca, Illinis: Peacock Press.

Robbins, S. P., Chatterjee, P., Canda, E. R.(2006). *Contemporary Human Behavior Theory: A Critical Perspective for Social Work* (2nd. ed.). Prentice-Hall.

Rogers, C. R.(1951). *Client-centered therapy: Its current practice, implications, and theory.* Boston: Houghton Mifflin Company.

Rogers, C. R.(1959). A theory of therapy personality, and interpersonal relationships, as developed in the client-centered framework. In S. Koch(ED.), *psychology, the study of a science.* Vol.3: Formulations of the person and the social context(pp.184-256). New York: McGraw-Hill.

Rogers, C. R., & Stevens, B.(1971). *Person to person: The problem of being human.* New York: Pocket Books.

Roseware, S.(2001). lobalizatio, miratio, adcitizeship, *Iteratioal Social Sciece oral* 50(156), 201-213.

Ross, M.(1967). Community organization: Theory, *Principles and Practice* (2nd ed.). New York: Harper & Row.

Sadock, B., & Sadok, V.(2003). *Kaplan & Sadoks's Synopsis of Psychiatry-Behavioral Sciences/ Clinical Psychiatry* (9th ed.). New York: Lippinott Williams & Wilkins.

Santrock, J. W.(2003). *Children* (7th ed.). new York: McGraw-Hill.

Schaie. K. W.(1996). *Intellectual Development in Adulthood: The Seattle Longitudinal Study*. New York: Cambridge University Press.

Schlesinger, Jr. A.M.(1991). *The Disunting of America: Reflations on a Multicultural Society*. New York: Whittle Books.

Schriver, J. M.(1995). *Human Behavior and the Social Environment*. Boston: McGraw-Hill.

Schriver, J. M.(2001). *Human Behavior and Social Environment*. Massachusetts: Allyn & Bacon.

Schriver, J. M.(2010). *Human Behavior and the Social Environment-Shifting Paradigms in Essential Knowledge for Social Work Practice* (5th ed.). Boston: Allyn and Bacon.

Schultz, D., & Schultz, S. E.(1998). *Theories of personality* (6th ed). CA: Brooks/Cole Publishing Company.

Searle, W., & Ward, C.(1990). *The prediction of psychological and sociocultural adjustment during cross-cultural transitions*. International Tournal of Intercultural Reactions.

Sharffer, D. R.(1999). *Developmental psychology: childhood and adolescence* (5th ed). CA: Brooks/Cole.

Sharf, R. S.(2000). *Theories of Psychotherapy & Counseling* (2nd ed). Pacific Grove: Brooks/ Cole Publishing Company.

Sheiman. D. L & Slomin, M.(1988). *Resources for Middle Childhood*. New York; Garland

Sigelman, C. K.(1999). *Kife-span human development* (3rd ed.). Brooks/Cole.

Silverman, David(1971). *The Theory of Organizations: A Sociological Framework*. New York: Basic Books.

Sorokin, p. A.(1948). *Society, Culture, and Personality*. New York: Haper and Row.

Specht, R., & Craig, G.(1982). *Human Development: A social work Perspective*. Englewood Cliffs, NJ: Prentice-Hall Inc.

Specht, R., & Craig, G. R.(1987). *Human Development: A Social Work Perspective*. NJ: Prentice -Hall.

Stemberg, R. J.(1988). *Triangulation Love*. In R. J. Stemberg & M. L. Bames (Eds.), The psychology of Love. New Heaven, CT: Yale University Press.

Sumner, W. G.(1969). *Folkways*. New York: New American Library(First published in 1907).

Taylor, F. W.(1911). *Scientific management*. NY: Harper.

Toseland, R. W. & Rivas, R. F.(1984). *An introduction to group work practice* (2nd ed.). Boston: Allun and Bacon.

Troll, L. E.(1985). *Early and Middle Adulthood* (2nd ed.). C. A.: Brooks-Cole.

Turner, J.(1996). *Social Work Treatment*. New York: The Free Press.

Turner, J.S., & Helms, D.B.(1983). *Life-Span Development.* NY: Holt, Linehart & Winston.

Turner, F. J.(1996). *Social Work Treatment: Interlocking Theoretical Approaches.* NY: The Free Press.

Turner, J. S. & Helms, D. B.(1983). *Lifespan Development* (2nd ed.). New York: Holt, Rihenart & Winston.

Yount, W. R.(1996). *Created to Learn: A Christian Teacher's Ingroduction to Educational Psychology.* Nashville: Tennessee.

Ventura, S. J.(1989). "Trends and variation in first births to order women, United States, 1970~1986(vital and Health Statistics Series 21, No. 47)". *National Center for Health Statics.*

Veroff, Douvan, & Kulka(1981). *The Inner American.* New York: Basic Boo.k. Wamier, Jean-Pierre(2000).

Von Hofsten, C.(1983). "Catching skill in infancy". *Journal of Experimental Psychology: Human Perception and Performance* 6: 632-650.

Walker, S.(1995). *Jung and the Jungians on Myths.* NY: Garland Publishing Inc.

Wakefield, J. C.(1996). "Does social work need the eco-system perspective?". *Social Service Review* 70(1).

Warren, R.(1978). *The community in America.* (3rd ed.). Chicago: Rand McNally & Co.

Weber, Max(1947). *The Theory of Social and Economic Organization.* New York: Free Press.

Weingarten, H. R.(1988). Late life divorce and the life review. *Journal of Gerontological Social Work*, 12(3-4), 83-97.

Werner, H. D.(1982). *Cognitive Therapy.* NY: Free Press.

White, R. W.(1959). "Motivation Reconsidered: The Concept of Competence". *Psychological Review* 66: 279-333.

Woolfolk, A. E.(1980). *Educational Psychology.* N.J: Prentice Hall, Inc.

Zastrow, C., & Krust-Ashman, K. K.(2001). *Understanding Human Behavior and the Social Environment.* Belmont: Wadsworth/Thomson Learning.

Zastrow, C. & Kirst-Ashman, K. K.(2009). *Understanding Human Behavior and the Social Environment* (8th ed.). Chicago: Nelson-Hall Publishers.

Zizek, S.(1997). Mlticltralism, or, the cltral loic ofmltiatioal capitalism. *ew Left Reiew*, 225, 28-51.

찾아보기

ㅇ

ㅊ

저자 소개

대표저자 이 영 실

▎학력 및 약력

- 사회복지박사(숭실대학교 대학원 사회사복지학과, Ph. D.), 사회복지실천전공
- (현) 성결대학교 사회복지학부 교수(정교수)
- (현) 성결대학교 복지발전연구소 소장
- (현) 성결다문화복지센터 운영위원장
- 성결대학교 사회복지대학원장 역임
- 일반대학원 사회복지학과 전공주임 역임
- 안양시수리장애인종합사회복지관장 역임
- 안양시비산사회복지관 관장 역임
- 미국 USC School of Social Work 객원교수
- 미국 California Bethany Bible College and Theological Seminary 객원교수
- 노동두 신경정신과 정신보건사회복지사 역임
- 세브란스병원 정신보건사회복지사 역임
- (주요 강의) 사회복지실천론, 사회복지실천기술론, 가족복지론, 가족치료, 정신건강론 등

▎주요 저서

- 자원봉사론(공저, 2013)
- 사회복지실천론(공저, 2011)
- 정신보건사회복지론(공저, 2010)
- 사회복지실천기술론(공저, 2010)
- 정신건강론(공저, 2011)
- 가족치료(공저, 2010)
- 사회복지현장실습(공저, 2010)
- 가족복지론(공저, 2010) 외 다수

나 임 순

- 사회복지박사(숭실대학교 대학원 사회사복지학과, Ph. D.), 사회복지실천전공
- (현) 백석대학교 사회복지학과 교수
- (현) 선진사회복지연구회 이사
- (현) 성남시 청솔종합복지관 운영위원
- (현) 성결대학교 사회복지학부/대학원 강사
- 행복한 노후 상담소 소장(서울특별시 성북노인종합복지관 부설) 역임 외 다수
- (주요 강의) 인간행동과 사회환경, 사회복지실천론, 사회복지실천기술론, 가족복지론 등

유 해 종

- 사회복지학 석사(부산대학교 행정대학원)
- 가정복지학 박사과정수료(울산대학교 일반대학원), 사회복지전공
- (현) 동원과학기술대학교 사회복지행정과 교수
- (현) 동원과학기술대학교 사회복지행정과 학과장
- (현) 의료법인 인석의료재단 이사
- (현) 양산시 청소년 통합지원체계 운영위원 외 다수
- (주요 강의) 사회복지실천론, 사회복지법제론, 지역사회복지론, 행정실무 등

이 재 용

- 문학박사(Ph.D), 장애인복지전공
- 송호대학교 사회복지학과 교수(조교수)
- (현) 횡성군사례관리위원장
- (현) 강원도아동복지협회 자문위원
- (현) 탈북민정착지원종합상담지원센터 이사
- (현) 사회복지법인성애복지재단 섭재빌라 운영위원 외 다수
- (주요 강의) 장애인복지론, 인간행동과 사회환경, 사회복지실천론, 사회복지실천기술론 등

정 창 훈

- 행정학 박사(경남대학교 대학원 행정학과 졸업)
- (현) 김해대학교 사회복지과 교수, 평생교육원장
- (현) 미래전략 CEO 지도교수
- 김해시민학교 교장 역임
- 학교법인 학산의숙(창녕공업고등학교) 이사장 역임
- 김해가야대학교 사회복지학과 겸임교수 및 장유평생교육원장 역임 외 다수
- (주요 강의) 사회복지개론, 사회복지행정론, 사회복지프로그램과 개발, 사회복지정책론 등

이 은 경

- (현) 동부산대학교 사회복지과(정교수) 및 입시홍보처장
- (현) 기장군 지역사회복지(대표)협의체 위원
- (현) 부산광역시 해운대구의회 공무국외여행 심사위원
- (현) 기장군 제2기(2011년~2014년) 지역사회복지계획 수립 테스크포스 기획분과 위원
- (현) 부산광역시 해운대구 장애인복지위원회 위원, 인사위원회 심의위원, 재정계획심의위원회 심의위원
- 동부산대학교 학생문화센터 소장 및 전국대학 건강가정지원 교수연합회 부회장 외 다수
- (주요 강의) 인간행동과 사회환경, 가족복지론, 사회복지실천기술론 등

이 형 진

- 평택대학교 대학원 사회복지과 박사과정수료
- (현) 수원산업대학 겸임교수
- (현) 경기재가복지센터장 외 다수
- (현) 아주복지문화평생교육원 교육원장
- (현) 사단법인 한국다문화복지협회수원지부장
- (현) 남서울대학교 아동청소년복지과 겸임교수 외 다수
- (주요 강의) 인간행동과 사회환경, 사회보장론, 아동복지론, 가족복지론, 사회복지현장실습 등

조 명 희

- 성결대학교 대학원 사회복지학과 박사과정수료
- (현) 성결대학교 사회복지학부 외래강사
- (현) 성결대학교 복지발전연구소 수석연구원
- (현) 성결다문화복지센터장
- (현) 가정폭력·성폭력 전문상담원 교육강사
- (현) 양성평등 교육강사 외 다수
- (주요 강의) 가족복지론, 사회복지실천기술론, 정신건강론 등

홍 성 희

- 성결대학교 대학원 사회복지학과 박사과정수료
- (현) 성결대학교 사회복지학부 외래강사
- (현) 성결대학교 복지발전연구소 수석연구원
- (현) 성결청소년복지상담센터장
- (현) 가정폭력·성폭력 전문상담원 교육강사
- (현) 양성평등 교육강사 외 다수
- (주요 강의) 여성복지론, 자원봉사론, 가족치료 등

인간행동과 사회환경

초판 1쇄 발행 2013년 8월 28일
초판 3쇄 발행 2017년 2월 3일

지 은 이 | 이영실 · 나임순 · 유해종 · 이재용 · 정창훈
이은경 · 이형진 · 조명희 · 홍성희
펴 낸 이 | 김기섭
책임편집 | 박소정
펴 낸 이 | 창지사 www.changjisa.com
08589 서울시 금천구 가산디지털 1로 83 파트너스타워 1차 9층
전화 (02)719-2211~3
팩스 (02)701-9386
등 록 | 1977년 4월 28일 · 제1-421호

ISBN 978-89-426-2562-8 (93330)

값 20,000원